珍珠鏈戰略

中國在印度洋的擴張野心

THE COSTLIEST PEARL

China's Struggle for India's Ocean

BERTIL LINTNER
柏提爾・林納——著　林玉菁——譯

《珍珠鏈戰略：中國在印度洋的擴張野心》導讀

陳牧民*

二〇一二年初我第一次造訪印度洋島國島國斯里蘭卡的時候，這個國家才剛剛結束近三十年的內戰，但整個國家卻出奇的和平靜謐。首都可倫坡市區西邊面對印度洋的加勒菲斯（Galle Face）海岸有寬闊的行人步道，一直向北連到可倫坡要塞和燈塔等充滿英國、荷蘭殖民風格的建築群。每天傍晚時分，當地民眾和觀光客相偕到這裡散步、看夕陽，享受海風，成為這個城市最美的景象之一。兩年後的二〇一四年九月，中國領導人習近平到訪斯里蘭卡，與當時總統拉賈帕克薩（Mahinda Rajapaksa）簽訂一項合作協議，由中國提供貸款並承建可倫坡港口城（Colombo Port City）。這是一項金額高達十四億美元的建設計

*國立中興大學國際政治研究所教授，目前借調至我國駐印度代表處擔任政務公使。

劃，預計在可倫坡海岸邊以填海造陸的方式增加兩百六十九公頃土地，並蓋出大型會展中心、辦公大廈、購物商場、甚至海洋公園，且全由中國政府提供貸款並承建。完工後中方不僅可獲得這些設施的特許經營權，還將擁有三分之一的土地產權。幾個月後，原本美麗的海灘被醜陋的消波塊與圍籬所取代，各式工程車與挖土機進駐施工，同時也從中國引進大批建築工人。二〇二〇年初新冠（Covid-19）疫情爆發前，當我最後一次造訪可倫坡的時候，整個加勒菲斯海岸大道已經面目全非，市區各地可看到更多中國公司承建的工程，甚至出現許多只有中文招牌、販賣中國食品雜貨的小商店，當然老闆和顧客都是中國人。

發生在斯里蘭卡的變化其實是過去十餘年來印度洋地區政經趨勢的一個縮影：中國不僅傾全力進入此地進行各項投資建設，而且企圖成為最後且最大的贏家。過去印度洋幾乎不曾出現在中國的戰略視野裡，十餘年前在中國大陸進行研究時，北京的南亞研究智庫學者很明確地告訴我說，中國對印度洋國家的興趣不大。但領導人顯然有不同看法：中國經濟發展很大程度上仰賴穩定的能源供應，且其進口的石油有百分之七十多來自中東與非洲地區，因此其能源安全除取決於進口來源地的政治經濟狀況外，更重要的是確保海上運輸通道的安全。過去中國領導人胡錦濤曾提出「麻六甲困境」的說法，認為未來如果中國與美國發生衝突，美國可能利用控制麻六甲海峽的優勢箝制中國的海外能源運輸線，因此維持能源運輸管道安全是維持經濟發展的首要之策。印度洋航道連接太平洋和大西洋，是貫通亞洲、非洲、歐洲和大洋洲之間的交通要道，區域內有蘇伊士運河、荷姆茲海峽、巽他海峽和麻六甲海峽等重要海上通道，區域內許多國家盛產石油，許多亞洲國家的戰略物質都要經過此區域供應或海路轉出，印度洋不僅是亞太國家仰賴的重要運輸通道，更是中國經濟發展的生命線。

中國是從什麼什麼時候開始關注印度洋？許多人都會把二〇〇四年美國出版的一份報告作為起點。當年博斯．艾倫諮詢團隊（Team of Booz Allen Consultants）受美國防部淨評估辦公室委託的研究報告〈亞洲的能源未來〉（Energy Futures in Asia）指出，中國正在與從中東到南海航道沿線各國建立戰略關係，此布局就像一顆顆「珍珠」，並在印度洋版圖上勾勒出一條弧線優美的「珍珠鏈」；該報告亦列出中國正在布局的「珍珠」包括巴基斯坦瓜達爾（Gwadar）、斯里蘭卡漢班托特（Hambantota）、孟加拉吉大港（Chittagong）、緬甸實兌（Sittwe）與科科斯島（Cocos Island）、柬埔寨西哈努維爾港（Sihanoukville）、還計劃投資泰國克拉地峽（Kra Isthmus）開鑿，以及強化南海各島的軍事防衛能力。「珍珠鏈」戰略係透過國家政治力、經濟力及軍事力，沿著海上通路，以租借或共同開發等方式，建立一系列據點，並在這些據點上設置情報監聽站及艦艇靠泊（後勤補給）基地，以實踐其國家戰略目標。對於以新世界強權自居的中國而言，是必要也是迫切的作為。次年（二〇〇五）美國《華盛頓時報》（*Washington Times*）向外界披露了這個報告的內容，珍珠鏈戰略一詞才為外界所知。中共官方的反應想當然爾，不外乎是批評西方反華勢力炮製中國威脅論，刻意抹黑中國。而以當時中國的實力，是否真的有能力進入印度洋也的確讓人懷疑。不過後來的一些發展證實美國的擔憂並非完全空穴來風。

東非索馬利亞長年內戰導致海盜猖獗，聯合國安理會在二〇〇八年六月及十月先後兩次通過決議案，授權外國軍隊經索馬利亞政府同意可進入該國領海打擊海盜及海上武裝搶劫行為，並呼籲關心海上活動安全的國家積極參與打擊海盜的行動。當年十二月中國政府決定派出三艘軍艦組成的艦隊前往亞丁灣海域進行四個月的「護航」任務，自此之後派遣艦隊進入印度洋護航並進行演訓便成為海軍的定期任務。即使現在亞丁灣早已經沒有海盜，但任務仍在持續進行：迄今中國共派出三十九批次護航艦隊，且於二〇一七年正式於非洲東岸的小國吉布地設置一座軍事基地，稱為「中國人民解放軍駐吉布地保障基地」。除了吉布地之外，中國更早在二〇一五年就正式取得巴基斯坦瓜達爾港四十年經營權，並在二〇一七年取得斯里蘭卡漢班托特港九十九年租借權。十年前被中國官方叱為「無稽之談」的珍珠鏈報告，沒想到真的一一實現！

習近平上台之後，中國對經營印度洋的興趣益發明顯。二〇一三年九月，習近平在哈薩克訪問時首次提出「共同建設絲綢之路經濟帶」的概念，一個月後他轉往印尼訪問，並在國會演說中提出共同建設「二十一世紀海上絲綢之路」。此後中共官方開始大力鼓吹「一帶一路」，並將其提升為中國國家的重要發展戰略。此後習陸續出訪印度、斯里蘭卡、馬爾地夫（二〇一四年）、巴基斯坦（二〇一五年）、孟加拉（二〇一六年）、模里西斯（二〇一八年）、緬甸（二〇二〇年），並與這些國家簽訂巨額的貸款合同。除了承建港口、電廠、道路等基礎建設之外，還將各類中國國營企業引入這些國家。這種合作模式不僅僅讓中國在這些國家的經濟發展上占有絕對主導的地位，甚至還能控制重要的港口及城市運作。

本書《珍珠鏈戰略：中國在印度洋的擴張野心》正是這個趨勢的第一手觀察。作者柏提爾・林納（Bertil Lintner）是瑞典籍記者，過去長期為《遠東經濟評論》（*Far Eastern Economic Review*）等媒體撰文，其關注的議題主要是東南亞，特別是緬甸局勢，但在過去幾年來他的研究主題逐漸轉移到印度與中國的戰略競爭上，並且陸續出版了《東方大博奕》（*Great Game East*, 2015），《中國的印度戰爭》（*China's India War*, 2018，已由馬可孛羅文化翻譯出版）等書。當然喜馬拉雅山上的中印邊界仍然是這場競賽的主要戰場，但隨著中國逐漸向印度洋擴張，林納的關注對象也轉移至此。在本書中，他詳細研究了印度洋上每顆「戰略珍珠」的政治與經濟發展情況，中國如何布局，以及印度、美國、澳洲等國的回應策略。對於台灣讀者來說，這些陌生小國和島嶼或許實在太陌生，但透過本書，我們可以一窺二十一世紀各強權在印度洋上的一場大規模戰略競賽現況。

不過正如本書英文標題所述，對中國而言，這也是一條最昂貴的珍珠鏈（the Costliest Pearl），中國貸款所產生的債務陷阱的確讓許多國家開始產生戒心，包括本書中作者提到緬甸政府取消由中國承建密松水壩及發電廠計畫，最終也未同意讓中國取得皎漂港的經營權，二〇二〇年突如其來的一場全球疫情更讓中國在許多國家的建設計畫停擺。過去幾年曾接待大量中國觀光客與投資客的島國斯里蘭卡、馬爾地夫等國一夕之間回到沒有中國人的平靜年代。同時印度也逐漸加大對這些國家的支持力度，並且開始與美國、澳洲、日本進行各項軍事合作。拜登政府不僅沒有推翻前任川普總統所提出的印太戰略，反而進一步與澳洲、英國建立新的軍事聯盟AUKUS（澳英美聯盟）。再加上之前美日印澳四國所建立的四邊安全對話（QUAD），未來印度洋的戰略競爭勢必變得更白熱化。最後這場世紀海洋賽局究竟誰是贏家，目前還言之過早，也值得我們繼續觀察。

目次

前言

一尊大型紀念物上，四個人像推動著中間的輪狀物，堅毅的臉龐面向南方，就站在瑞麗江通往姐告市（Jiegao）的寬闊水泥橋面上——姐告是大橋另一端的一小塊中國土地。紀念碑下方以中文刻著「團結、開拓、奮進」，或者用比較世俗的話來說，「東南亞，我們來了！」[1]

這座紀念碑的獨特之處並不是其所在之地。姐告是個兩平方公里大、完全被緬甸包圍的粗糙飛地，也是通往邊界對側及遠方的蓬勃商業中心與門戶之地。然而，早在一九九三年大橋甫完工之際，當時的姐告不過是散落在稻田裡的幾間竹屋，這座紀念碑就在非凡的遠見中被矗立於此地。二十五年後的今日，這裡有高樓大廈、豪華旅館、提供各種貨物的商店，以及大型玉市。全中國的買家都來此購買貴重玉石，特別是緬甸極北的帕敢

（Hpakan）出產的貴氣翠綠玉石。

每天早上，滿載中國消費商品的貨車隊會穿越姐告口岸，進入緬甸側的木姐（Muse）。他們將前往臘東（Lashio）、曼德勒、仰光與其他緬甸城鎮，甚至遠及印度邊界上的德穆（Tamu）。抵達德穆的商品會被運進印度的莫雷（Moreh），並由此前往因帕爾（Imphal）、迪馬普爾（Dimapur）、科西馬（Kohima）與古瓦哈提（Guwahati）。這些都是印度東北各邦的重要城市。不只是緬甸，印度的東北區域也充斥大量廉價的中國貨物。對印度來說，從古瓦哈提到莫雷的這條路，原該是印度通往東南亞的高速公路，以及過去稱做「東望政策」（Look East）、現名為「東進政策」（Act East）的一部分。不過多數的貨車車隊卻走相反方向，穿越從前稱為Burma①的國家，因這條新開闢貿易路線獲利最多的，則是中國而非印度。

貿易不平衡在姐告並不明顯，因為當地有大量緬甸玉石外銷。但比起以相反方向穿過邊界外銷的中國貨物量，這實在算不上什麼。除了玉石外，來自緬甸側的貨物只有一些琥珀、石化木、海鮮與水果。自從中國施加限制後，一度繁榮的原木貿易幾乎銷聲匿跡，不過如今緬甸北部的森林也差不多被砍伐殆盡了。

對於中國內陸西南省分的出口導向經濟成長而言，姐告口岸的地位舉足輕重。但在離瑞麗不遠處，新鋪設的油管線路將石油與天然氣從緬甸海岸運往雲南，跳過了脆弱的地緣政治扼口——麻六甲海峽。油氣管線始於海岸港口皎漂港（Kyaukpyu），該港口在二〇〇七年宣布興建，今天仍舊在中國的協助下持續擴大升級。

一九九〇年代初期，隨著姐告大橋落成而開始發展的大規模跨邊貿易，後續更將這塊飛地劃為自由經貿區，落實了穿越緬甸的貿易走廊概念。中國終於抵達了印度洋，也很快成為緬甸最主要的貿易夥伴、政治盟友及軍火供應商，為當時統治國家的軍政府提供武器硬體設備。同時，中國公司也開始參與緬甸多起水力發電廠興建計畫，而這些電廠將供應電力給雲南及其他中國西南省分。

瑞麗一間旅館裡的地圖，標示出建造雲南到緬甸的新高速公路與鐵路網，一路通向印度洋的宏偉計畫。「緬甸廊道」是中國國家主席習近平在二〇一三年發起的「一帶一路倡議」中的一個重要項目。[2]緬甸不只連結了中國與南亞、東南亞的市場；更重要的是它提供中國通往印度洋的門戶，進而強化北京所追求的地緣政治影響力。

中國對於印度洋的興趣，最早見於一九八五年九月二日，前中共中央宣傳部副部長潘奇在官方的《北京周報》（*Beijing Review*）上發表的文章，遠早於姐告自由經貿區的建立時間。[3]潘奇主張中國必須為雲南、四川與貴州等西南內陸省分，總計高達一億六千萬的

---

① 編按：Burma是緬甸舊稱，現稱為Myanmar。

人口，尋求貿易出口。他提到從緬甸北方的密支那（Myitkyina）與東北方的臘東出發的鐵路線，以及流經緬甸注入印度洋的伊洛瓦底江，都是中國可能的外銷管道。

在這篇充滿遠見的文章中，潘奇還提到：「很早以前就有一條路連接了雲南西部與東南亞及西亞：西元前二〇二年到西元二二〇年的漢朝，外交官張騫開啟了從四川開始的南方『絲路』，這條路已經通行了千百年。」[4]張騫無疑留下許多關於中國、中亞及更遙遠地區的貿易路線紀錄，其中包含了絲路。[5]但他試圖建立從四川通往印度的路線卻失敗了。「南方絲路」並不存在。過去中國並不重視海上事業，自十五世紀開始，從當時的探險家暨貿易者鄭和帶船隊前往南亞與東南亞、印度次大陸、阿拉伯半島，甚至遠及非洲東岸之後，就不再涉足印度洋。

鄭和出航後的六百年間，並沒有中國一帶一路計畫的歷史先例。該計畫包含中國當局宣稱的「絲路經濟帶」與「二十一世紀海上絲路」。兩者將透過中亞連接歐洲，從波斯灣進入地中海，並經由印度洋連接南亞。根據中國官方數據顯示，一帶一路計畫含括了七十個國家，中國的投資額估計約在一兆至八兆美元之譜。[6]這個由單一國家支持國境之外的發展計畫，是世界歷史上最具野心的發展策略，其規模甚至超越二戰後美國協助歐洲重建的馬歇爾計畫。

問題及潛在衝突也在此浮現，中國的利益必然與既有的印度洋強權產生碰撞。甚至是仰賴印度洋海道與世界其他區域連結的國家，都有理由對中國的偉大計畫感到憂慮。連結亞洲與世界其他區域的五分之四貨櫃交通、五分之三的世界石油供給，都要經過印度洋。如果一帶一路計畫施行成功，也許會讓中國在印度洋區域取得主導權。

一帶一路計畫如此龐大規模的投資，加上中東石油供應與印度洋貿易路線的重要性，中國無疑需要一把「防衛傘」來保護自身利益。因此，它必須跟具有戰略重要性的小國建立並持續擴展軍事聯盟，例如馬爾地夫（Maldives）跟塞席爾群島（Seychelles）；也必須與緬甸、孟加拉、斯里蘭卡及巴基斯坦尋求類似的關係。二〇一七年，中國首度在非洲之角的吉布地（Djibouti）建立第一座海外軍事基地，表面看來是為了對抗當地的海盜。但這座基地與區域內的美國軍事基地距離相當近，包含位於迪亞哥·賈西亞島（Diego Garcia）及海灣國家（Gulf Cooperation Council）內的其他基地。

根據中國在外交上的姿態，以及跟緬甸及區域內其他國家建立的經濟政治連結來判斷，除了北京新商業帝國的戰略前哨吉布地外，可能還會建立更多軍事基地。中國不僅在緬甸的皎漂港興建港口，也在巴基斯坦的瓜達爾港（Gwadar）、孟加拉的吉大港（Chittagong）、斯里蘭卡的漢班托特港（Hambantota）與可倫坡港（Colombo）進行類似計畫。中國正在崛起成為印度洋的強權，這是歷史頭一遭。

迪亞哥·賈西亞島是英屬印度洋屬地中的一座小島，是英國在蘇伊士運河以東的最後一塊殖民地，也是美國最大、最重要的一座海外軍事基地。這座基地供美國海軍與空軍使用，也支援派往中東與阿富汗的美軍。基地內有訊號監測儀器與衛星追蹤設備，同時據傳在小布希總統任內初期的「反恐戰爭」中，設有中央情報局關押阿富汗與其他區域疑似恐怖分子的設施。他們在此遭宣判、關押與詰問。美國帶著高度興趣觀察吉布地與其他地區的中國軍事基地發展，這並不意外。

身為中國主要區域對手的印度，也敏銳察覺到中國入侵新德里當局一向視為自家「湖泊」的印度洋。此外，印度的安達曼與尼科巴群島（Andaman and Nicobar Islands）附近，也偵測到中國潛艇活動的不祥訊號。一九九〇年代，報告指出中國協助緬甸海軍在安達曼群島以北的緬屬可可群島（Coco Islands）建立訊號監測設備。二〇〇一年，印度為保護自己在印度洋上的利益，成立了新軍事組織安達曼與尼科巴指揮部（Andaman and Nicobar Command），令人驚訝的是，該指揮部的成立是一九九五年華盛頓一場閉門會議的結果，當時的與會者是印度總理納拉辛哈·拉奧（P.V. Narasimha Rao）與美國總統柯林頓。這單位一開始稱為遠東海軍指揮部（Far Eastern Naval Command），後來擴大納入印度的陸、海、空三軍。

這個聯合指揮部以印度聯邦領地安達曼與尼科巴群島的首府布萊爾港（Port Blair）為總部，針對區域內的印度海軍艦艇及盟國派遣進入印度洋的船隻，提供後勤與行政支援。

印度海軍仍是印度洋區域內最強大的軍力之一，不過為了對抗中國漸長的影響力，印度宣稱將在塞席爾群島設立海軍基地。倘若計畫成真，這將是印度第一個海外軍事基地。[7]

印度不只憂慮緬甸南方、安達曼與尼科巴群島附近的水域，其主要敵人巴基斯坦數十年來維持與中國的軍事政治關係，而且遠在緬甸廊道建置前，中國就建設了一條穿越喀喇崑崙山的公路，連結中國西部的新疆與巴基斯坦，該建設工程在一九五九年展開，並於一九七九年開通。就戰略來看，這是一條重要路線，因為在與中國接鄰的國家中，巴基斯坦是除了緬甸跟印度外，唯一擁有印度洋海岸線的國家；但其貿易價值卻比不上緬甸。新疆距離中國的工業中心太遙遠，而這條公路得爬上海拔四千七百一十四公尺，對任何商業車輛來說都是危險的爬升路段。另一方面，中國也協助巴基斯坦發展並升級海岸上的瓜達爾港；就像緬甸的皎漂港，以及近日在中國協助下升級的其他舊港口（如孟加拉的吉大港與斯里蘭卡的漢班托特港），都形成二〇一三年習近平發動一帶一路計畫前後，中國投資下的一系列印度洋港口。

另一個鮮為人知的印度洋強權是法國。馬約特島（Mayotte）與留尼旺島（Réunion）是法國海外省（département d'outre-mer）的一部分，這表示法語是當地官方語言，居民都是法蘭西共和國公民，這些島嶼也是歐盟的一部分。法國在留尼旺島駐有一支海軍空降軍團；馬約特島則駐有一支法國外籍軍團支隊。

留尼旺島以南則是大型的印度洋島嶼凱爾蓋朗島（Kerguelen Island），聯合克羅澤群島（Crozet Archipelago）、聖保羅與阿姆斯特丹群島（St. Paul and Amsterdam Islands），組成一塊法國海外領地：法屬南部與南極領地（Terres australes et antarctiques françaises, TAAF）。這些島嶼都沒有永久住民，但駐有法國軍隊與科學家。凱爾蓋朗島上設有衛星與火箭追蹤站，顯示法國認為在印度洋保有一寸立足之地相當重要。更特別的是，法國人的蹤跡也出現在法屬南部與南極領地往北更遠的五座島嶼上，通稱為「法屬印度洋諸島」，包含模里西斯以北的特羅姆蘭島（Tromelin），以及馬達加斯加附近的新胡安島（Juande Nova）、歐羅巴島（Europa）、印度礁（Bassas da India）及格洛里厄斯群島（Glorioso）。部分島嶼擁有小型停機坪，有時候也有駐軍，雖然多數都被歸為「自然保護區」。整體而言，法國在印度洋上的領土，給了它超過兩百五十萬平方公里的專屬經濟海域。

法國身為北大西洋公約組織成員，自然是美國的防衛盟友，卻維持非常低調的存在，保護這些偏遠島嶼上可能隱藏的任何祕密。但法國在前殖民地吉布地仍擁有非常活躍的空軍基地；美軍在此也設有空軍基地，無人機由此升空攻擊中東目標；此處還有日本與義大利軍隊；再加上最新的外國軍事基地——中國基地，吉布地儼然已成為印度洋區域間諜與地下活動的神經中樞。

另一個區域強國澳洲，則擁有印尼爪哇島南方的聖誕節島（Christmas Island）及印度洋中的科科斯（基林）群島（Cocos [Keeling] Islands）。這些地圖上的小點，總人口不到兩千人，但科科斯群島的西島卻有一條兩千四百四十公尺長的機場跑道，點出這座人口稀少小島的戰略重要性。西島的其他區域是典型的熱帶島嶼，充滿椰子樹、白沙灘與熱帶魚豐盛的清澈環礁。科科斯島上有訊號監測設備，印度海軍也跟澳洲政府討論讓印度船艦停泊此地進行維護與補給的可能性。

為了對抗中國在區域內愈形強硬的立場，新的聯盟關係遂而成形。這聯盟（當然是非正式關係，以免激怒北京）包含美國、印度、法國、澳洲，甚至是非印度洋強權的日本。日本與中國的領土爭議並不在此，而是位於東海的一組島嶼（日本稱為尖閣諸島，中國則稱為釣魚台）。因此，日本也謹慎觀察印度洋上的發展。中國是日本在區域內的主要經濟政治對手，兩國關係長期以來都處於敵意邊緣。自從中印兩國在一九六二年打了短暫而苦澀的一仗後，印度也對中國抱持憂慮甚至敵意的態度。那場戰爭導致印度潰敗，並留下懸而未決的邊界爭議。

二〇一九年，治理印度、日本的是兩位民族主義總理：新德里的莫迪（Narendra Modi）與東京的安倍晉三。在兩人治下，印日兩國關係愈發親密。自二〇〇七年開始，印度、日本、美國、澳洲與新加坡以不同的組合方式，進行代號為「馬拉巴軍事演習」（Malabar Exercise）的聯合海軍演習。一開始演習是在日本南方海域舉行，但之後就轉移到孟加拉灣、印度西海岸外海及阿拉伯海地區。二〇一七年，美、印、日加入演習，澳、星則沒有，也許是為了避免挑釁中國，讓它認為區域中有某種反中的大型聯盟存在，但事實上確實如此。

雖然法國沒有加入「馬拉巴軍演」，但在二〇一八年三月十一日，法國總統馬克宏（Emmanuel Macron）於新德里與印度總理莫迪簽署協議，同意兩國可以進入彼此在印度洋上的海軍設施。當時正在訪問印度的馬克宏表示：「印度洋區域的穩定，對於整個區域的穩定至關重要，我們跟印度站在自由這一邊。」[8]中國當然並未出現在他的聲明中，東道主莫迪也只是說：「我們雙方都相信，未來印度洋將在世界幸福、進步與繁榮中扮演重要角色。無論是環境、海洋安全、海洋資源，或是海空航行的自由，我們都致力於強化這些領域的合作。」[9]至今為止，法國也許維持低調行事，但在印度洋逐漸興起的這場新冷戰中，法國站在哪一邊已愈來愈明顯。

然後還有印度洋中比較弱小、經常遭忽視的獨立國家：模里西斯、塞席爾、馬爾地夫與葛摩（Comoros）。這些國家的水域控制著大片專屬經濟海域，是區域貿易路線必經之地，但也容易受到中國滲透。傳統上親近印度的馬爾地夫，如今也首度跟中國建立親近關係。北京與新德里在塞席爾競逐影響力；印度的老盟國模里西斯甚至也向中國靠近。政治上不穩定的伊斯蘭共和國葛摩，也與中國建立新的同盟關係。

這些國家就像許多其他小島國，少有甚至缺乏自然資源，生產基礎極少。因此，它們靠著天然美景來推銷自己，並且順利成為觀光勝地。然而，它們除了接受中國援助之外，也涉入其他不太合法的賺錢方式。模里西斯與塞席爾追隨數個太平洋與西印度群島小國與島嶼領地的前例，將自己發展成離岸金融中心、避稅天堂及保險公司基地。

有些島嶼屬於區域內的國家，有些則屬於遙遠的強權，部分則是獨立國家，為了理解這些印度洋四散島嶼的動態，我們必須探究形塑它們今日樣貌的歷史。所有島嶼都有糾結動盪的政治歷史，某些曾被歐洲殖民者用以做為流放地，某些則是從印度進口勞力，奴隸交易商又將非洲人帶到一些島嶼上。許多島嶼在近代更是海盜、軍火走私客、洗錢者、傭兵掀起的政變與政治干預的溫床。當它們進入新時代，中國的投資與地緣政治強權的互動，將決定這些印度洋國家與領地未來的前進方向。

此外，還有非洲與亞洲大陸上的國家，例如吉布地、動盪的巴基斯坦、戰爭蹂躪的斯里蘭卡，以及數十年來複雜族群持續內戰的緬甸，更增添了中國對印度洋企圖的不確定性。而這一切都始於一九九〇年代初期，瑞麗江上新建的那座橋及巨大紀念碑，闡明了中國對這整片區域的未來企圖。

第一章 新卡薩布蘭加

許多人口基數有限、缺乏礦產或可出口製造業產品的小國，會轉成避稅天堂，或者是全球貨運公司的便宜註冊地。倘若它們幸運擁有美麗的沙灘，也許還能成為度假勝地。

吉布地選擇截然不同的方式來賺取急切需要的外匯：利用自己位於紅海及蘇伊士運河入口的戰略位置，將國土租給想建立軍事基地的外國。吉布地是非洲大陸本土面積第三小的國家，僅次於甘比亞（Gambia）及史瓦帝尼（Eswatini，過去稱為史瓦濟蘭），國土充滿鹽湖、死火山、石灰岩峭壁與崎嶇峽谷，也難怪吉布地領袖得運用想像力來充實國庫，以維持其獨立國家的地位。吉布地海峽在阿拉伯語中甚至被稱為「淚之門」（Bab el-Mandab）。

經常被寫到的吉布地中國基地，於二〇一七年八月正式啟用，占地三十六公頃，租金是每年兩千萬美元。二〇一八年，此處駐有約一千名軍人，但若有需要，基地內也有可容納一萬人的空間。[1]這裡也許是中國第一個海外軍事基地，卻不是吉布地唯一的外國軍事設施。前殖民強權法國當然擁有此地最古老的軍事基地，駐有一千三百五十名海空軍人員。二〇〇一年九月十一日，紐約與華盛頓經歷恐怖攻擊事件之後，美國接手了法國外國軍團的老基地——列蒙尼耶營（Camp Lemonnier），並將之轉為現代軍事設施。這裡是非洲唯一的美軍常駐基地，據說是以此對抗葉門與鄰國索馬利亞的恐怖威脅。包含大型特戰部隊在內，美國有四千多名軍人，連同飛機、無人機與海軍艦艇駐紮在列蒙尼耶營。日本唯一的海外軍事基地也在吉布地。義大利亦擁有自己的基地；德國與西班牙軍隊則共享法國基地。[2]最近，沙烏地阿拉伯也宣布將在吉布地建立軍事基地的計畫。[3]

所有國家都宣稱自己是為了對抗恐怖主義者或索馬利亞海盜，或者兩者皆有，抑或是在非洲大陸進行人道救援任務。然而實際上，與國家同名的首都吉布地市（Djibouti City）愈來愈像一九四〇年代的卡薩布蘭加：在這陰謀詭譎的法語城市裡，每個人似乎都在彼此窺探。吉布地全國九十四萬兩千人，百分之七十都住在吉布地市；城裡劃分成歐洲區，充滿刷白殖民地風格房屋、咖啡廳、酒吧與外派人員會面的餐廳，以及較混亂的非洲區，擁有清真寺及繁忙的本地市集。一位近日到過吉布地市的人回憶，他「親眼見到法國與日本軍人在……夜店中爭搶一名當地妓女的青睞；中國人跟美國人則利用每個機會，拍下對方的設備與後勤。」[4]一名吉布地當地指揮官告訴這位訪客：「在中國海員持續未經允許狂拍美國驅逐艦後，他被要求介入維持秩序。」[5]

傳統上，吉布地的經濟幾乎完全仰賴貿易；今日除了軍事基地外，貿易仍舊是重要收入。吉布地港口百分之七十的活動包含衣索比亞的進出口貨物，後者自從一九九三年失去厄利垂亞（Eritrea）海岸地區後，就完全成了內陸國。經過那場奪走超過十萬條生命的血腥內戰後，厄利垂亞成為獨立國家。一場聯合國監管的公投雖然結束了戰爭，重啟和平，但也代表衣索比亞從此與海隔離，而且與海之間隔著視昔日領主為仇敵的新國家。

因此，衣索比亞百分之九十五的進口必須經由吉布地，多數沿著通往阿迪斯阿貝巴（Addis Ababa）那七百五十六公里長的新建鐵路運輸。衣索比亞與吉布地政府在各自的國土上擁有這條鐵路線，但直到二〇二三年底，兩間中國企業，包括國營的中國國家鐵路集團與私人的中國土木工程集團將負責所有營運。這兩間公司興建標準軌距鐵路，取代上個世紀初法國興建的古老窄軌鐵路。新鐵路計畫的費用為四十億美元，中國進出口銀行提供的貸款讓這項計畫得以進行。[6]

然而，吉布地做為衣索比亞海上貿易唯一通道的角色即將改變。衣索比亞與厄利垂亞的領袖在二〇一八年七月八日會面，接納彼此歧見，結束兩國多年來的敵意。自一九九三年厄利垂亞獨立後，兩國邊境衝突不斷，也未建立邦交。如今兩國關係看似快要正常化，將為衣索比亞外銷打開另一條通路。厄利垂亞的主要港口馬薩瓦（Massawa）過去曾是衣索比亞海軍（此刻已無作用）的總部，也是該國海外貿易的繁榮中心。倘若兩國和平得以延續，吉布地將是這兩個過往敵國和解之下的輸家。目前，衣索比亞使用吉布地港口，每年為吉布地帶來十億美元的獲利，是該國政府的主要收入來源。[7]

除了容易勾起外國興趣的地緣政治位置外，吉布地在世上最動盪的區域非洲之角中，也是相對穩定的天堂。其南方鄰居索馬利亞，精確來說是自立為國的索馬利蘭（Somaliland），比索馬利亞其他地區和平許多，因為後者遭到內戰破壞，或是受恐怖分子與部落酋長統治。索馬利蘭與吉布地、衣索比亞、南非、瑞典及英國建立政治聯繫，但並未受到其他國家正式承認為獨立國家。官方而言，這裡只是索馬利亞的一處「自治區」。歷史上，索馬利蘭包含了索馬利亞共和國，由前英屬索馬利蘭與義屬索馬利蘭於一九六〇年合併所組成。

一八八〇年代，法國開始涉足這塊區域，一八九六年成立了一塊稱為法屬索馬利亞殖民地，這名稱持續使用到一九六七年，之後改稱法屬阿法爾與伊薩領地（French Territory of the Afars and Issas），意指殖民地中兩個主要族群。到了一九七七年，這塊殖民地成為獨立共和國，稱為吉布地，是非洲大陸最後贏得自由的法國屬地。然而，這裡就跟其他前法屬非洲殖民地一樣，法國仍對其維持著高度的政治、軍事與經濟影響力。

吉布地以北是厄利垂亞，實際上為一黨獨裁的國家，自從一九九三年聯合國監督公投成為獨立國家之後，再也沒舉行過全國選舉。這裡過去是義大利殖民地，二戰期間被英國占領，一九五〇年開始由衣索比亞統治。至於吉布地西邊的衣索比亞，是人口超過一億的大國，從一九七四到一九九一年都是由殘暴的馬克思—列寧主義政權統治。在軍隊、員警和地方軍協調委員會（Dergue）統治的年代中，至少有五十萬人因處刑、迫遷與饑荒而失去性命。現在的衣索比亞，表面上是非洲經濟發展最快速的民主國家之一，卻深陷各種困擾：選舉舞弊、嚴重人權侵害、貪腐、實際上極權統治，以及在某些地區仍存在的區域性反抗軍。

二〇一七年，當中國啟用吉布地基地時，宣稱這設施無關軍事擴張，將只做為協助非洲大陸維和與人道任務的供應中心。[8]但對許多人而言，這基地凸顯出中國在非洲增長的角色，以及北京決心保護自己在印度洋區域擴張的利益。正如俄國記者安德烈・柯慈（Andrei Kots）所指出，中國人民解放軍目前擁有超過七千艘兩棲登陸艦與運輸艦。多數有遠離中國海岸行動的能力，北京更計畫擴增海軍陸戰隊員額，從兩萬人增加到十萬人。[9]柯慈主張新的中國支援基地與後勤中心很快將在塔吉克（Tajikstan）、巴基斯坦與阿富汗出現，以確保中國一帶一路倡議的安全。同理，印度洋與太平洋也將產生新的中國軍事基地，全都是為了保護穿越中亞的「絲路經濟帶」及大海上的「二十一世紀海上絲路」。

中國已經將南沙群島（Spraytlys，又稱斯普拉特利群島）的狹小珊瑚礁轉變成南海島嶼，在其上建立基地，並且認為這些島嶼是自己的領土，但菲律賓、越南、馬來西亞、汶萊與台灣也宣稱擁有全部或部分主權。此外，雖然北京否認，但巴基斯坦的瓜達爾港也據傳是中國可能的新海軍基地。二〇一八年初，澳洲媒體暗示中國計畫將在太平洋上的萬那杜（Vanautu）建立軍事基地；此說自然也被中國否認。[10]但如果吉布地基地不僅是中國第一個，也是最後一個海外基地，反而會令人感到驚訝。

顯然，吉布地並非中國「維和與人道任務」的新中心，甚至在二〇一三年習近平發起一帶一路倡議之前，它就在北京更大的區域設想中發揮了作用，因此中國決定在此設置基地。中國與吉布地於一九七九年建交，之後出錢幫吉布地蓋了一間體育館、一棟醫院、外交部的新辦公室、其他公共建築，以及所謂的「人民宮」（某種文化中心）。從一九八六年開始，中國為前往中國大學求學的吉布地學生提供獎學金，也派出醫療團到吉布地義診。[11]中國長期以來都很清楚吉布地的戰略位置與相對的政治穩定。早在一九八〇年代，這個小國家就開始做為中國進入非洲及部分阿拉伯世界的門戶。

一九九三年，中國成為石油的淨進口國，二〇〇七年則輪到了天然氣，因而在這區域的存在感開始出現急迫性。在此之前，中國所需的能源由本身的煤礦與油田供應，但快速增長的經濟需求超越了本地生產的供應量。二十世紀泰半時間處於能源自主狀態的中國，此刻百分之八的煤礦、百分之二十二的天然氣與百分之六十的石油必須仰賴進口。[12]進口石油中雖有一大部分是透過中亞的油管，但仍有百分之八十是源於中東及非洲。[13]二〇〇八年十二月，在吉布地基地建立前，中國派出一支人民解放軍海軍艦隊前往非洲之角執行護航任務。據說這是反海盜任務的一環，但這也是繼六百年前鄭和航至非洲之後，中國再次進入印度洋。中國船艦在測試非洲之角及紅海入口海域時，心裡想的顯然不只是海盜。美國觀察家傑夫．史密斯（Jeff M. Smith）注意到，這次任務提供人民解放軍「運用吉布地、阿曼、葉門與巴基斯坦港口補給加油的寶貴經驗，也讓人民解放軍在遠離中國近海的環境中，獲得演練評估藍海戰術、技巧與程序的絕佳機會，又不會響起太大的政治或軍事警報。」[14]在這片海域建立一處常駐軍事基地的計畫，必然也列入議程。穩定的吉布地成為自然且合理的選擇。

就如同史密斯指出：「穩定並分散中國的能源進口管道，是胡錦濤政權的首要外交政策行動之一。」胡錦濤是二〇〇三至二〇一二年的中國國家主席，引導中國經濟十年的穩定成長。中國的公共建設在他任內大幅改善，更主辦了二〇〇八年奧運會。胡錦濤被視為現代化推手，中國在他的領導下，似乎展現出某些程度的自由；其繼承人習近平也追求現代化，卻更是嚴格的獨裁者。在習政權之下，審查制度大幅縮緊，民主派人士遭到逮捕，包含新公民運動的創始人許志永及維權律師蒲志強。許多部落客停止在社群媒體上發文，深怕會被政府當局帶走。

自毛澤東以來，習近平比任何中國領袖掌握更多權力。二〇一八年三月，中國的橡皮圖章立法機構——人民大會，通過憲法修正案，包含移除國家主席與副主席的任期限制。過去，兩者都是兩屆五年任期，在新憲法中則沒有任何限制，理論上習近平可以終身不退。修憲之後好幾天，中國的審查機制忙著追蹤並移除社群媒體上關於「新領袖習澤東」的討論。[15]

如此強人大權在握，也難怪中國會想保護自己從中東與非洲而來的能源，以及跨越印度洋的一般貿易路線。伴隨經濟成長而來的，是宏偉的願景與習政權的印記。雖然中國從未發起如一帶一路這樣奢華遠大的計畫，但它卻是經濟擴張後的合理結果，接踵而至的是與印度洋區域國家建立聯盟的需求。這類政策早在一帶一路倡議之前就已存在，包含喀喇崑崙公路、緬甸廊道、軍事力量深入南中國海，甚至跟區域內具有戰略重要性的小國合作，包括葛摩、塞席爾、模里西斯與馬爾地夫都在印度洋區域。吉布地也同理可證，這國家靠近中國能源需求的源頭。

根據中國外交部網站對吉布地的描述，「雙邊互惠合作始於一九八二年」。接著是中國需要從中東進口石油，並強化區域影響力。一九九八年，中國與吉布地簽下貿易協定；二〇〇二年雙邊貿易達四千九百八十三萬美元，而中國出口至吉布地的貨物就占了四千九百八十一萬美元，這非洲國家出口中國貨量僅占兩萬美元。[16]在全球脈絡中這數字並不令人驚訝，但對吉布地這樣的小國卻很重要。兩國之間的貿易不平衡也值得注意，吉布地與中國公司簽下數百份合約，除了鐵路外，還包括吉布地學校及銀行的建設計畫。[17]

中國對印度洋的興趣並未躲過美國的注意，戰略思想家早在二〇〇五年就開始討論「珍珠鏈」（String of Pearls）概念，意思是指一連串計畫性的中國軍事基地，或是中國可使用的軍事基地，從中東到巴基斯坦、斯里蘭卡、孟加拉與緬甸。「珍珠鏈」一詞最早出現在當年度美國國防承包商博斯—艾倫—漢米爾頓（Booz-Allen-Hamilton）出版的一篇報告中，用以描述中國崛起的海洋策略，標題為〈亞洲的能源未來〉（*Energy Futures in Asia*）。隔年，在克里斯多夫・佩爾森（Christopher J. Pehrson）為美國軍事戰爭學院（US Army War College）所做更詳盡的研究中，進一步說明這概念。[18]

佩爾森認為「珍珠鏈」將成為美中關係未來路線的石蕊試紙，並進一步指出兩大超級強權之間的可能衝突來源，包含朝鮮半島與台灣。更重要的是，佩爾森認為「身為海洋強權，美國無法放棄自己在『珍珠鏈』區域或任何亞洲戰略利益區域的安全保障者角色。」[19]

美國需要在印度洋有自己的藍海海軍，「從海上施展力量」，佩爾森指出，「一如在最近的阿富汗與伊拉克戰鬥行動中，美國海軍進行的外海轟炸與巡弋飛彈攻擊。」[20]同時他如此寫道，「今日的海洋並非空曠無物，隨著中國發展離岸航行的能力，將會逐漸提升與美國海上地位交會的可能性。中國對『珍珠鏈』沿線增長的興趣及影響力，主要是由確保能源資源及貿易路線的需求所驅動。但這也造成複雜的戰略情勢，可能影響中美關係的未來方向，以及中國與區域內周邊鄰居的關係。」[21]

亞洲區域安全議題作家比利・笛（Billy Tea）則輕蔑這類想法，認為他是「恐慌製造者」，並主張目前仍缺乏具體證據證明中國「此刻或於近未來，計畫沿著海上運輸線建立並維持軍事基地。」確實，至今為止，此一充滿爭議的理論是臆測多過事實。[22]笛舉出佩爾森報告中列出的印度洋區域中國港口計畫，但主張這些港口是為了民間貿易之用，無關乎任何軍事活動。

但若認為中國對捍衛自己的貿易生命線沒興趣，那就太天真了，特別是所有這類計畫都被納入好幾兆美元的一帶一路倡議中。目前來說，大體上有七十個國家加入這預計將進行到二〇四九年的計畫，屆時將是中華人民共和國建國一百週年，也是習近平預計將中國打造為「充分發展，有錢有權」國家的日期。[23]

中國實際花在一帶一路計畫的總金額，往往隨計算者而異。最低估計金額一兆美元，是依照公共建設投資承諾金額估計。最高估計金額八兆美元，則來自二〇一六年《香港經濟期刊》（*Hong Kong Economic Journal*）的一篇評論：「根據國務院財經專家估計，倘若完全依照習近平指示執行，『一帶一路』的支出將會高達八兆美元。」[24]習近平本人則說：「將『一帶一路』建成和平之路、繁榮之路、開放之路、創新之路、文明之路。」[25]

中國的投資程度也隨著國家變化不一。巴基斯坦獲得六百億美元的投資承諾，以此提升道路、通路與港口設備。南韓也加入一帶一路，但直到二〇一七年為止，還未獲得任何中國計畫資助。[26]印度也看到一帶一路的混亂狀態，不但發言批評，更非參與國。即使如此，二〇一八年華盛頓智庫國際戰略研究中心（Centre for Strategic and International Studies）發出的報告顯示，「印度古吉拉特邦（Gujarat）的一處工業園區……在其他地方很容易被視為一帶一路計畫。」[27]

古吉拉特邦薩納恩德市（Sanand）於二〇一六年開始興建造價十億美元的中國工業園區，是源於前一年中國開發銀行與古吉拉特邦政府簽訂的合作備忘錄。不意外地，中國官方新聞網站《環球時報》形容這是中國成為世界領先經濟強權的大計畫之一，「由中國中小企業協會領軍，中國在印度的工業園區是『一帶一路』的先鋒專案，目標是打造一個國際投資平台，協助中國中小企業前進全球……中國中小企業協會會長李子彬表示，透過推廣『一帶一路』計畫創造戰略商機，將鼓勵中國中小企業積極開拓印度市場。」[28]

古吉拉特邦是印度總理莫迪這位堅定印度國族主義者的故鄉，也許這可能是個例外。印度對一帶一路的批評，主要來自外交部長顧凱傑（Vijay Gokhale）於二〇一八年一月二十九日上任時發表的公開演說，「經驗顯示，一開始看似免費或廉價獲得的資金，加上我們不得不承認的迅捷執行速度，正是中國模式的一部分。這種模式吸引許多國家很快就加入這些計畫的行列。」[29]

接著顧凱傑開始提出中國參與的爭議計畫，以及對區域內較弱小國家經濟造成的影響。他舉的第一個例子是斯里蘭卡，該國政府為了取得中國貸款，必須出租土地；交易結果是中國招商局港口控股有限公司以十一億美元的價格，掌握了漢班托特港超過半數的股權，時間長達九十九年。[30]顧凱傑繼續提到孟加拉，原本是中國對公共建設計畫的軟性貸款，卻轉變成其他結果；顧凱傑說：「這引發一些重新思考。」中國貸款竟是由「與國際利率水準相當的利率價格」主導，加上堅持「採購中國器材而非透過國際標案採購」。[31]

顧凱傑也指出緬甸的類似反思。皎漂港的規模「並非緬甸政府在未來幾週就派得上用場的設施」。[32]二〇一五年緬甸大選前，中國提供當時的政府一億美元貸款——但沒有任何一塊錢真正跨越緬甸國界。這些錢是用來購買中國的農具與機械，後來卻完全派不上用場。不過貸款還是得清償，而缺乏現金的緬甸無力償還。[33]雖然下述情況尚未發生，但緬甸仍舊擔心中國可能會以放棄還款為由，交換在皎漂港更多貿易與投資利益，其中可能也包含中國軍隊入駐。

二〇一八年五月三日，位於馬尼拉的亞洲開發銀行（Asian Development Bank）總裁中尾武彥警告區域內國家，應避免難以為繼的公共建設借款，他表示此舉將讓國家陷入債務陷阱中。中尾特別提到一帶一路倡議，表示雖然亞洲開發銀行會在必要時與中國合作，但在借款支應公共建設缺口時仍應謹慎為之。[34]

警告貧窮國家「寄希望於一帶一路倡議的美好未來」的潛在危險，中尾並不是唯一一人。二〇一八年四月，國際貨幣基金（International Monetary Fund）總裁克莉絲汀・拉加德（Christine Lagarde）在中國的一場會議上表示，一帶一路可能會讓已背負沉重公債的國家雪上加霜，這計畫將導向何方也是一個公開的疑問。[35]但毫無疑問，中國之所以端出大量補助與貸款，並非只為了協助其他國家發展繁榮。

前面提到二〇〇六年的佩爾森報告，其對於中國地緣政治目標的分析，在當時被許多人斥為過度悲觀。然而，隨著一帶一路倡議發起，他被證實相當具有遠見。一帶一路倡議為中國爭取更重要（若非主導性）全球領導角色的同時，其核心部分正是發展並盡可能掌控一連串印度洋港口。

為了為中國的新政策賦予某些歷史合理性，北京的政策制定者與評論者將鄭和提升為國家英雄。這位來自雲南的穆斯林太監，在一九九〇年代之前幾乎被人遺忘，如今一系列鄭和的冒險故事開始出現在中國官方媒體上。許多中國城市豎立起鄭和雕像，包含其故鄉首府昆明南方的晉寧，以及南京、上海，甚至在中國支持下，也於馬來西亞與印尼豎立雕像。鄭和成為現代中國與其海上野心的象徵，他近年來獲得前所未有的崇高地位。就像加拿大英屬哥倫比亞大學的教授卜正民（Timothy Brook）所說：「西方擁有哥倫布，中國也需要一個。」[36]

鄭和出航甚至被中國官方引述，以此來合理化他們對南沙群島（斯普拉特利群島）的主權。[37]據傳鄭和曾航經這些島嶼，因此它們應當屬於中國，但這句話還需要更多佐證。鄭和的副手馬歡留下詳細紀錄與地圖，列出超過七百個東南亞與印度洋地區的地名，包含安達曼、尼科巴、馬爾地夫與拉克沙兌普（Lakshadweep）等島群中的偏遠小島嶼。[38]

中國製圖家十分清楚斯普拉特利群島的存在與位置，馬歡也提到它們，但並不如航行日誌中其他地方來得詳細。原因十分簡單：斯普拉特利群島並非島嶼，而是捉摸不定的沙洲淺灘與水底暗礁，包含鄭和的中式木造帆船隊在內的古代海軍，都必須繞航以免沉船。然而，此一事實並無法阻止中國做出驚人宣言，同時最近更實質鞏固其主張。任何反對意見都將被視為干涉中國內政。

習近平本人也在演講中提到鄭和，指他為領導「寶船」建造和平與「東西合作」橋梁的「友誼大使」。[39]雖然沒有什麼證據支持，但中國仍舊不顧歷史現實，持續推動極具野心的一帶一路倡議。除了在吉布地建立軍事基地外，巴基斯坦的瓜達爾港也在中國的區域主導權戰略中扮演重要角色。瓜達爾深水港的建設計畫始於二〇〇一年，第一階段在二〇〇七年完成。中國不但金援，更負責港口建設，打開一條從新疆喀什的西部城市通往海岸的三千公里長陸路。

二〇一五年四月，中國取得瓜達爾港四十年經營權。此外，做為一帶一路計畫的一部分，中國還將投資鐵公路建設，暗示著建設跨巴基斯坦油線管路的可能性。由於穿越喀喇崑崙山通往喀什的路線漫長困難，因此能否用來運輸中東石油也令人生疑。加上喀什的險惡地形與偏遠位置，即使雙邊貿易也很有限。[40]瓜達爾港的重要性在於位置，它將讓中國明確立足於阿拉伯海岸，相比之下，「巴基斯坦廊道」的重要性則在於戰略而非經濟利益，港口邊是否能建立自由貿易區則無關緊要。甚至連巴基斯坦國家銀行前首席顧問經濟學家穆什塔克．汗（Mushtaq Khan）也在訪問中承認，中國在巴基斯坦的主要利益是地緣政治，而非純經濟。[41]

早期的阿拉伯航海者與葡萄牙探險家瓦斯科．達迦馬（Vasco da Gama）早已看見瓜達爾的戰略重要性，甚至試著占領這座城與當時仍相當簡陋的港口，結果並未成功。一七八三年，一名俾路支①統治者喀拉特汗（Khan of Khalat）將瓜達爾主權賜給阿拉伯半島上

---

①譯者注：俾路支斯坦（Baluchistan），是俾路支人對世居土地的稱呼，介於南亞與西亞之間，氣候乾漠，地勢崎嶇多山。傳統上的俾路支斯坦，包括今日的巴基斯坦俾路支省、伊朗的錫斯坦—俾路支斯坦省及阿富汗南部的俾路支地區。該地區以北是阿富汗的普什圖人區域、東方是巴基斯坦的信德省及旁遮普地區、西方則是伊朗。南部荒漠海岸線則面向阿拉伯海及阿曼灣，這塊區域的海岸線，自古以來就是南亞與西亞近岸航線的必經之地。

航海國家馬斯喀特（Muscat）的蘇丹。馬斯喀特後來變成馬斯喀特與阿曼；在成為阿曼之前，馬斯喀特已在今日的巴基斯坦海岸線上占有一席之地。直到一八五六年，馬斯喀特蘇丹同時控制非洲海岸上的尚吉巴（Zanzibar），此地為奴隸貿易重鎮。做為曾經輝煌一時的馬斯喀特與阿曼蘇丹國的遺痕，今日巴基斯坦南部仍有一小群非洲居民被稱為「西迪人」（siddi），除了奴隸後裔外，其先祖還可追溯到非洲水手、傭兵與貿易商。

一八九一年，馬斯喀特與阿曼成為英國的保護國，享有高度自治，瓜達爾飛地因此從未成為英屬印度的一部分。這片海岸在一九四七年成為獨立國家巴基斯坦的一部分，蘇丹對這塊飛地的興趣在一九五〇年代開始下降。一九五一年，蘇丹成為完全獨立國家的統治者，提議將瓜達爾給印度，雖然此地的位置讓這決定看似有些不協調，但馬斯喀特與阿曼過去跟印度擁有強烈連結。直到一九四〇年為止，馬斯喀特與阿曼的唯一貨幣是印度盧比（Indian rupee），而且此後印度盧比仍舊持續流通，直到一九五九年才被海灣盧比（Gulf rupee）完全取代。一九七〇年，馬斯喀特與阿曼終於擁有自己的貨幣里亞爾（rial）。同一年，該國也終於廢除奴隸制，並將國名由馬斯喀特與阿曼簡化為阿曼。

即使如此，當時印度卻對接收瓜達爾不感興趣，於是一九五八年，阿曼蘇丹將瓜達爾以三百萬美元賣給巴基斯坦。近年隨著瓜達爾逐漸成為重要的貿易據點，印度的安全分析師總會半開玩笑地猜想，若當年印度接受提議，在巴基斯坦海岸線插上一腳，如今會是何等光景。

一九五四年，當時瓜達爾仍受阿曼統治，美國國家地質調查中心在巴基斯坦政府請求下，協助確認瓜達爾是否適合發展成深水港據點。但直到二十一世紀初，中國帶著工程團隊進駐，才真正開發了瓜達爾的潛力。港口興建計畫大多數工人都來自中國，而非聘僱本地人。

然而，瓜達爾是否安全？一九四七年英國結束統治時，巴基斯坦從印度分裂出來，但其政治危機似乎從未停歇，也不曾成為像印度一樣正常運作的民主國家。此外，瓜達爾是俾路支斯坦的一部分，此地是巴基斯坦五省中情勢最動盪的地區。為了抗議伊斯蘭馬巴德（Islamabad）政府的剝削，當地一場低強度反抗行動造成許多傷害，讓中國後續的經濟利益雪上加霜。美國作家羅柏．卡普蘭（Robert Kaplan）在二〇〇八年造訪此地時，俾路支反抗分子告訴他：「直到遠在伊斯蘭馬巴德的政府解決他們的不滿前，永遠不會允許在此地建設道路與油管。」[42]卡普蘭認為瓜達爾是夢想與現實衝突之地，而現實帶來憤怒攻擊。二〇一八年十一月二十三日，重武裝分子攻擊喀拉蚩的中國領事館，造成七人死亡，其中包含兩名警察、兩名平民與三名攻擊者。分離派俾路支反抗分子宣稱攻擊是其所為，並表示「除了破壞俾路支斯坦未來的巴基斯坦軍隊外，我們一直視中國為壓迫者。」[43]巴基斯坦總理伊姆朗．汗（Imran Khan）則稱這攻擊為反對巴基斯坦與中國「經濟戰略合作的陰謀之一」。[44]但在攻擊發生後，中國外交部發言人立刻聲明，此事不會影響中巴關係，並表示「中國與巴基斯坦是堅定不移的戰略合作夥伴」。[45]

巴基斯坦也許是中國在區域內最忠實的盟友，特別是二〇一八年，美國總統川普最初幾則推文之一曾指控，巴國在接受華盛頓數十億美元援助的同時，還欺騙他的政權、窩藏恐怖分子。[46]美國對巴基斯坦的某些援助遭到刪減，倘若川普持續下去，未來援助可能愈來愈少。巴基斯坦城市街頭對推文的反應相當迅速：發動嘈雜示威譴責川普。巴基斯坦政府也相當憤怒，總理沙希德·哈坎·阿巴希（Shahid Khaqan Abbasi）召開國家安全委員會議，對川普總統發言表示「深感失望」。[47]

以巴基斯坦為根據地的恐怖分子也造成中國的問題，而情況或許比俾路支斯坦某些少數民族的底層反抗者更嚴重。二〇一七年十二月，中國對在巴國境內的中國人發出警告，一連串重大「恐怖攻擊」有計畫鎖定巴國境內的中國目標。[48]中國的擔憂自然是如何保護在巴基斯坦執行一帶一路計畫的數千名中國工人。二〇一七年十二月，在貪腐指控之後，中國採取出人意料的舉動：暫停至少三條主要道路的建設工程，而這些都是一帶一路計畫的一部分。根據媒體報導，中國的宣布讓巴基斯坦官員「震驚莫名」。[49]

然而，中國與巴基斯坦的聯盟太過重要，並不會被這類擔憂輕易動搖。中巴關係分析師安德魯·史摩（Andrew Small）注意到，「巴基斯坦是中國唯一通過幾十年考驗的盟友，跨越政治光譜或在政府建制中，中國都深深獲得支持，公眾支持基礎甚深。在任何海外的中國形象意見調查中，巴基斯坦都是明顯異數。」[50]話雖如此，倘若伊斯蘭武裝分子在巴國的活動加劇，甚至連結上志同道合的新疆夥伴（新疆有大批不滿的穆斯林人口），中國有可能要重新評估這份友誼。巴基斯坦與其他地方的穆斯林運動者，對中國對新疆對待維吾爾穆斯林的方式，不滿日漸加深。[51]維吾爾武裝派實際在巴基斯坦領土活動的情況難以確定，而伊斯蘭馬巴德政府總是駁斥這類指控。但在二〇一二年，中國敦促巴基斯坦政府驅逐維吾爾武裝分子，宣稱這些人在巴基斯坦的部落區域尋求庇護，並表示這些團體勾結蓋達組織（al-Qaeda）在新疆製造動亂。[52]

國際人權團體如國際特赦組織（Amnesty International）與人權觀察組織（Human Rights Watch）針對維吾爾人遭受的待遇發表過無數報告。國際特赦組織的二〇一七／二〇一八年報導提及新疆已設立許多拘留所，「也稱為『反極端主義中心』、『政治教育中心』或『再教育中心』，人們遭到無限期任意拘留，被迫學習中國法律政策。」[53]人權觀察組織則估計，新疆已經將數萬名維吾爾人與其他少數族群送進「政治教育中心」。[54]在部分再教育營中，關押者被迫喝酒與吃豬肉，而這兩件事在穆斯林社群中都是禁忌。[55]

通常對於巴勒斯坦、喀什米爾與緬甸穆斯林所遭受的待遇，巴基斯坦政府與該國主流政客總是大加撻伐。對新疆維吾爾人所受的壓迫，巴基斯坦卻顯然很安靜，不過考量到跟中國的地緣戰略與經濟聯盟關係，這一點也不奇怪。

兩國聯盟關係也包含軍事合作，同意共同「捍衛中巴經濟廊道安全」。[56]然而，這是否表示將讓中國在巴基斯坦設立常駐海軍基地，仍有待觀察。比爾．葛茲（Bill Gertz）在《華盛頓時報》（*Washington Times*）上似乎如此認為，他提到跡象顯示中國造訪瓜達爾東方的松米亞尼灣（Sonmiani Bay），這區域以先進電腦中心聞名，「有徵兆表明中國打算在此地建立另一處港口設施」。[57]目前仍不清楚基地將建在此地還是瓜達爾，但「港口的中國建設與軍事行動，似乎接近中國在吉布地的作為」。[58]倘若無誤，中國很快將擁有兩處軍事基地，可以監測、保護重要的中東輸油路線。

我們必須記得，中國的一帶一路計畫並不包含直接援助。即使面對巴基斯坦這樣的長期盟友，中國投資都繫連著貸款與信貸。中國強迫巴基斯坦買中國設備用於中國計畫，北京再提供巴國貸款以支付這些採購費用，導致其債台高築。巴基斯坦的外債此刻已達九百一十八億美元，公債占國民生產毛額的百分之七十，遠高於區域內的其他國家。三分之二來自中國的早期貸款都獲得延展，利率卻是被形容為「高利貸」的百分之七。[59]中巴也許是親近的盟友，但正如印度評論所指出，這並不是「朋友對待彼此的方式」。[60]

這串可能形成的珍珠鏈上，下一顆珍珠是斯里蘭卡南方海岸上的漢班托特港。二〇一三年，此地啟用了新港口與新機場。二〇〇九年，政府從對抗「泰米爾之虎」（Liberation

Tigers of Tamil Eelam）長達二十七年的內戰中獲得勝利後，旋即運用中國出借的八十億美元展開建設。當時的總統馬辛達・拉賈帕克薩（Mahinda Rajapaksa）夢想著將自己的故鄉轉為觀光與商業重地。[61]

結果兩項計畫都是龐大的白色大象。漢班托特附近的瑪塔拉・拉賈帕克薩國際機場被稱為「世上最空的國際機場」，這絕非無的放矢。一萬平方公尺大的航站，擁有十二條報到櫃台，每年足以迎接百萬名旅客，但幾乎沒有任何航空公司飛往此地。部分閒置的機棚甚至轉租給當地人儲存稻米。

在總造價兩億零九百萬美元的機場工程中，有一億九千萬美元來自於中國政府，由中國進出口銀行提供。[62]但主要問題是機場位置遠離首都可倫坡及其他旅遊勝地。旅客將這地方形容為叢林中心，對於必須在此等上數小時而感到不滿。

從商業角度來看，機場計畫明顯是個重大挫敗，怎麼會有人想要投資呢？但這正是二〇一七年印度所做的事。印度對聯合開發案承諾投入三億美元，以此取得四十年租約。印度這樣將付清斯里蘭卡對中國的債務，也能一定程度控制中國在島上的影響力。在這種情況下，機場閒置與否並不重要。目前這座機場每天只服務十幾名乘客。

根據澳洲分析師大衛・布魯斯特（David Brewster）的主張，任何海外的海軍基地，甚至是後勤設施，必須是容易從空中運輸人員與物質之處。海軍基地還必須具有海空偵查能力。掌控新建機場能提供印度監視附近港口使用的高度能力。[63]從這角度來看，印度出錢買下機場完全合理。

漢班托特港的商業表現並沒有比機場好。國際貨運公司沒興趣停泊漢班托特港，因為可倫坡已擁有一個良好的港口。只有少數船隻停在漢班托特港，而且大多是因為尷尬的斯里蘭卡政府堅持，不得已而為之。[64]緊接而來的是帳單。斯里蘭卡政府無法清償中國貸款，因此被迫以股權交換債權的形式，將港口所有權轉讓給中國。雖然斯里蘭卡宣稱仍保有港口管理權，但就如布魯斯特所說，細節「可疑地模糊不清」。[65]布魯斯特同時主張，漢班托特港計畫「正是一帶一路經常在發展中國家，以無法清償的債務強加非經濟性計畫的證據。批評者認為這類計畫只會破壞長期經濟發展，讓這些國家在政治上傾向中國。」[66]

漢班托特港也許不適合做為普通貨櫃港口，但新德里懷疑此處另有他用：做為中國海軍擴大印度洋部署的後勤轉運點。這推測很可能被證實為真，根據布魯斯特所言：「雖然可倫坡不斷宣稱，斯里蘭卡不會允許中國海軍設施存在，但新德里擔心，中國的影響力某天終將達到斯里蘭卡無法說不的境界。」[67]

斯里蘭卡傳統上是印度盟友，也親近西方強權，之後在對付泰米爾之虎的過程中開始轉向中國。當時斯里蘭卡軍隊被控在清剿叛軍過程中，造成嚴重的人權侵害，而中國阻擋聯合國安全理事會將此事提上議程。二〇〇七年，美國因為斯里蘭卡陷入無底深淵的人權紀錄，決定結束直接軍事援助；中國則增加援助到將近十億美元，成了斯里蘭卡最大的金主。

《獨立報》（*The Independent*）在二〇一八年五月二十二日報導，中國給了斯里蘭卡「價值數千萬美元」的先進武器，並免費餽贈六架F-7戰鬥機給斯里蘭卡空軍。此外，中國也鼓勵盟友巴基斯坦出售更多武器給斯里蘭卡，並訓練能夠駕駛新飛機的飛行員。突然間，由於中國的外交，美國與歐洲的阻撓再也不重要了。這個在西方掌握之下五百年、占印度洋極度重要戰略位置的島嶼有了新金主，而這金主對責任卻有非常不同的概念。[68]印度也失去一位盟友，現在只能從全球最閒置的機場觀察中國的一舉一動。

沿著印度洋向上進入孟加拉灣，則是孟加拉東南海岸上最大的港口吉大港。從這裡開始，中國與對手的拉扯比斯里蘭卡更加明顯。二〇一六年，孟加拉政府取消了由中國出資，在吉大港南方一百二十七公里科克斯巴札爾（Cox's Bazaar）的索納迪亞（Sonadia）建港口的計畫。印度立刻展現興趣，有意協助孟加拉在首都達卡（Dhaka）南方、恆河（或稱帕德瑪河）口三角洲的派拉（Payra）發展深水港。同時，日本也對在科克斯巴札爾附近的瑪塔爾巴利（Matarbari）發展另一個深水港表達興趣。中國在這場港口大戰中的反擊，則是在吉大港蓋了一座占地七百五十英畝的工業園區。這項與孟加拉特別經濟區管理局合作的工業園區合資案中，中國國營的中國港口建設公司將獲得百分之七十的股權。[69]

在此之前，中國已同意提供八十七億美元發展吉大港港口設施，但進度十分緩慢。對北京來說，孟加拉將是比斯里蘭卡更嚴峻的挑戰，至少在達卡仍由謹慎傾印度派的人民聯盟（Awami League）掌權時會是如此。

中國也了解到這一點，正因如此，習近平於二〇一六年前往孟加拉進行國家訪問。這是中國國家元首三十年來首度出訪孟加拉。中國在孟加拉也積極採取行動；華盛頓的戰略與國際研究中心（Centre for Strategic and International Studies）的重新連結亞洲計畫指出，中國在孟加拉進行三項一帶一路關鍵計畫：達卡—傑索爾（Dhaka-Jessor）鐵路、派拉發電廠，以及孟加拉第一條水底隧道：卡納普利（Karnaphuli）隧道。中國銀行掌控金流，中國承包商則承接這些計畫的實際建設工程。[70]

此外，跨越了孟加拉與緬甸邊界，中國忙著建設緬甸的皎漂港，因為它可能是繼瓜達爾之後，這串珍珠鏈裡最重要的珍珠。在和中國共享邊界的鄰國中，或許只有巴基斯坦與緬甸兩國與之關係良好，因此可視它們為中國通往印度洋的唯二直接「廊道」。但這也表示，中國選擇將一帶一路的成功，壓在亞洲兩個政治最不穩定的國家上。

中國顯然準備承擔巨大風險，但它想在印度洋上挑戰美國，仍舊有很長的路要走。中國目前只有吉布地軍事基地，而美國在迪亞哥・賈西亞島擁有大上許多的軍事設施，更在全球七十個國家與領地，擁有將近八百個大大小小的軍事基地，包含阿富汗、巴林、卡達與科威特，更別提在日本與南韓的基地。談到整體軍事支出，二〇一七年美國的軍事支出，比它後面七大最高軍事支出國家（中國、沙烏地阿拉伯、俄羅斯、印度、法國與英國）的總和還高。當年美國整體防衛支出高達六千一百億美元，而華盛頓當局的冷戰對手俄羅斯才花了六百六十三億美元。但軍事支出排名第二的中國花費兩千兩百八十億美元，自二〇〇八年以來成長了百分之一百一十。[71]

這趨勢相當重要，加上「中國進入過去數世紀從未涉足的印度洋區域」這事實。到處可看見相同模式：等待清償的貸款，倘若無法清償，中國期待獲得其他利益交換。這種做法並非傳統殖民主義，卻是導向依賴關係的操作模式，破壞舉債國家的財務主權，以及最終的政治主權。當中國在印度洋區域的軍事存在，最終讓傳統強國（如美國與印度）感受到威脅時，會發生什麼事？

隨著中國崛起，美國將會失去相對權力，無法在世上某些地方（例如印度洋區域）行使霸權。正如布魯諾・瑪薩艾斯（Bruno Maçaes）所指出，「我們將進入人類歷史上首度現代科技與混亂國際情勢相結合的時期，沒有任何單一行動者或團體能強加秩序。」[72]他推測將要到來的戰爭可能是武裝衝突，但也可能會採取截然不同的形式，「控制公共建設、宣傳戰、人工智慧與機器人學的科技競賽、網路戰爭及貿易經濟戰。」[73]

在吉布地，所有恐懼、挑戰與陰謀匯集於一小塊產業上。近年來發生於吉布地最離奇的故事，莫過於二〇一八年四月，美軍發通知警告飛行員注意「未經許可的雷射活動」。[74]告示中提到，「在北緯一一三五點七〇區域附近，發生多起涉及高能雷射的攻擊事件」，而這組座標位於吉布地中國基地外七百五十公尺處。[75]

這些指控包含兩名美國空軍飛行員因雷射攻擊而眼睛受傷，但中國國防部很快提出反駁，認為那「完全與事實不符」。[76]

不論指控究竟為何而生、從何而來，這在中國與其他在吉布地有軍事基地的西方勢力之間，無疑是增添了緊張氣氛。對事情可能的來龍去脈，《簡氏防衛周刊》（*Jane's Defence Weekly*）有更仔細的描述：「多項情報來源指出，中國人民解放軍被懷疑在基地或離岸船艦上操作高能雷射武器。運用雷射致使飛行員短暫失明的情況近年來逐漸增加。此事可追溯至冷戰時期，美國海軍飛行員會周期性遭受來自蘇維埃海軍艦艇及間諜拖網漁船的雷射攻擊。」[77]看到吉布地事件報導的情報官員告訴《簡氏防衛周刊》，他們懷疑事件中所形容的「藍光雷射」，與長期以來俄羅斯及中國海軍艦艇配備的雷射武器類型一致。[78]

吉布地原本就已很緊繃的情勢，在該事件之後更加惡化且造成恐懼。任何當地外國軍事力量採取的倉促行動，都可能引發衝撞，最終導致更大規模的衝突。這是諸多軍事基地擠在一個小地方所造成的永存風險。

此外，這個蕞爾小國也存在經濟與政治動亂的可能。軍事基地也許為政府帶來了收入，但就像南非記者西蒙·艾利森（Simon Allison）在二〇一八年訪問中所注意到的，「為了興建（新）港口、另一座機場、連接吉布地與阿迪斯阿貝巴的亮麗新鐵路，以及從衣索比亞輸送清水的一百二十公里長輸水管路，吉布地將難以償還向中國借來的鉅額金錢。根據國際貨幣基金，這些貸款至少價值十一億美元。」[79]

艾利森同時也報導，「由於超級強權為穩定吉布地政局做了大量投資，因此全都打算無視古耶列政權的種種迫害行徑。那些迫害都被自由之家與其他組織詳盡記錄。」[80]這種眼不見為淨的策略可能適得其反，艾利森進一步引述一名當地反對派政治人物的說法，「到貧困區域去看看，你會發現這國家並不開心。」[81]

伊斯瑪儀·歐馬爾·古耶列（Ismail Omar Guelleh）從一九九九年開始就擔任吉布地總統，同時也是國家軍隊總指揮，手握重權。在二〇一〇年阿拉伯之春後，要求更多民主的聲音很快被壓制，反對派幾乎沒有聲音，最近一次在二〇一六年四月舉行的總統大選中，古耶列獲得百分之八十的票數再次當選。該國主要報紙《吉布地國家報》（*La Nation de Djibouti*）與吉布地廣播傳布（Radiodiffusion）電視台都由政府掌控。反對派報紙《革新報》（*Le Renouveau*）在二〇〇七年刊登了一篇新聞，宣稱古耶列擔任國家銀行總裁的妹夫收受當地商人賄賂，之後就遭到關閉。[82]雖然當局仍容忍某些反對媒體出版，但嚴厲的誹謗法導致記者進行自我審查。

一九九〇年代初期，這國家的統治政黨人民集結進步黨（Rassemblement populaire pour le Progrè）與反對黨團結與民主復興陣線（Front pour la Restoration de l'Unité et de la Démocratie）之間還有武裝衝突。到了二〇〇〇年，衝突在某種權力共享協議下停止，但是前一年古耶列在舅舅（同時是該國首任總統）哈珊・古列德・阿普提東（Hassan Gouled Aptidon）之後繼任總統，仍是吉布地表面上無庸置疑的強人。世人經常遺忘，從一九八一至一九九二年間，吉布地是由人民集結進步黨一黨專政，多黨體系是在一九九二年公投後重新建立。然而，成立於一九七九年的人民集結進步黨仍控制了立法及行政機關。反對黨曾杯葛好幾次選舉，指控政府控制媒體，恐嚇非人民集結進步黨的候選人。[83]政權內部的貪腐也是另一個嚴重問題。貪腐雖然非常普遍，但根據自由之家報告，吉布地打擊貪腐的成果非常有限，因為官員並無須公布財產。[84]

仰賴軍事基地所帶來的收入，讓吉布地國民生產毛額在過去十年翻了一倍，從二〇〇七年的八億四千八百萬美元，成長至二〇一五年的十七億美元。然而，百分之二十三的人口仍活在赤貧中，百分之六十的勞動人口依舊失業。[85]此外，吉布地對中國人的不滿持續上升。當地人抱怨，中國人與其他基地人員不同，他們帶來自己的司機、廚師與警衛。古耶列極力解釋中國是吉布地的好朋友。艾利森的文章引述古耶列接受《非洲》（*Afrique*）雜誌專訪的談話，「中國確實是真正的夥伴；今日唯一在長期基礎上進行合作的夥伴。中國是我們的朋友……他們在非洲是無與倫比的投資者。他們相信我們的未來，以及我們的崛起。」[86]

做為非洲之角穩定綠洲的吉布地，也可被描述為政治上的火藥桶。古耶列的地位並沒那麼穩固，內部動亂的可能性也無法排除，特別是當貧富差距拉大時，若基地租金持續湧入卻只有少數人受益，就可能會發生動亂。中國也不應將自己與小國的友誼視為理所當然；高度仰賴北京可能正好適得其反，就好比另一個緊鄰印度洋的國家：緬甸。

第二章 緬甸廊道

宣布一出有如晴天霹靂。二〇一一年九月三十日，登盛（Thein Sin）總統在緬甸新首都奈比多（Naypyitaw）國會大廈前的演講中，宣布政府將暫停位於國家極北方的密松（Myitsone）超級大壩與水力發電廠的建設。他說：「這項計畫有違人民意志。」[1]造價高達三十六億美元的大壩將淹沒七百六十六平方公里的森林地，而其所生產的電力，卻有百分之九十將輸往中國。這是中國國有的中國電力投資集團（China Power Investment Corporation）、緬甸政府電力部門及亞洲世界公司（Asia World Company）共同進行的投資案。亞洲世界公司是由華裔緬甸企業大亨所擁有的集團。

在登盛宣布之前，已有許多緬甸人示威抗議這項計畫。當時在野的民主派領袖翁山蘇姬（Aung San Suu Kyi）及緬甸的知識分子與科學家，全都發言反對這項計畫。大壩將建在邁立開江（Mali Hka）與恩梅開江（Nmai Hka）匯流處，此處是偉大伊洛瓦底江的起始，最終注入孟加拉灣與印度洋。

「密松」就是「河流匯流處」的意思，對住在該國極北之處的當地克欽（Kachin）部落來說，這地點具有接近宗教意義的重要性。對所有緬甸人來說，不論屬於哪個族群，穿越整個緬甸的伊洛瓦底江本身就是國家的象徵。因此，沒有比這裡更不適合興建大壩與水力發電廠的地點，更何況只是為了中國的電力需求。在族群多元的緬甸，不分族裔都團結一致反對這計畫。

但為何連登盛也反對這計畫？在二〇一〇年十一月的大選前，這位退休將領成為緬甸軍政府的總理，同時也是內閣之上軍事統治集團領導成員之一。他在二〇一一年三月成為緬甸總統，領導由軍隊所屬政黨聯邦鞏固發展黨（Union Solidarity and Development Party）主導的政府。每個人都知道這場選舉中的壓倒式勝利是靠著舞弊造假，而選出的國會及新政府，大多是登盛這類的前軍官。四分之一的國會議員甚至仍是由軍隊任命的現役軍官。

登盛最終採取一些動作，透過釋放遭軟禁的翁山蘇姬及數百名政治犯，嘗試改善當時緬甸在軍隊統治下而黯淡的國際形象。翁山蘇姬自一九八九年起就陸續遭到這種形式的監禁。由於登盛過去的將軍背景，加上身為箝制這國家的軍事統治集團領導成員，在這些事發生前，他幾乎從未顯露出隱藏的自由派身分。直到那一刻之前，許多人都認定緬甸是中國的附庸國。那時登盛才出任總統六個月，就宣布暫停密松計畫，此事必定惹惱中國。雖然許多人感到困惑，但這決策應視為軍隊內部政治角力的結果，而不是出於對「人民意志」的尊重。

一九八八年八至九月間，一場全國民主起義運動震驚了緬甸，結果卻遭到軍隊暴力鎮壓。數千位民主派抗爭者在首都仰光與其他地方被槍殺。流血暴力導致美國與歐盟各國加以譴責、禁運及制裁，區域內某些國家（如日本與印度）也譴責屠殺。

但中國卻沒有這麼做。相反，緬甸成了中國在東南亞區域最主要的經濟、政治與軍事盟國。在此之前，動亂與幾十年的錯誤管理使緬甸經濟停滯不前，卻從一九八〇年代末期開始，被中國民生商品與緬甸天然資源的跨界貿易拯救。一九八八年九月，國家恢復法律和秩序委員會（State Law and Order Restoration Council）這軍事集團開始掌權，北京不但提供慷慨的貸款，還阻擋西方在聯合國安理會上提起緬甸議題的任何企圖。中國提供大量軍事硬體，也是讓極度不受歡迎的緬甸軍政府鞏固權力的關鍵。若非有來自中國的經濟、外交與軍事支持，我們可以合理推斷，緬甸軍政府應該撐不過一九八〇年代末至一九九〇年代初的危機。

在一九八八年吞沒緬甸的政治危機中，一起看似不重要的事件，被證實是中緬關係的重要分水嶺。在一九六八至一九七八年的十年間，當時中國採取輸出世界革命的政策，向反抗緬甸政府的緬甸共產黨（Communist Party of Burma）提供的大量軍事與財務援助，遠超過對印度支那以外其他共產反抗運動的支持。嚴守毛主義的高度武裝緬共受到中國支持，沿著中緬邊界建立兩萬平方英里的軍事基地區域，同時也做為泰國與印尼共產武裝分子的訓練場。他們也跟馬來西亞及印度理念相同的反抗軍保持聯繫。中國視緬甸為毛派共產主義散布到南亞與東南亞的跳板。

最初的改變是自一九七六年毛澤東死後展開，過去失勢的改革派鄧小平重返政壇。經過數十年的嚴峻社會主義後，自由市場再度被引進中國。北京的外交政策從原本的輸出革命，轉向透過和緬甸等鄰居貿易以促進經濟擴張。但不論是哪一條路線，也不管北京掌權者是誰，以及其外交政策目的為何，捍衛甚至控制「緬甸廊道」一直是北京掌權者看重的核心。為中國緬甸政策帶來決定性轉變的關鍵，是一九八八年的八月協議。該協議造成仰光幾乎天天上演大規模示威，兩天後的大罷工癱瘓了整個國家。

當時多數觀察者或許對仰光官媒的報導感到興味盎然，其中提到中國與緬甸同意開放共同邊界進行貿易。當世界各地都認定自己正在見證這舊政權的終結時，北京將賭注押在該政權的存活上。結果證實中國是對的。

抗議行動遭到鎮壓，而軍隊主導的「舊」政權僅是讓位給有緊密連結的軍事政團，並進行直接軍事統治。對中國來說這不成問題。事實上，它可以利用西方人權導向的政策，推廣鄧小平的貿易友善、自由市場政策。這背後是潘奇於一九八五年九月二日在《北京周報》上論述的想法。但潘奇的文章並未提到，當時邊境地區並非在緬甸中央政府控制之下，兩千一百九十二公里長的中緬邊界，幾乎都在緬甸共產黨及其他跟中國有連帶關係的民族武裝反抗軍手中。最知名的是位於極北區域強大的克欽獨立軍（Kachin Independence Army）。

先前在一九六〇年代簽訂邊境協議時，中緬聯合團隊沿著整條共同邊界，以界石與標誌標出邊境。二十多年後這些標誌已然崩壞，一九八五年則根據新協議豎立新的界石。但這次緬甸的界石位置是由中國決定，因此放置在開放的稻田與叢林空地上，遠離邊界上的主要反抗軍基地。

緬甸內戰持續進行。一九八七年初，緬甸政府軍成功攻下邊界上不少緬共重鎮，包含欣欣向榮的邊界城鎮棒賽（Panghsai），傳說中的「中緬公路」就是由此進入瑞麗以東的畹町鎮（Wanting）。棒賽位於緬共基地區域內，無法無天的跨界黑市交易生意相當活絡，隨著一九八八年邊界貿易協議簽訂，這些生意全都合法化，並且進入緬甸政府控制之下。

與此同時，中國也開始透過緬甸內部的廣大經濟情資回報體系，伸入了當地市場。此網絡監測當地生產的緬甸產品銷售情況，以及其他鄰國非法交易的產品內容與數量，包含泰國、馬來西亞、新加坡及印度。中國可以在國營工廠中生產相關產品以回應市場情況需求。因此有超過兩千種精選商品開始流入緬甸市場。中國製造的民生商品不只是刻意做得比鄰近國家便宜，也比緬甸當地更便宜。[2]

接踵而來的是另一個更戲劇化的轉變。一九八九年三至四月間，緬共軍隊跌破許多人的眼鏡，其內部來自山區部落的士兵發動叛變，迫使黨內以緬人（Bamar）為主的領導階級流亡中國。叛變起因是山區部落士兵和過去長期流亡中國的中緬甸年老知識分子之間，多年來醞釀的不滿。這些知識分子在中國協助下，從中國重新跨入緬甸邊境建立基地，並強迫徵募山區部落進入緬共軍隊服役。這些低階士兵對共黨意識型態不是一無所知，就是所知甚少，但年老領袖卻緊抓正統毛主義理想不放，這甚至是鄧小平等新中國領袖都不樂見的情況。

仰光政府快速而精明地利用這場叛變，承諾從舊緬共餘燼中興起的新部落武裝領袖，只要他們同意停火，並且停止分享一九六八至一九七八年間從中國得來的大量武器，就能從事任何事業。當時緬甸有許多少數民族與非共黨的反抗軍，都是緬共叛變者可以結盟的對象。八至九月間，在民主派起義遭到鎮壓後，數以千計的都會區運動者逃向民族反抗軍活動的區域，他們也想要可以對抗仰光軍政府的武器。

然而，前緬共軍隊、國內其他反抗勢力與異議人士之間並未形成同盟。反之，當軍政府面對民族反抗軍及緬甸核心地區民主運動人士的強大對抗力量時，另一股對政權的有力威脅卻被解除了。

緬共舊部後續裂解成四支區域民族團體，擁有至少兩萬名士兵的聯合佤邦軍（United Wa State Army）是迄今最強大的勢力。聯合佤邦軍和其他三個團體都跟政府談和，而根據停火協議，所有勢力都獲准保留武器，繼續控制各自轄下的多數區域。

有鑑於北京的新政策及中緬關係改善，有些人期待中國會和聯合佤邦軍領袖及其他前緬共軍隊斷絕關係，但此事並未發生。畢竟這些人過去都是緬共軍事指揮官，與中國維持了數十年的親密關係。同時在北京新的經濟外交政策中，在這新時代，聯合佤邦軍反而比緬共的舊毛派知識分子更可靠。這些老邁的緬共只要放棄政治活動，就能獲得中國政府提供的退休金及在昆明的住處。緬甸數十年來受中國長期支持的共黨起義，也在中國的監管下落幕。

在一九八八年仰光大屠殺之後，一九八九年六月發生在北京天安門廣場的血腥事件，也激起類似的國際反應。因此接下來幾年這兩個被孤立、譴責的鄰國愈湊愈近，並不是太令人驚訝的事。中緬之間十分特殊的新關係，首先由當時統治的軍事集團領導成員，並且在緬甸十分具影響力的情報首長欽紐（Khin Nyunt）中將提出。欽紐向一群在仰光計畫中工作的中國工程師發表演說時指出：「中華人民共和國（在一九八九年五至六月）爆發的動亂，跟去年（即一九八八年）緬甸的遭遇類似，我們也同情中華人民共和國的情況。」[3]

這兩個染血獨裁政權關係的重要性，可從一九八九年十月緬甸二十四人軍事代表團前往中國進行十二天訪問看出來。代表團由軍隊總指揮丹瑞（Than Shwe）將軍領軍，包含欽紐中將、軍事採購部長大衛・阿貝爾（David Abel）准將，以及海空軍指揮官。這次訪問帶來大筆的武器採購交易：中國承諾將給予緬甸價值十四億美元的軍事硬體設備，包含F－7戰鬥機中隊（中國版的蘇聯米格二一飛機）、至少四艘海南級海軍巡邏艦，還有約一百輛輕戰車及裝甲運兵車、卡車、高射砲、火箭彈，以及大量小型武器彈藥。此外還有軍用無線電設備。[4]

簽訂一九八八年八月邊界貿易協議後一年，緬甸成為中國廉價民生商品的主要海外市場，中國則成為緬甸木材、林業產品、礦物、海產與農產品的主要進口國。當時世界銀行分析師估計，約有價值近十五億美元的商品沿著緬中邊界進行貿易，其中並不包含從緬甸金三角流出的蓬勃毒品交易。

除了貿易外，正如潘奇一九八五年文章的建議，中國很快開始涉入緬甸亟需提升的鐵公路系統。一九九一年底，中國專家已在緬甸進行一連串公共工程建設。同年，中國軍事顧問抵達緬甸，是自一九五〇年代來首批進駐緬甸的外國軍事人員。[5]緬甸確實開始成為中國的附庸國。緬甸共產黨在戰場上未能替中國達成的目標，後來透過敏銳的外交手段與蓬勃發展的雙邊貿易達成。姐告大橋也在這段時間落成，並豎立起鼓舞中國積極南向進入緬甸及更遠之處的紀念雕像。

兩國關係表面上友好緊密，但這掩蓋了緬甸高階軍官具強烈民族主義的深刻不安。許多軍人對抗緬共軍隊的記憶猶新，而那些軍隊就是拿中國提供的武器；因此他們對中國的意圖有深深的不信任感。這些衝突開始浮現，雖然看似內部權力鬥爭，實際上經常是由對中國影響力的爭議所引發。首度針對中國的打擊出現在二〇〇四年十月，當時已成為總理的情報首腦欽紐中將，在一場內部的倉促起事中被趕下台。中國一開始難以相信「他們在緬甸的人馬」竟然出局了，但也很快順應新情勢並加以調整。

即使中國遭受挫折，兩國關係似乎仍回到常態。二〇〇七年四月，中國的國家發展與改革委員會通過一項計畫，預計將興建一條油氣管道，連接中國內陸與當時緬甸多未開採的陸上與離岸石油資源。二〇〇八年十一月，中緬原則上同意興建一條造價十五億美元的石油管道，以及另一條造價十億四千萬美元的天然氣管道，連結緬甸海岸與中國雲南省。二〇〇九年三月，中緬終於簽訂興建天然氣管道的協議，同年六月則簽訂興建原油運輸管道的協議。

二〇〇九年十月三十一日，兩條管道的起建典禮於緬甸西海岸馬德島（Maday Island）舉行。同年，緬甸軍隊在未事先警告北京的情況下，攻擊東北果敢（Kokang）地區的非國家武裝團體，導致超過三萬名平民前往中國尋求暫時庇護。這個被稱為緬甸民族民主同盟軍（Myanmar National Democratic Alliance Army）的武裝團體，是一九八九年跟緬甸政府談和的四支前緬共軍隊之一。對中國來說，果敢是特別敏感的衝突區域，因為此地絕大多數居民都是華裔。果敢華人跟邊界對面的雲南中國人，講著同樣的華語方言。

不出所料，北京被迫對緬軍攻擊果敢一事表現不滿。但最終除了政治行動外，中國並未採取其他行動。同時，中國為了緩和態勢，還在二〇一〇年九月同意提供緬甸價值四十二億美元的三十年無息貸款，資助其水力發電計畫、鐵公路建設及資訊科技發展。

我們常看到西方制裁將緬甸推入中國懷抱的論點。這是有爭議的，不過西方政策當然讓中國更容易執行對緬甸的計畫，以致西方某些人批評孤立緬甸的政策，正如他們所說的「將緬甸拱手讓給中國」。這些憂慮清楚出現在美國安全專家與前中情局分析師馬文・歐特（Marvin Ott）一九九七年六月《洛杉磯時報》（*Los Angeles Times*）的文章中。歐特總結：「華盛頓可以也應該對（緬甸）迫害情況維持公開的批評態度。但也要考慮安全與其他國家利益因素……現在是嚴肅考慮其他可能性的時刻。」[6]

但轉向需要一些時間。二〇〇一至二〇〇九年間，當時小布希政權下的兩黨緬甸政策，不只是維持前朝柯林頓政權時國會對緬甸施加的禁運，更施加新的懲罰性措施，試圖支持緬甸的民主力量。二〇〇七年底由佛教僧侶領導的大型民主運動「番紅花革命」（Saffron Revolution），加上二〇〇八年重創國家的納吉斯（Nargis）風災中，由於軍政府災難性的回應，導致小布希政權對緬甸政權領袖採取強硬立場。美國施加更多禁運措施，也啟動支持緬甸境內民主運動的計畫。

接著又迎來另一個事件轉折。二十一世紀初，緬甸跟北韓建立了戰略夥伴關係，這促使美國重新思考對緬政策。彷彿中緬關係親近還不夠糟，就連平壤也插上一腳。據傳北韓提供緬甸隧道建設專家、重型武器、雷達與防空系統，甚至還有飛彈相關科技。部分外交政策的領導者，像是美國參議員吉姆．韋伯（Jim Webb）開始爭辯，認為美國是時候轉換軌道，和一心掌權到底的緬甸領導人交涉了。

二〇〇九年一月，歐巴馬上台時，意欲翻轉小布希時期的外交政策，許多人認為這是對緬態度轉變的開始。接著是二〇一〇年十一月的緬甸大選，正式結束了丹瑞的軍政團統治，隔年登盛政府上台。由於同樣人馬依舊掌握著權力，因此不過只是表面上粉飾的改變，但此舉仍被視為西方可用來跟緬甸領導人修補關係的機會。緬甸突然間有了張新臉孔，還有了新憲法。這部憲法是在二〇〇八年五月公投（正值氣旋納吉斯橫掃國家之際）通過施行，但這公投就跟二〇一〇年大選一樣虛假不實。

縱然公投與大選舞弊叢生，這依然是美國與其他西方國家開始與緬甸政權改善關係的完美時刻，同時也是緬甸前將領在西方發動魅力攻勢的時刻。美國認為讓緬甸脫離中國令人不安的懷抱，是這新時代的關鍵工作；而緬甸軍隊與新的准文官政府也是這樣想。

二〇一一年十二月初，也就是登盛於奈比多國會發表關於密松大壩演說後幾個月，當時的美國國務卿希拉蕊．柯林頓（Hillary Clinton）高調訪問緬甸，是五十多年來華盛頓高階官員首度訪問緬甸。歐巴馬總統緊跟其後，於二〇一二年十一月訪問緬甸。兩年後，緬甸擔任東協（Association of Southeast Asian Nations）主席時，歐巴馬又再度來訪。二〇一三年五月，繼一九六六年前軍事獨裁者奈溫（Ne Win）將軍訪美後，登盛是第一位訪美的緬甸國家元首。

緬甸與西方的關係以驚人的速度推進，甚至在二〇一五年十一月新一輪大選後更加友好。那次選舉與前次選舉不同，確實自由公正，並且由翁山蘇姬領導的全國民主聯盟（National League for Democracy）全面勝選。但她無法成為總統，因為二〇〇八年憲法規定，任何擁有外國公民近親者，皆不得擔任總統或副總統。翁山蘇姬的兩個兒子都是外國人，長子是美國人，次子是英國人。這憲法條文的設立，顯然就是為了避免讓她成為緬甸總統。為此，全國民主聯盟創造了「國務資政」（State Counselor）這新職位讓翁山蘇姬擔任，做為國家實質上的元首。

翁山蘇姬在二〇一六年九月抵達華盛頓時，美緬關係已幾乎完全正常化。值此訪問之際，她與歐巴馬總統宣布取消所有剩餘的經濟制裁。緬甸也跟歐盟、澳洲、印度及日本關係正常化。從國際放逐者轉變成西方國家的甜心，這過程相當驚人。

然而，一切並非眼前所見如此簡單。為了解緬甸政治的轉折，有必要進一步解析二十一世紀初的軍隊內部討論；當時緬甸跟中國關係仍舊密切。並受到國際社會的譴責與孤立，統治的軍政團在二〇〇三年八月宣布七步驟的「通往紀律與繁榮民主的路線藍圖」。此計畫要求起草新憲法、開放大選、組織新國會以「選出國家領導人」，負責建設「現代、進步且民主的國家」。[7]

在這項「路線藍圖」公諸於世的同時，也開始起草另一項機密的「重大計畫」，羅列出應對國際社會（特別是美國）與本土反對派的各種方式與手段。這項計畫的作者雖不得而知，但一份被認定由緬甸知名國防綜合大學（Defense Services Academy）研究員昂覺拉（Aung Kyaw Hla）中校所寫的軍隊內部文件，早在二〇〇四年八月就已完成並開始流傳。當時離「中國人馬」欽紐中將落馬剩不到兩個月。[8]

這份緬文文件列出重大計畫背後的思維與策略。但我們不清楚的是，昂覺拉究竟是某位特定人士，抑或是軍隊智庫使用的代號。傳聞的證據暗示為後者。這份題為〈緬美關係研究〉（A Study of of Myanmar-U.S. Relations）、長達三百四十六頁的文件，核心主旨在於緬甸近年來依靠中國做為外交盟國與經濟金主，已造成威脅國家獨立的「國家緊急狀態」。因此，緬甸必須透過執行路線藍圖並選出政府，尋求跟西方關係正常化，如此政權才能在可接受的條件下與外界打交道。

昂覺拉繼續主張，雖然西方在乎人權，美國將願意修改政策以符合「戰略利益」。雖然作者並未指出那些利益為何，但從主旨可以明白，他想的是美國與緬甸面對中國的共同立場。作者以前獨裁者蘇哈托（Suharto）治下的印尼及共產黨統治的越南為例，說明美國在戰略利益與民主化及人權之間衡量的彈性外交政策。

重大計畫暗示，倘若緬美雙邊關係可以改善，緬甸還能從世界銀行、國際貨幣基金及其他全球財務機構獲得亟需的資金。這國家將脫離仰賴隔壁近鄰（包含中國）好心與貿易的「區域主義」，進入新的「全球化」時代。

重大計畫清楚列出了緬甸在減少中國依賴、成為西方可信賴的夥伴前，必須解決哪些問題。當時最主要的問題是拘押民主派象徵翁山蘇姬。昂覺拉認為她是核心「關鍵」，「當她被拘押時，壓力就會上升；當她沒被拘押時，壓力就會減弱。」雖然報告暗指釋放翁山將改善和西方的關係，但它同時也清楚表明計畫的最終目標，以昂覺拉的話來說，就是「擊潰」反對派。[9]

這份報告的結論是，目前當局無法跟緬甸流亡者所經營的媒體及非政府組織競爭，但若能邀請美國政治人物與國會議員前來訪問，將有助於改變國際意見，導向對緬甸政權有利的方向。就在導致近期政策轉向的前幾年，包含部分國會議員在內的許多美國人確實造訪緬甸，對當局的批評也比先前來得溫和。最終，緬甸軍事領袖似乎成功打動美國，而非反其道而行。緬美關係的改善，確實依循著二〇〇四年昂覺拉建議的路線進行。二〇一一年十二月，當希拉蕊訪問緬甸時，中國跟北韓都是重要議題。隨後，戰略與經濟考量在雙邊議題的重要性愈來愈高，人權與民主化則持續下降。因此，在東南亞的權力與影響力角逐上，緬甸跟美國這兩個老對手，逐漸站到藩籬的同一側。

奈比多與華盛頓的友誼進展，促使中國開始尋求鞏固關係的新方法。二〇一二年，中國學術期刊刊登好幾篇文章，分析北京的緬甸政策究竟在哪裡出錯，同時可以並應該採取哪些修正措施。[10]文章中提出的一個措施，是在緬甸發起公關行動，全面改善中國當前在緬甸的負面形象。運用中國共產黨統治當局的「政府對政府」、「政黨對政黨」及「人民對人民」戰略，北京也開始接觸緬甸社會中的其他分子，包含全國民主聯盟及其他民主派人士。中國決定跳脫只跟少數軍事領袖及其商業裙帶關係聯繫的做法。

緬甸不只跟美國建立關係，也將手伸向東協的夥伴；二〇一四年緬甸擔任東協主席國，以此進一步縮減對中國的依賴。甚至更重要的是，二〇一一年三月在敏昂萊將軍（Min Aung Hlaing）出任緬甸軍隊三軍總司令之後，同年十一月中首度出訪海外並未前往中國，而是訪問中國的傳統對手越南。緬甸跟越南都對強大的北方鄰國抱持相同的恐懼，因此可以合理認定，敏昂萊跟越南東道主進行了不少討論。

雖然緬甸政府試著跟區域內其他國家深化關係，但沉重的國內挑戰仍舊持續阻礙有意義的經濟與政治發展。中國也很清楚這一點，因此透過「政府對政府」及「政黨對政黨」關係，維持對緬甸政府及其境內諸多民族反抗團體的獨特把持與影響力。

登盛成為總統後的諸多作為之一，正是緬甸政府試圖與民族反抗軍休兵的「和平進程」。二〇一五年十月十五日，他的政府宣稱與「八個民族武裝團體」簽下所謂「全國停火協議」。事實上，這些團體中只有三者擁有武裝部隊，其他都只是小型當地民兵，甚至是民族非政府組織。緬甸境內百分之八十的武裝反抗軍團體都拒絕簽署；聯合佤邦軍領袖認為自己已跟政府簽有停火協議，其他則認為在任何有意義的政治談判前簽署複雜協議，完全是本末倒置。他們希望先談判，對國家的未來達成政治共識，意即緬甸究竟應該是聯邦國家（一九六二年軍事政變奪權前的緬甸），還是中央集權國家（自軍事政變以來的狀態）。

國際上盛讚「全國停火協議」是緬甸通往和平的重大一步，但他們大都不太清楚緬甸的現代歷史。登盛的做法其實跟欽紐在一九八〇年代末、一九九〇年代初的做法毫無差異，只是現在多一群推動和平的外國組織牽涉其中。登盛的「和平進程」現在成了涉及千萬美元的生意，並且從中產生所謂的「和平產業複合體」（peace industrial complex）。[11]

與此同時，中國卻遠比任何人都更聰明，由於它深刻掌握了緬甸民族團體，因此有能力在不同層級上玩弄政治。雖然中國政府持續否認自己干涉緬甸的和平進程，但北京默默支持緬甸境內規模最大的非國家武裝團體，則是另一回事。[12]中國積極介入緬甸的民族衝突，比登盛的和平計畫還要早上二十年。

緬甸政府在一九八九年與緬共繼承人聯合佤邦軍的停火協定，符合中國的新商業利益；但同時北京也必須尋求新管道強化聯合佤邦軍，進而延伸影響緬甸政府。因此，聯合佤邦軍得以向中國採購大批武器。二〇一二年下半年，聯合佤邦軍首度購得裝甲車輛，其中包括《IHS簡氏防務周刊》（*IHS Jane's*）指出的中國ZFB－054輪式裝甲運兵車；此外還從中國取得大量小型武器彈藥，以及約一百具紅櫻－5（HN-5）系列人員攜行式防空飛彈系統，這是俄羅斯第一代被稱為「SA－7聖杯」（SA-7 Grail）的「箭二」（Strela-2）系統中國版。[13]根據二〇一三年四月二十六日的《IHS簡氏防務周刊》報導：「（購得直升機）象徵有最新重大提升的聯合佤邦軍，將崛起成為亞洲甚至是全球規模最大、武器最精良的非國家軍隊。」[14]

聯合佤邦軍很快成為比緬共軍更強大的軍隊，擁有至少兩萬名配備精良的正規軍，以及數千名村落民兵及其他支援武力。更重要的是，聯合佤邦軍的高階領導人經常有中國情報官陪同，並且接受其建議與指導。中國究竟有何圖謀？為何持續對非國家軍事力量提供武裝與其他支持，同時又與緬甸政府保持密切關係？中國共產黨不是放棄支持區域內反抗勢力的政策嗎？

北京的外交政策看似矛盾，實際上很有道理：同時有胡蘿蔔（援助與貿易）與強大的棍棒。透過支持聯合佤邦軍，中國可在緬美關係改善時向緬甸施壓。中國自認不能將緬甸「輸給」西方，同時也以零和的方式看待緬甸與其他區域成員的關係。強大的聯合佤邦軍給了中國戰略優勢，這也是跟奈比多談判時的籌碼。顯然，當中國所支持的曼德勒西北方萊比塘（Letpadaung）銅礦在當地備受爭議時，總統府祕書長昂明（Aung Min）在二〇一二年十一月造訪蒙育瓦（Monywa）時，向當地抗議民眾公開承認：「我們害怕中國……我們不敢得罪（他們）。如果他們對停止計畫心生不滿，重新開始支持共產黨，邊界區域的經濟將大幅下滑。」[15]

所謂「共產黨」明顯是指聯合佤邦軍及其盟友，當中包含緬甸民族民主同盟軍，該團體的武器與大量彈藥都來自聯合佤邦軍。中國也許否認提供聯合佤邦軍任何物質支援且間接支持其盟友，但聯合佤邦軍從中國得到的，可不是那種從「車斗滑下」或某些雲南當地官員送得出的設備。那些資源幾乎可確定來自北京中國情報與軍隊當局最高階層的授意。

從中國對別國想涉入緬甸和平進程的態度，可以看出其強硬立場。二〇一一年六月，緬甸軍隊對北方的克欽邦持續發動強烈攻擊，諷刺的是，登盛宣布和平進程計畫才不到幾個月。一名駐地仰光的美國大使造訪克欽邦時，被中國警告「別干涉緬甸內政」。二〇一五年二月，中國學者孫韵在《亞太會報》（*Asia Pacific Bulletin*）上發表一篇題為〈緬甸北部衝突：反中陰謀？〉（*The Conflict in Northern Myanmar: Another Anti-China Conspiracy?*）的文章，而其觀點經常反映中國政府的想法。這篇文章出版在緬甸軍隊推進果敢，並在克欽邦逮捕數名非法中國伐木者之後。在駁斥這類「陰謀論」的同時，孫韻仍強調「中國長期懷疑美國對緬政策，是圍堵中國大戰略的一環。」[16]在北京看來，緬甸是中國地盤，就是這麼簡單。

同時，北京也打出另一張「軟性」牌，邀請緬甸政要記者前往中國，參加費用全包的「學習之旅」，同時更積極參與登盛發起的「和平進程」；二〇一六年翁山蘇姬擔任國務資政後，中國也積極追隨她的路線。在此，中國展現出明確的多層次外交政策，其外交部亞洲事務特使孫國祥，一再表示公開支持此過程。二〇一七年二月，孫國祥曾與兩個緬甸民族武裝停火團體代表會面，根據會議逐字紀錄，他提到：「在中國獨特的對緬外交政策下，我們尊重緬甸的主權……我們只是善盡鄰居的責任。」[17]

在緬甸進行「全國停火協議」總結時，聯合佤邦軍與其他六個民族團體聯合發布激進的訊息，與如今孫國祥的親善語調形成了強烈對比。七槍齊發讓許多觀察者深感意外，同時也再度質疑中國對緬甸政府和平進程的真正立場。七個團體拒絕簽署「全國停火協議」，並要求以更直接的政治手段來解決長達數十年的內戰。[18]這七個團體取了一個冗長名稱：「聯邦政治談判協商委員會」（Federal Political Negotiation and Consultative

Committee），除了聯合佤邦軍外，還包含克欽獨立軍、緬甸民族民主同盟軍、另一支位於撣邦（Shan State）東部的前緬共軍隊，以及代表撣人（Shans）、巴隆人（Palaungs）、若開人（Rakhine）的武裝勢力。若說中國勢力是「聯邦政治談判協商委員會」成立的幕後推手，確實有些過頭，但該團體與中國之間的緊密關係，反映在二〇一八年三月恭賀習近平再度當選國家主席的賀電中，「聯邦政治談判協商委員會熱烈祝賀中華人民共和國強大正面的領導集體。」賀電提到，「我們堅決支持習近平新時代思想，為我們世界帶來全人類的改變。」其中還懇請習近平幫忙解決「緬甸長年不息的軍事衝突和民族政治矛盾。」[19]

中國外交部特使孫國祥指出，中國對緬甸的多層次外交政策是「特殊」的，這一點並沒錯；同時在許多外人看來，中國外交政策似乎互相矛盾，但細細檢視就會發現有其邏輯。孫特使的正面訊息是中國外交的第一層，幾乎被公認對所接觸的區域國家保持「親善」與「友愛」。

第二層則是中國共產黨中央委員會對外聯絡部。該機關成立於一九五〇年代，負責聯繫其他國家的共產黨，並且支持全球各地的革命運動。但這段時日，中共中央對外聯絡部代表經常出現在各種會議場合，與各類意識型態的政黨人士對談暢飲。此外，中共中央對外聯絡部也支持各種符合中國長期戰略與經濟利益的非國家團體，包含聯合佤邦軍這類的武裝反抗組織。

第三層是與世界各地軍隊維持聯繫的人民解放軍。它直接或透過人頭公司出售武器給外國政府及非政府客戶，為聯合佤邦軍這類受益人提供廣泛多樣的武器。部分武裝之後輾轉交給其他積極對抗緬甸政府的民族武裝團體。

也許中國將經濟體系由僵硬的社會主義轉為隨心所欲的資本主義，但在政治上仍是由中國共產黨凌駕政府的一黨專政獨裁國家，解放軍則是共產黨的武裝側翼。維持「政府對政府」及「政黨對政黨」關係的舊政策依然未曾改變。

也因此，中國和緬甸許多政治人物打交道的一把手並非孫國祥，而是中國共產黨中央委員會對外聯絡部長宋濤。這位資深政治人物暨外交官曾就讀澳洲的蒙納士（Monash）大學，二十一世紀初擔任中國駐印度大使的助理，隨後出使圭亞那與菲律賓。二〇一五年十月，宋濤參與前往北韓的高調訪問團，次月就從王家瑞手中接掌了中共中央對外聯絡部。王家瑞是中共老兵，曾負責聯繫其他國家（包括北韓、古巴、越南在內）的共產黨人。宋濤不像孫國祥那麼高調，主要是在背後活動，明顯偏好結交在北京的緬甸政要與軍界高層，而非奈比多當局。不過二〇一六年八月，宋濤確實於奈比多會見翁山蘇姬，也就是在她繼登盛之後，發起自己和平進程的幾週之前。

中國外交部維持的「政府對政府」關係，以及中共對聯合佤邦軍等團體的「政黨對政黨」關係之間的區別，再加上中共高於北京政府及人民解放軍的地位，解釋了中國為何得以在公開讚美緬甸和平進程的同時，又默默提供重裝武器給聯合佤邦軍。[20]

中國不同於西方與亞洲民主國家，其外交部不一定是形塑外交政策的主要角色；反之，中國共產黨在這三個不同交往階層中無處不在。為揭露中國與緬甸政府、民族反抗團體關係更詳盡的面貌，我們有必要檢視另外兩層中緬交往關係。接觸翁山蘇姬、民主派運動人士甚至記者（包含從二〇一二年開始無數的中國「學習之旅」），以及中國對聯合佤邦軍的支持，全是為了服務同一個戰略目標：施壓實質掌握奈比多的緬甸軍隊，迫使它為未來而開放選項，最終確保重要的緬甸廊道。

此外，西方世界尤其有一種常見迷思，就是認為緬甸正在推進「改革方案」，最終將導向民主開花結果。現行憲法了不起只能被形容為一種混合體系，修改任何條文都要經過國會百分之七十五投票同意，之後再進行全民公投。由於軍隊提名四分之一的國會成員，因此對國家權力架構的任何改變，可說是掌握了否決權。

未經軍隊同意不得變更的憲法條文，包含了軍隊有權任命三個重要部會：國防部、內政部、邊境事務部。軍隊控制國防與邊境事務部門，將民選政府排除在軍事及邊界民族反抗團體相關的事務外。內政部則控制警察與強大的人事行政局；後者負責管理所有地方政府（從邦到市鎮政府）的人事。民選部長或由民選政府任命的部長，只限於衛生、教育、漁業及農業等事務。

當全國民主聯盟在二〇一五年奪下選舉勝利時，緬甸人民欣喜若狂，外國觀察員則聲稱這是通往民主治理的重要一步。但沒過幾年，一九六〇年以來緬甸的第一個民選政府，很顯然不過是持續軍事統治的遮羞布。

二〇一七年八月，緬甸政治分析師丹索奈（Than Soe Naing）告訴緬甸當地網路媒體《伊洛瓦底》（*The Irrawaddy*）：「根據二〇〇八年憲法的精髓，緬甸國防軍（Tatmadaw）才是決定緬甸政治命運的關鍵。」[21]同一篇報導中，緬甸國防學院內政外交關係系主任昂敏烏（Aung Myint Oo）也說：「考量現實，軍政分離是不可能的。」

許多外國觀察者想法有些天真，以為跟緬甸軍隊進行某種「交往」，就能讓他們改變想法。二〇一七年八月十七日，前美國駐緬國防武官威廉．迪奇（William Dickey）在《日經亞洲評論》（*Nikkei Asian Review*）撰文表示，美國資助的擴大國際軍事教育訓練計畫（E-IMET），可協助緬甸軍隊認識依國際認可之人權與軍隊管理原則所建立的軍法體系。同時「美國與緬甸軍隊的交往，在協助緬甸持續民主改革上，有其必要性。」[22]

這類態度經常被緬甸分析師斥為「白人救世主情結」，彷彿只要邀請緬甸軍官到西方國家去，告訴這些人哪裡做錯了，他們就會乖乖改進。問題並不在於緬甸軍官不懂人權原則或文官控制軍隊的意義。緬甸國防學院的軍官就提出大批這類主題的報告。但緬甸軍隊從一九五〇年代末起就產生自己的意識型態，核心在於軍隊必須扮演政治及國防事務的掌控者。這類深植人心的信念，並不會只因一些好心西方講師不同的教導就改變。

西方的訓練課程甚至可能適得其反，讓緬甸軍事領袖獲得國際認可與合法性，也因此得以抵抗改革。改變也許最終仍會降臨緬甸，但必須源於國內最強大的建制：緬甸軍隊。這股改變必須土生土長，而不是來自西方人屈尊就駕的態度。

同時，中國對美國發起的交流計畫會如何反應，這仍是個問題，也是中國在緬甸所謂「和平進程」中主宰程度的指標。包含歐盟、挪威、瑞士與美國在內的西方國家花費了數百萬美元，舉辦如婦女參與和平進程、衝突敏感度與能力建構等研討會，也贊助前往北愛爾蘭、哥倫比亞及南非等衝突後國家進行學習之旅；中國在出手上則更巧妙。

二〇一七年五月，在緬甸首都奈比多舉辦的和平談判上，當中國從南方昆明包機，將七個北方武裝團體代表（反對政府的全國停火協議）送到會議現場時，情況變得很明顯。在中國最親近盟友聯合佤邦軍的帶領下，包含來自克欽邦與撣邦的聯盟團體，某些估計認為這七個團體包含超過百分之八十的武裝反抗軍，而中國與他們的聯繫，讓自己穩坐在任何其他外國強權都無法匹敵的位置上。

中國雖然武裝了聯合佤邦軍，也間接武裝部分盟軍，但它並不想看到戰爭在自己的南方前線爆發。不過對中國來說，和平是工具而非目標。透過扮演中介者的角色，中國可取回二〇一一年因登盛准文官政府對西方開放而失去的影響力。中國也讓翁山蘇姬跟她的政府看到，握有緬甸和平繁榮關鍵的是中國，而不是西方。而當翁山蘇姬政府因為孟加拉邊境羅興亞（Rohingya）穆斯林少數族群遭迫害而受西方批評時，中國也選擇了不同途徑。

羅興亞危機成了緬甸與西方關係的另一個轉捩點，但這一次是惡化。多年來，羅興亞人一直是緬甸維安部隊與佛教極端主義者暴力攻擊的對象。然而，最近遭致國際譴責的危機卻始於二〇一六年十月及二〇一七年八月，一群穆斯林武裝分子兩度攻擊西部若開邦的部分軍警衛哨。在第二波反抗攻擊事件後，緬甸軍隊以大規模「清野行動」發動報復。數百座村落遭焚毀，數千人被殺害，超過七十萬名羅興亞人逃進孟加拉。

國際媒體迅速將大屠殺怪在翁山蘇姬頭上。畢竟她是實際上的國家元首，應該要控制軍隊。但羅興亞危機是緬甸自二〇一一年向世界開放後的種種嚴重議題中，最能揭示國家權力結構真正內涵的危機。在完全自主的軍隊控制國防、內政與邊境事務部的情況下，民選政府能做的事委實不多。

即使如此，西方許多人將憤怒集中在翁山蘇姬身上；清楚她權力有限的人，認為她至少應該為羅興亞人的遭遇發聲。華盛頓的美國猶太大屠殺紀念博物館，取消了一九九一年頒發給翁山蘇姬的伊利．懷瑟獎（Elie Wiesel Award）。翁山蘇姬曾居住過的英國牛津市，也取消一九九七年表彰她「長期為民主奮鬥」而頒發的城市自由獎。格拉斯哥市也追隨其後，撤回給翁山蘇姬的榮譽。牛津大學將她的名字從一九六〇年代她曾學習的教室中移除，大學將她的肖像從曾就讀的聖修斯學院（St. Hugh's College）中移下。英國最大型的一個職業工會公共服務業總工會（Unison）暫停在翁山蘇姬遭軟禁期間曾頒發給她的獎項，甚至有人要求撤銷她在一九九一年獲頒的諾貝爾和平獎。[23]此事雖未發生，但翁山蘇姬成了第一個被褫奪加拿大榮譽公民身分的人，這是她在為緬甸民主奮鬥期間被授予的。[24]接著在二〇一八年十一月十二日，國際特赦組織也宣布撤回頒予翁山蘇姬的最高榮譽「良心大使獎」，因為「緬甸領導人可恥地背叛她曾爭取的價值」。[25]

翁山蘇姬曾被譽為與甘地、馬丁路德・金恩、曼德拉並駕齊驅的民權象徵，現在成了壓迫的符號。一名聯合國官員稱若開邦大屠殺為「種族清洗」。[26]

但羅興亞危機卻給了中國一個大好機會，得以改善與緬甸間仍相當緊繃的關係。當國際組織與機構剝奪翁山蘇姬長期為民主奮鬥而獲頒的獎項時，中國對她及其政府、緬甸軍隊伸出手，宣稱北京在此議題上維持「中立」，並且承諾將在聯合國安理會上阻擋任何提出此議題的企圖。

翁山蘇姬也許反對密松大壩計畫，但中國肯定也記得她曾在二〇一三年三月前往萊比塘銅礦，說服示威者停止抗議。她表示這些抗議將對流入國家的外國投資帶來負面影響。這是翁山蘇姬首次面對平民的憤怒。[27]部分示威者大聲反對她的觀點，喊道：「翁山蘇姬是代表人民，還是萬寶公司？」[28]（萊比塘銅礦是萬寶礦產公司與緬甸聯邦經濟控股公司合資；萬寶公司是中國國有的北方工業集團子公司，緬甸聯邦經濟控股公司則是緬甸軍隊經營的複合集團。）

二〇一七年十一月，翁山蘇姬受邀訪問北京並與習近平會面，在此制定解決羅興亞難民問題，以及「正常化」緬甸與孟加拉關係的計畫。孟加拉是另一個與中國維持友好關係的國家。同月，緬甸的三軍總司令敏昂萊將軍也造訪北京，與習近平討論羅興亞危機。根據敏昂萊臉書頁面釋出的聲明，中國「在羅興亞問題上……（站在）緬甸這一方。」[29]其中也提到，習近平與敏昂萊討論緬甸政府與民族反抗軍持續進行的談判，中國官媒新華社則說中國「為了邊境區域的安全穩定……願意扮演建設性的角色。」[30]

當其他國家譴責緬甸時，中國又想在緬甸推動自己的一帶一路計畫，這類「友善」就很能派上用場。其中最重要的面向是取得皎漂港的使用權。北京試圖透過涉入民族反抗軍和平進程及羅興亞難民危機，重新取得流失的影響力，這應被視為中國廣大地緣政治利益的一部分。即使是密松這類數十億美元的水力發電大壩，或者是萊比塘這類礦業投資，抑或是其他的商業利益，實際上都不是中國在緬甸首要的戰略利益。進入印度洋的通道才是關鍵。

二〇一六年，中國中信集團（CITIC Group Corporation）終於取得於皎漂建立適當深水港的合約。包含建港貸款與所有權股份區分的合約條件，都跟巴基斯坦的瓜達爾港、孟加拉的吉大港，以及斯里蘭卡的漢班托特與可倫坡港類似。但在這些港口中，皎漂港最為重要，因為和另一條穿越巴基斯坦與世上最崇高險峻山脈的舊路相比，緬甸廊道提供中國進入印度洋更直接方便的通道。皎漂也靠近從印度洋通往雲南的中國油氣管道卸載碼頭。

從川普在二〇一七年一月就任美國總統後，中國就大舉利用川普對緬甸毫無興趣的態度。前任總統歐巴馬將緬甸放在心上，希拉蕊更視緬甸對西方開放為自己國務卿任內的成功故事。然而二〇一七年五月，中國戰艦甚至跟緬甸海軍舉行聯合軍演；在關係凍結數年後，中國邁出了一大步。[31]

同一時間，緬甸對中國一帶一路倡議的立場不明，沒人知道緬甸的軍事與文官領袖將如何應對如此大型計畫帶來的影響。二〇一六年五月，翁山蘇姬帶領的代表團參與在北京舉行的一帶一路峰會，她跟習近平在二〇一七年十一月會面時再度討論此事。翁山蘇姬歡迎中國在緬甸建立經濟廊道的提議，但除了關注環境影響及當地人民就業機會外，並未著墨太多。[32]在緬甸現代歷史上另一次奇異轉折中，抱持強硬民族主義立場的緬甸軍隊，或許比翁山蘇姬更加反對親中合作。從軍隊內部文件判斷，軍官團仍然有很強大的反中情緒伏流。[33]

所以不論中國究竟想在緬甸獲得什麼，考量到雙方關係的複雜歷史，只能徐徐圖之，而緬方難免也有多重顧慮。皎漂天然氣管線在二〇一三年投入運作；石油管線經過兩年的延遲後，也於二〇一七年四月投入運作。皎漂港已由中國公司建設完成，此刻正進行擴建工程。雖然這座港口的目的是幫助運送中東能源的中國船隻避開擁擠的麻六甲海峽，卻也不只如此。美國智庫戰略與國際研究中心（Center for Strategic and International Studies）直陳重點：「在中國戮力發展內陸省分的過程中，建立皎漂深水港有經濟跟戰略上的重大意義。將貨物從歐洲、中東、非洲與印度運到皎漂後，再透過陸路進入雲南，可以省下數千英里路程。比起航經麻六甲海峽與南海到中國南方與東方海岸的港口，此舉顯然更具效益。」[34]

即使皎漂的基礎設施已經完成，中緬之間對完工的談判也非毫無衝突。一開始達成二〇一六年協議時，中國試圖取得百分之八十五的港口股權，百分之十五則為緬甸所有，但很快遭到若開邦當地人士反對，認為此舉不公。二〇一七年十月，中國同意降低要求到百分之七十，但最終協定仍尚未達成。[35]

雲南到皎漂的鐵路建設也是另一項爭議。二〇一四年，緬甸讓兩國在二〇一一年簽訂的快速鐵路建造備忘錄過期失效。一千兩百一十五公里長的昆明—皎漂鐵路線，大致將沿著油氣管道建設，造價估計達兩百億美元。原始的備忘錄是中國將支付鐵路建設費用，但保有經營權。緬甸鐵路運輸部長敏瓦（Myint Wai）當時表示「緬甸人民與社會組織（的反對）是取消計畫的原因」。[36]中國則回應自己「傾聽並尊重緬甸人民的聲音」。[37]

但這件事並未就此結束。二〇一七年初，中國官媒《環球時報》（*Global Times*）報導，幾名中國人民大會（即中國的國會）成員「要求建設連結中國西南雲南省分與緬甸皎漂港的鐵公路，（因為）中國以外的區段，是中國打開印度洋貿易路線戰略計畫的瓶頸。」[38]同篇報導中強調石油管線「現在輸送將近百分之十的全國石油進口量，提供了麻六甲海峽海路以外的其他選項。」[39]由於中國對羅興亞危機的政策使中緬關係有所改善，現在中國更有機會推動它的公共建設計畫。

但中國從密松大壩與萊比塘銅礦的經驗反省，承認它的計畫充滿問題。《環球時報》並未細說，卻直陳「由於緬甸政治變局及當地的不穩定性，港口建設仍面臨問題。」[40]此外，中國偏愛的緬甸企業亞洲世界公司（曾參與密松大壩，也是皎漂深水港計畫的合作夥伴），是由緬甸極具爭議的企業大亨通敏奈（Htun Myint Naing）領導。

通敏奈的另一個名字是羅秉忠（Steven Law），他是果敢地區惡名昭彰的鴉片與海洛因軍閥羅星漢的兒子。老羅在一九七〇年代初擔任政府民兵指揮官時，打造了自己的毒品帝國。但他在一九七三年改變立場，轉入地下並加入一支撣族軍隊。同年八月在潛入泰國時遭逮捕，之後遭遣返緬甸並被判死刑，罪名不是「走私毒品」（畢竟當時他擁有緬甸政府的非正式許可，可以在金三角進行毒品貿易，支持自己的民兵運作），而是「叛國」，因為他與撣族反抗軍有過短暫的同盟關係。不過死刑並未執行，他也在一九八〇年大赦期間被釋放。此後，他建立新的民兵武力與亞洲世界公司。二〇一三年七月，羅星漢在仰光過世，由他的兒子羅秉忠繼承家業。羅秉忠在二〇一四年六月訪問加拿大時，其與毒品的連結成為爭議焦點。[41]

但這些考量對中國而言都不重要。他們認為華裔的羅秉忠是值得信賴的商業夥伴，而緬甸廊道的發展至關重要。除了參與密松大壩與皎漂港計畫外，亞洲世界公司同時也修建姐告對面緬甸邊界城鎮木姐往南的道路，公司的貨車載著貨物穿越中緬邊界，前往曼德勒及其他中部城鎮。多數發展計畫實際上仍是在中國那一側進行。

在二〇一八年，從昆明到邊境城鎮瑞麗的鐵路建設如火如荼進行中。鐵路完工的預期心理讓區域內湧現新的居住社區及購物中心；寬大的高速公路也一路直通姐告邊界。從昆明到姐告的道路上，山脈炸出長隧道，溪谷架起水泥橋梁。瑞麗的告示板上印著整個區域的地圖，以線路跟箭頭標示著鐵公路將如何延伸，進入緬甸及更遠的區域。[42]

這些連結多數仍只存在畫板上，或者鐵路還在建設中，不過中國側已完成一些計畫。第二次世界大戰期間開闢的舊中緬公路，以髮夾彎翻山越嶺；新的緬甸高速公路則是筆直四線，有時甚至是六線的汽車公路。目前仍缺少的環節，是姐告到皎漂之間的現代交通網絡。中國之所以想建設穿越緬甸的鐵公路，並不只是為了貿易。中國學者范宏偉指出，真正的目的是「更有效保護油氣管道的安全」。[43]

中國令印度洋區域其他國家憂慮的，不單純是貿易路線，而是這些戰略目標。「保護」油氣管道是否表示，中國會在中緬甸地區內部動盪時出手干預？中國戰艦是否會進入皎漂港，執行保護海上石油供應的廣大戰略，同時也增強自己在整個印度洋區域的影響力？其他在印度洋擁有地緣政治利益的國家似乎如此認為，並且也採取反制措施。最憂心這議題的國家，正是中國的區域敵手印度。針對中國推進緬甸的行動，印度的反應是加強自己在安達曼海印度島嶼上的防衛與監控能力。

第三章 印度島嶼

南安達曼島（South Andaman Island）上的布萊爾港，應該是印度最美、最乾淨的一座城鎮。位於一連串俯瞰湛藍海洋的綠色山丘上，人口才十萬多一些，這裡有一種慵懶氣息，就算是靠近亞伯丁市場（Aberdeen Market）的公車與計程車站，交通從不壅塞，也幾乎沒有垃圾。黝黑膚色的原住民部落散居在安達曼群島許多島嶼的偏遠內陸，但在過去一個半世紀中，布萊爾港與其他主要城鎮住的是孟加拉人、泰米爾人、旁遮普人（Punjabi）、泰盧固人（Telugu）、馬來亞利人（Malayali），以及其他從印度本土過來的移民，甚至還有一些緬甸的克倫人（Karen）。如今這些族群大多相安無事和平共處，難怪最近有篇安達曼島學術研究稱此地為「迷你印度」。[1]

布萊爾港是印度聯邦屬地安達曼與尼科巴群島的首府，但兩個島群截然不同。這處聯邦屬地共有三十八萬人口，其中只有三萬六千人住在尼科巴群島上。島上幾乎沒有任何都市區域，當地人被認為屬於孟—高棉語族（Mon-Khmer），神似東南亞人，並且與安達曼島群的黑膚色居民沒有關係。同時，除了印度軍隊人員外，尼科巴群島上很少有來自本土的印度人。這裡的士兵隸屬於安達曼與尼科巴群島指揮部，是印度軍隊中首先（也是唯一）設立的三軍指揮部。其成立時間為二〇〇一年，目標是保衛印度次大陸以東水域的戰略利益，更精確來說，是監控中國在同一片海域的活動；總部設在布萊爾港，負責統籌東印度洋的海陸空軍及海防活動。

這處聯邦屬地包含轄下水域，從南到北約七百五十公里，涵蓋了印度洋安達曼海（Andaman Sea）很大部分的區域。從尼科巴群島最南緣到印尼蘇門答臘島北角，僅有一百六十公里；安達曼群島北緣到緬甸的可可群島，不過四十五公里。這處聯邦屬地的戰略位置及軍事重要性，正是觀光業發展有限，並且僅限於安達曼群島部分區域的原因。

尼科巴群島的主要島嶼卡爾尼科巴島（Car Nicobar）設有印度空軍基地；島群最南緣的坎貝爾灣（Campbell Bay）則有印度海軍的飛行基地。在安達曼群島的北安達曼島上還有兩個海軍基地，一處後勤支援基地及一處海軍飛行基地。近幾年群島上經常舉行三軍聯合軍事演習；美國海軍艦艇也會造訪布萊爾港。風景如畫的布萊爾港已成為印度國防的關鍵，就像喜馬拉雅山中印邊界上的主要軍事基地那樣。

緬甸的可可群島從過去到現在的動態，一直是印度的主要顧慮。中國是否曾進入可可群島，就如一九九〇年代印度媒體所報導的情況？倘若如此，他們在這些偏遠島嶼上做什麼？他們是否操控當地的訊號偵測中心，監控印度海軍在印度洋上的動靜？或者更具威脅性，監控印度在東海岸測試彈道飛彈與空間運載火箭的試驗場？或者位於安德拉邦（Andhra）斯利哈利科塔（Sriharikota）的印度太空研究組織，還是奧迪薩邦（Odisha）海濱月亮城（Chandipur-on-Sea）的國防研究發展組織？部分印度分析師暗示，報導中在大可可島（Great Coco，緬甸境內的主要島嶼）興建的軍事基地，與中國在整個印度洋的長期擴張計畫有關。

最早報導中國將焦點轉向印度洋的區域雜誌，是一九九三年出版的《遠東經濟評論》（*Far Eastern Economic Review*）。[2]那時除了已知中國將國造海南級快速攻擊艇提供給緬甸外，據傳中國技術人員也協助緬甸軍方提升當時首都仰光附近及東南部的海軍設施，並且興建新設施。這些報導提到了可可群島，但雜誌還指出：「雖然目前中國在孟加拉灣的蹤跡僅限指導與技術人員，但可可群島上即將裝設中國製造的新雷達設備，很可能由部分中國技術人員操作，使北京情報機關得以監控這處敏感海域。」[3]

儘管如此，這些報導仍敲響了印度與其他地方的警鐘，對可可群島的事態產生狂野的猜疑與誤解。印度的區域事務分析師及評論員布拉瑪·切蘭尼（Brahma Chellaney）甚至宣稱，中國的「安全機構已在孟加拉灣兩座可可島上運作電子情報及海洋監偵設施。印度在一九五〇年代將可可群島轉交給緬甸，緬甸又在一九九四年將群島租給中國。」[4]

但歷史紀錄並非如此。一八八二年，加爾各答的英國殖民政府當局，將當時幾乎只有一座燈塔的可可群島管轄權，劃給那時仍為印度一省的英屬緬甸。一九三七年，緬甸與印度分離成為王室直屬殖民地，可可群島仍屬於緬甸範疇。[5]當日軍在二次大戰期間占領安達曼群島時，可可群島被交給蘇巴斯・強德拉・鮑斯（Subhas Chandra Bose）的「自由印度」（Azad Hind）臨時政府。在日本庇佑之下，他的印度國民軍（Indian National Army）將總部設於此地。但實際上，安達曼與尼科巴群島及可可群島在二戰結束前，都是由日本帝國海軍管理。一九四五年隨著日軍戰敗，可可群島再度回歸英屬緬甸統治，即使在緬甸於一九四八年獨立後，它仍是緬甸領土的一部分。印度在一九五三年試圖租用大可可島上的燈塔，卻被當時的仰光政府拒絕。[6]

一九五八至一九六〇年間，統治緬甸的軍事看管政府在一九五九年於大可可島設立一處監獄，將一群被捕的前反抗者送到島上，接受當局認定的「再教育」。直到奈溫將軍跟軍隊在一九六二年奪取緬甸的絕對權力後，可可群島才變得惡名昭彰。一九六九年，印尼也將布魯島（Buru Island）轉為政治犯監獄，關押此前幾年蘇哈托將軍奪權之後，在屠殺共產黨人與其他異議人士時逮捕的人。緬甸決定效法布魯島，將近期擴建的大可可島監獄轉成人間地獄。

獄中情況相當惡劣，受刑人接連發起一次又一次的絕食抗爭，導致多人死亡。由於監獄運作不下去，一九七一年十二月，緬甸政府從仰光派船接回倖存的受刑人，將他們移往首都近郊的永盛監獄（Insein Jail）。之後可可群島轉交給緬甸海軍，在島上維持一個小型軍營。隨後營地擴大，並在大可可島上興築一條跑道。從此，可可群島便持續做為平民止步的海軍基地。

儘管有些印度分析師提出誇張的宣稱，加上數次關於可可群島發展事態的誤報，新德里的安全規劃者仍有充分理由，對中國在區域內的活動感到憂慮。一九九四年八月，印度海防抓到三艘船，它們在安達曼群島一處主要海軍基地附近「捕魚」。底拖漁船掛著緬甸國旗，但五十五名船員都是中國人。船上沒有捕魚設備，只有無線電通訊及回波測深儀器。船員在新德里中國大使館的介入下獲釋，這事件也悄悄埋在印度首都國防部的檔案中。[7]

在安達曼群島建立新印軍指揮部的想法，據傳是源於一九九五年印度總理拉奧與美國總統柯林頓的閉門會議後。整個計畫在二〇〇〇年柯林頓訪問印度時底定，而且正如印度記者當時的報導，新指揮部將「配備可遠伸至東南亞的最先進電子作戰系統」。[8] 安達曼與尼科巴群島正是結合陸海空三軍重要戰略指揮部的完美選擇。

這群島嶼位於蘇門答臘以北，也就是說在二〇〇四年重創環印度洋地區的地震與海嘯，同樣重創了布萊爾港及整個聯邦屬地的城鎮村落。在印度海軍的努力重建下，布萊爾港生活多半恢復常軌。某些憤世嫉俗者認為，此地的復原工作能以最高效率達成，正是因為這些島嶼是受軍隊控制，而非政客。印度是個活力充沛的民主國家，也沒人想改變這一點。但是受到天災侵襲的社區，往往需要軍隊介入。

再度風景如畫的布萊爾港對防衛印度的重要性，不亞於其他喜馬拉雅山的主要軍事基地，而我們也不難理解原因何在。二〇一〇年四月十二日，在新德里智庫國家海洋基金會（National Maritime Foundation）主辦的一場圓桌會議上，美國海軍作戰部長蓋瑞・魯格海德上將（Gary Roughead）表示，美國最高層級領袖已宣布美印將成為二十一世紀的戰略夥伴，「我在此表示，美國海軍尤其會是印度長期而忠誠的朋友。」[9]這段合作關係的目標從未正式表明，但清晰得無庸置疑，那就是「對抗中國崛起」。

另一方面，中國於二〇一一年八月得到牙買加的國際海底管理局（International Seabed Authority，負責主持並控制在國家管轄權界線以外海底區域，所有的礦產相關活動）許可，在印度洋一塊一萬平方公里的區域中探勘「多金屬硫化礦」。[10]當時《印度時報》（*The Times of India*）報導：「此行動必定引起印度嚴密監控，後者已憂慮中國在該區域的軍事目標。」[11]

安達曼與尼科巴群島的戰略重要性，並不是第一次引起重視，因為比起附近在十九世紀英國抵達前無人居住的緬甸可可群島，這些島嶼的過往並不平靜。安達曼群島上的原住民部落已有超過兩千年的歷史，島嶼的長久歷史也形塑其今日的獨特樣貌。

一七八〇年代，在英國東印度公司派遣阿奇博德．布萊爾中尉（Archibald Blair）來此測量前，沒有外人曾嘗試殖民安達曼群島，而他建立了後來以其命名的小聚落：布萊爾港。早期殖民者在島嶼內陸碰到原住民，由於看到他們全黑的膚色，所以認定這些人是葡萄牙船前往澳門或其他遠東殖民地時，因為碰上風暴而不得不棄於此處的非洲奴隸後代。[12]

這當然是完全錯誤的結論。從馬來半島的塞芒人（Semang）到菲律賓的阿埃塔人（Aetas），都是被稱為「矮黑人」（Negrito）的膚色黝黑人種。但除了安達曼群島以外，這些原住民正快速消失；島上的主要部落包含大安達曼人（Great Andamanese）、賈拉瓦人（Jarawas）、瓊吉爾人（Jongils）、安傑人（Onges）與森蒂納爾人（Sentinelese）。今日許多人仍住在保護區域內，從事狩獵採集。

最遺世獨立的，莫過於南安達曼島西側海域北森蒂納爾島上的森蒂納爾人。他們仍極力避免與外人接觸。一名印度海軍軍官曾帶著禮物登島，試圖與島民建立某種情誼，結果遭到一陣箭雨對待。最近的受害者是名為艾倫周（John Allen Chau）的美國人，他在二〇一八年十一月被森蒂納爾人以箭射殺，原因是他涉水登島，顯然想說服部落民眾改信基督教。印度警察派出直升機與一艘巡邏艇接近島嶼，卻無法登島取回趙的屍體，也不能確認他遭到殺害的地點。[13]

其他試圖登陸北森蒂納爾島的行動也都失敗，沒人確知今日島上到底住了多少人，可能僅有四十人，也可能高達五百人。二〇〇一年的印度人口普查紀錄為三十九人：二十一名男性及十八名女性，但這是基於安全距離外的猜測，因為他們並無法上岸接觸任何島民。[14]其他原住民部落則逐漸被帶進現代世界，即使這是個緩慢且時而痛苦的過程。

相反，尼科巴群島上的孟—高棉語族居民則照顧自己的莊園與菜園。最早占領此地的歐洲強權是丹麥人，丹麥東印度公司在南印度海岸需要一個據點，連結泰蘭格巴爾（Tranquebar，現稱為泰蘭甘巴迪）與丹麥殖民地及有強大商業利益的暹羅（Siam）。丹麥人在一七五五年占領尼科巴群島，並於一七九六年一月一日將群島命名為腓德烈克群島（Frederiksøerna），此名稱來自其已故國王腓德烈克五世（Frederik V）。

但因為瘧疾及其他疾病的緣故，丹麥必須一再拋棄這群島嶼。十八世紀末，奧地利認為丹麥已拋棄這些島嶼的所有權，於是打算殖民此地，而這也是奧地利在歐洲之外唯一試圖建立的殖民地。[15]奧地利以女王瑪利亞・特蕾莎（Maria Theresa）之名，將這些島嶼命名為特蕾西亞群島（Theresia Islands）。然而丹麥又返回此地，試圖重建其影響力，但結果並不成功，故在一八六八年將殖民地賣給英國。這些群島上並沒有丹麥堡壘，丹麥統治的唯一遺產，就是讓多數尼科巴人改信基督教。[16]

與此同時，在布萊爾中尉最初試圖殖民安達曼人的作為後，英國已然放棄這些島嶼。但經過了一八五七年第一次印度獨立戰爭①，英國再次掌握這些島嶼，並將之建設為流放地。數千名自由鬥士被送來此地建造監獄及港口設施。

在布萊爾港海岸外兩公里處的羅斯小島（Ross Island），英國建立了與世隔絕的世界。此地仍能看到當時的舊建築，如今已頹圮、廢棄且雜草叢生。但這個不到一平方公里大的羅斯島，一度擁有殖民者想要的一切：祕書處、軍官俱樂部、醫院、烘焙坊、網球場、教堂、市集、飲用水處理廠、製冰廠與印刷廠。17

隨著印度獨立運動成長，安達曼島的監禁人口也逐步增加。一八九六年至一九〇六年間，島上興建了一座大型的高保全設施，監禁來自印度各地的自由鬥士。這座監獄雖因其外形被稱做「蜂窩監獄」，但更以「黑水」（kalapani）聞名於世，意指群島與本土間的孟加拉灣開放水域，以及等待被遣送者的恐怖流亡。他們來自印度各地，試圖逃走或對抗獄方的人會被毒打或吊死。少數離開蜂窩監獄高牆的人，必須冒著被厭惡外來者（不論印度

① 譯者注：又稱印度軍大叛變（Great Mutiny），當時英屬東印度公司僱用的大批印度軍起義，反抗英國，支持蒙兀兒帝國收復政權。英國人耗費巨資，以殘酷武力鎮壓一八五七年的叛變。同時也導致蒙兀兒帝國政權正式被廢黜，其最後一任君主被英國送到緬甸，最後死於仰光。東印度公司對印度的治理也同樣終結，英屬印度此後直接由英國王室，也就是英國國會治理。

人或英國人）的原住民殺害的風險。許多逃亡者被發現陳屍於附近森林中，死因是被砍死或胸背中箭而亡。

一九三〇年代，一些受刑者發起多次的絕食抗議，讓英國重新考慮將人流放去偏遠小島是否明智。有些人甚至宣稱蜂窩監獄成為自由鬥士的學校；人們在這裡遇到自家或自家組織以外，來自印度各地的志同道合者。最後一次絕食抗議發生在一九三七年，直到幾位當時印度最知名人物出手干預才終止。聖雄甘地代表知名作家暨民族詩人泰戈爾（Rabindranath Tagore）發電報給受刑人。印度國大黨（Indian National Congress）執行委員會建議受刑人放棄絕食抗議，並保證他們將得到平反。當年稍晚，第一批受刑人被遷移到本土監獄，到了一九三八年，有更多人跨過黑水返回本土。[18]

接著，日軍在一九四二年三月攻擊安達曼群島，從英軍手中奪下島嶼。羅斯島遭到低空轟炸，部分建築被摧毀，騰出空間讓日軍設立掩體。仍在蜂窩監獄內的罪犯被釋放。但數名英國軍官與印度人卻被公開斬首立威。隨著日本人而來的，是鮑斯與他的印度國民軍。一九四三年十二月二十九日，這位偉大領袖（Netaji）②將安達曼群島改名為烈士島（Shahid Dweep），同樣被日軍攻下的尼科巴群島則改名為自主島（Swaraj Dweep）。[19]

實際上，所謂「自由」只是接在英國暴力後的日本暴力。當地人常被誤指為「英國間諜」，在公眾面前被剝光衣服並遭受無情杖打；其他人則被行刑小組處決或折磨至死。在日本占領期間，將近半數人口陷入饑荒，數百名無辜島民無緣無故被屠殺。日本支持的「自由」只是另一種殘暴的外國統治。

英國在一九四五年十月重新占領群島。島上監獄被永久關閉，想返回本土的人終於可以如願。如今蜂窩監獄已轉為博物館，用以紀念那些曾關押或命喪於此的人。一九七九年，印度總理莫拉爾吉·迪賽（Morarji Desai）宣布將此地列為國家紀念館。

印度獨立後，安達曼與尼科巴群島被置於新德里的管轄下，一九五六年十一月一日，政府宣布整個島群成為聯邦屬地。交通與公共建設獲得改善，並鼓勵印度本土人定居此地，也引進適當的農業及當地漁業發展。殖民時代在查坦島（Chatham Island）建立的老舊鋸木廠，仍然是安達曼群島的主要產業；近年來這些島嶼成為觀光景點，主要客源是印度人，也有些許外國客。

但是對新德里而言，這處極東聯邦屬地的主要憂慮是安全問題。隨著中國持續開展從雲南通往孟加拉灣的緬甸廊道，這個憂慮逐漸加深。因此，印度轉向與美國進行安全合作。因為地緣政治的考量，在冷戰期間與蘇聯是親密盟友的印度，不得不放下幾十年來的

②譯者注：興都斯坦語（Hindustani）中的敬稱，最早是由德國的印度軍團士兵及柏林的印度特別公署官員上給鮑斯的敬稱，後來在印度成為一種通稱。

不情願，投入了美國的懷抱。二〇一六年四月，印度同意開放部分海軍基地給美國使用，以此換取武器科技，縮減自己與中國的差距。[20]同月，官員還說這區域平均每三個月，會觀察到四次中國潛艦出沒的跡象。[21]此後，美國便協助印度追蹤中國潛艦。

緬甸可可群島的竊聽站或許不像最初想得那般複雜，而更大的憂慮是中國潛艦愈來愈常出沒於這片海域。中國會進入這裡其實並不奇怪，因為向下進入麻六甲海峽的貨運路線會經過此地。一旦繞過馬來半島，海運路線就會進入充滿爭議的南海區域。

二〇一七年八月，印度人在安達曼群島附近發現十四艘人民解放軍海軍艦艇。據說它們肩負「反海盜任務」，這也是中國取得吉布地軍事基地的其中一個理由，但這些船隻還有中國潛艇陪同。印度海軍立刻發出聲明，認為這任務對潛艇來說相當「奇怪」。[22]二〇一七年十二月一日，印度海軍總司令蘇尼爾．藍巴上將（Sunil Lanba）在新德里的記者會中表示，人民解放軍海軍每年會進行兩次印度洋任務，每次平均有六至七艘船艦。傳統船艦後尾隨著核子動力攻擊潛艇，上將補充道：「倘若未來人民解放軍海軍船艦進入巴基斯坦的瓜達爾港，由於港口主要股份掌握在中國公司手中，這將構成安全挑戰。」[23]

巴基斯坦的瓜達爾港與緬甸的皎漂港，分別位於巴基斯坦與緬甸廊道的終端，這儼然成為印度的主要憂慮。但中國試圖取得並捍衛這兩條廊道（其中一條位於印度以西，另一條則在印度以東），因而讓印度認為自己受到中國包圍，所以必須強化自己的防衛。

印度與其他有相同安全憂慮的國家，舉行了一系列聯合海軍演習以應對此一挑戰。「馬拉巴軍事演習」前三屆是由印度跟美國在一九九〇年代舉行。一九九八年五月，由於印度進行了核子試爆，結果華盛頓對其施加軍事與經濟制裁，演習也因此暫停。二〇〇二年演習重啟，但是移到阿拉伯海舉行。二〇〇三年，類似的演習在同一水域進行；接著在二〇〇四及二〇〇五年，更多美印聯合演習在印度西南海域進行。二〇〇六年，一艘加拿大巡防艦加入馬拉巴軍演；接著是二〇〇七年，在區域脈絡下跨進了很大一步：包含三艘航空母艦、一艘核子動力潛艇、數艘導彈巡防艦與驅逐艦等，一共超過二十五艘艦艇參與此次軍演。除了印度與美國外，澳洲、日本及新加坡都參與其中。[24]這次不是在印度洋水域進行，而是移師到沖繩外海。

二〇一四年五月，莫迪總理就任後，印度提高對軍隊的投資，特別是海軍。除了安達曼群島的設施外，尼科巴群島最大島嶼的坎貝爾灣上，現在也有了另一個基地。兩個島群上的機場都進行擴張跟現代化，目前擁有先進的追逐機、運輸機，以及可從空中偵測潛艇的飛機。

莫迪是印度人民黨（Bharatiya Janata Party）領袖，這個印度教國族主義政黨具有強烈的反中傾向；同樣憂慮中國擴張的日本首相安倍晉三更成了他的靈魂知己。然而，印日同盟實際上遠早於安倍與莫迪各自的任期。從安倍兩度出任首相（二〇〇六至二〇〇七年、二〇一二至二〇二〇年）開始，在莫迪成為總理的前一年，就與印度簽訂常態軍事演習的條約，並同意出售兩架先進兩棲飛行器給印度。二〇〇〇年八月，當時日本首相森喜朗訪問印度，形成所謂「二十一世紀印日夥伴關係」的文件。[25]一九九八年因印度核子試爆後停止的日本援助，也在同一年重新啟動。正如戰略與國際研究中心的日本專案主席與資深顧問麥克．格林（Michael J. Green）於二〇一二年所指出，到了一九九〇年代，「右翼保守派日本政治人物……與反中的保守派印度政治人物找到了共同目標。」[26]

反中情緒不只是印度保守派政治人物的特色。二〇〇八年十月，莫迪的前一任總理曼莫漢．辛格（Manmohan Singh）在出訪日本時，與當時的日本首相麻生太郎簽訂《印日增進戰略與全球夥伴關係聯合聲明》及《印日安全合作聯合宣言》。[27]辛格所屬的印度國大黨屬於中間路線，甚至被某些人認為是左派政黨。

美國仍舊是印度的重要夥伴，但正如日本安全分析師長尾賢在二〇一三年的文章指出，美國已不再是強大的世界強國。長尾賢主張，此一事實所造成的安全真空將落到印度身上，而日本願意成為印度的夥伴。[28]印度—日本合作的增幅也表現在兩國雙邊貿易量上。從二〇〇〇至二〇一二年，印日貿易額變為四倍，達到一百八十億美元之譜，不過仍遠低於同年中日貿易的三千四百億美元。[29]但趨勢很明顯：日本與印度是貿易及區域安全的夥伴，在安倍與莫迪政權下，此一關係更被大幅強化。印度是日本援助的最大受益國，雙邊貿易額預計在二〇二〇年將達到五百億美元。

根據二戰後美國迫使日本採用的和平憲法，日本實際上無法擁有可能再次威脅亞太區域的軍隊；但這種對戰敗日本的態度，在一九五〇年代初期的韓戰之後發生轉變。當時美國與盟軍對抗由中國支持的北韓，需要強大的新區域盟友，應運而生的就是日本「自衛隊」，如今它已成為亞洲最強大、全球配備最精良的一個軍事組織。表面上，自衛隊受限不得參與日本以外的軍事行動，但這決定在一九九〇年代翻轉。從參與一九九二年聯合國在柬埔寨的維和行動開始，接著是在東帝汶、伊拉克、尼泊爾及南蘇丹進行類似的干預行動。今日已沒有任何國家（或許中國除外）會挑戰日本在馬拉巴軍演等活動的角色。一九四〇年代日軍占領安達曼與尼科巴群島時的殘虐暴行，已不是今日人們想要討論的主題。

美國在二〇一七年上任的川普領導下，即使與莫迪、安倍對中國有共識，但其國際聲望不但下跌，對海外的軍事承諾也不如以往。因此，印度必須強化自己身為區域強權的角色，特別是在其長期視為自家水域的印度洋上。但印度想要這麼做，就必須對上更強硬的新中國。正如印度中將阿努普．辛格（Anup Singh）在二〇一七年所寫：「現在每個人心裡無疑都知道，中國渴望在印度洋區域建立永久的戰略地位。畢竟，中國過去十年在緬甸、孟加拉、斯里蘭卡、巴基斯坦及不少東非國家的各種港口與公共建設計畫，都是為了一個目的：在這片海洋『建立』地位。」30

辛格也認為中國從前一次冷戰學到教訓，運用貸款及財務協助結合長期戰略計畫，而不是透過直接而公開的軍事聯盟。這策略將確保推動一帶一路計畫，特別是穿越印度洋所謂的「海上絲路」。

因此，印度也開始採取類似的政策，莫迪稱之為SAGAR，即「區域全面安全成長計畫」（Security And Growth for All in the Region）的縮寫。計畫內容包含透過公共建設協助較小的國家，並且打擊海盜、走私與非法捕魚；目標是拉近印度與印度洋鄰國的經濟合作。雖然印度經濟成長快速，卻仍大幅落後中國，「區域全面安全成長計畫」難以與一帶一路匹敵。因此印度的外交政策將放在其海軍與日本、美國等有志一同的國家進行軍事合作。

許多工作依然落到印度身上。長尾賢認為印度是可以挑戰中國影響力擴張的強權，原因有三，「首先，印度位於北印度洋的中心，表示它相對容易從各方進入印度洋。其次，印度是環印度洋國家中唯一有強大海軍的國家。第三，印度身為負責任的海洋強國，長期尊重其附近所有國家的海上運輸航行自由。因此，倘若印度有意願與足夠的能力，印度洋將是印度的海洋。」[31]

就印度可以從東西海岸進入印度洋一事，長尾賢是對的。印度最小的聯邦屬地拉克沙兌普群島（Lakshadweep）位於印度次大陸西側。此地人口不到六萬五千人，卻是印度二十九邦與七個聯邦屬地中，除查穆與喀什米爾邦（Jammu and Kashmir）外，唯一由穆斯林組成人口多數的地方。這組群島包含迷你科伊（Minicoy）、拉卡地夫（Laccadive）與阿敏迪維（Amindivi）群島，同樣在十八世紀末落入英國統治，主因為英國東印度公司想保護擴展中印度領地的西南翼。這些島嶼在一九五六年成為單一聯邦屬地，並且在一九七三年獲得現在的名稱。Lakshadwipa源自於梵語，意思是「十萬島嶼」，不過實際上並沒那麼多島嶼，只有十個有人島與十七個無人島。這處聯邦屬地的專屬經濟海域廣達四十萬平方公里，因此成了印度的重要戰略地點。二〇一二年五月，新德里決定在島群上興建一處新的海軍基地，用以監測西印度洋的交通。基地於二〇一六年四月啟用。

但印度海軍自然不會侷限於東西海岸外海的島群。六萬七千兩百二十八名軍員操作整個艦隊群，讓印度成為區域最強大的一股海軍力量，其艦隊清單中包含一艘航空母艦、一艘兩棲船塢運輸艦、八艘登陸艦、十一艘驅逐艦、十三艘巡防艦、一艘核子動力潛艦、一艘彈道飛彈潛艦、十四艘常規動力潛艦、二十二艘護衛艦、一艘掃雷艦、補給艦與其他輔助船艦。[32]截至二〇一八年為止，印度沿海及島嶼設有六十七座海軍設施，含括了具補給支援設施的港口與前進作戰基地。

與中國不同的是，印度擁有造船與航海的長久歷史。在鄭和出現許久之前的古印度國家與帝國，早已和阿拉伯世界及東南亞地區有貿易往來。鄭和跨越印度洋的航程只是十五世紀的吉光片羽，並未在區域裡留下長遠的影響，但印度文明的影響深遠許多。佛教與印度教傳布到南亞與東南亞地區，包括今日我們熟悉的斯里蘭卡、緬甸、泰國、寮國與柬埔寨，甚至也傳到印尼。在伊斯蘭教之前，十六世紀印尼的重要宗教是佛教。如今印尼仍有少數的佛教信仰區，印度教仍是峇里島及龍目島（Lombok）部分地區的宗教。今日的斯里蘭卡、緬甸、泰國、寮國與柬埔寨，仍使用以梵文為基礎所發展的書寫系統。古典爪哇文也是以梵文為主的體系，不過現在其國語印尼語（Bahasa Indonesia）是使用羅馬文字。

許多世紀以來，在歐洲人帶著更強大的火力到來之前，印度人一直是這區域的主要貿易者、傳教士與探險家。在十六世紀碰上葡萄牙航海家與貿易商後，印度的海洋霸權才開始衰退；葡萄牙人開始掌握進出印度的海洋貿易。馬拉巴海岸上的果亞（Goa）在一五一〇年被葡萄牙攻下，也成為印度次大陸上第一座歐洲前哨站。之後葡萄牙人持續控制果亞，直到一九六一年此地併入印度為止。

印度的「新」海軍可追溯至一六一二年，當時英國東印度公司組織一隊海軍船艦，挑戰影響力已逐漸衰微的葡萄牙，新的殖民統治者開始在亞洲多數地區崛起。印度海軍在十八世紀對抗法國，也加入一八四〇年代的第一次英中鴉片戰爭，以及一八五二年的第二次英緬戰爭。一八五七年印度軍起義事件後，英國王室從英國東印度公司手中接管印度，印度海軍就此進入更直接而有效率的中央指揮體系。印度海軍參與了一戰跟二戰，但幾乎所有軍官都是英國人，直到一九四七年印度獨立後，印度軍官才獲拔擢以取代英國軍官。不過獨立後仍有部分英國軍官尚未離去，直到一九五〇年代末，整個海軍才全部「印度化」。

在一九六一年果亞併入印度的過程中，印度海軍發揮了作用。此外它也參與一九六五與一九七一年的印巴戰爭，並且干涉印度洋小國的政治危機。一九八三年，印度海軍曾策劃行動欲翻轉模里西斯的軍事政變，但由於最後政變並未發生，因此也沒有出手干預的必要；一九八六年，它再度將船艦駛往塞席爾，而且確實翻轉了當地的政變；一九八八年，它阻止了斯里蘭卡武裝分子泰米爾之虎試圖在馬爾地夫掀起的政變。

接著在一九九九年，當印度與巴基斯坦在喀什米爾的卡吉爾地區（Kargil）短兵相接時，印度海軍被派往阿拉伯海北部地區。印度海軍飛行員出擊，其海軍陸戰隊與卡吉爾的印度陸軍並肩作戰。[33]

從此時開始，印度船艦開始參與印度洋地區各個救災行動。其中最大的行動正是二〇〇四年印度洋海嘯後發動的「甘比爾行動」（Operation Gambhir）。在十二月二十六日上午的海嘯襲擊後，印度海軍搜救艦艇不到十二小時就抵達受災國家。除了搶救安達曼與尼科巴群島外，這次任務後續更影響了決策，進一步提升印度海軍的兩棲軍事能力，包含運用二〇〇七年交船的船塢登陸艦及其他船艦。[34]到了二〇一九年底，印度海軍預計將擁有一百五十艘船艦與近五百架飛機。印度也打算建造自己的航空母艦並擴展潛艇群。

中國最近才開始發展海軍力量，論及海軍作戰能力與經驗，印度遠在中國之上。但此刻中國在印度洋挑戰印度的地位，已催動印度海軍現代化的推力，同時更尋求與區域內的其他國家合作，馬拉巴軍演正是這類聯合行動裡規模最大者。但印度同時也跟法國合作，二〇一八年三月十一日，莫迪與法國總統馬克宏簽署協定。此外，印度也接觸澳洲，尋求讓印度軍艦在科科斯（基林）群島停靠補給的可能性。

這仍在討論中，不過在二〇一八年五月，印度已獲准進入蘇門答臘北角具戰略性的沙璜島（Sabang）。印度將投資沙璜島的港口與經濟區，此地距離麻六甲海峽入口不到五百公里。[35]除了發展能容納各類船隻（包含潛艇）的四十米深水港外，印度海軍船艦也將獲准運用這些設施。印尼海洋事務部長暨前軍官魯乎特・潘傑坦（Luhut Pandjaitan）批評中國的一帶一路計畫，「我們不想被一帶一路控制。」[36]同時也質疑中國對南海的單方面宣示，指出那些領海宣示中包含部分印尼的專屬經濟海域。

印度不只在印度洋區域面臨中國的經濟與政治擴張，在陸地上也是如此。更精確說，是那些形成中國印度洋廊道的國家，即巴基斯坦與更重要的緬甸。在加德滿都出版的二〇一〇年九月號《雪山》（*Himal*）新聞雜誌中，退役的印度海軍指揮官烏岱・巴斯卡（C. Uday Bhaskar）寫道：「進入並掌控印度洋，一直以來都是主要列強的戰略思考。」巴斯卡進一步引述一九四七年印巴分治前，西北邊境省（North-West Frontier Province）省長歐拉夫・卡洛（Olaf Caroe）的看法；歐拉夫著有《權力之井》（*Wells of Power*），討論十九世紀的「大博弈」（Great Game）如何延伸進入二十世紀，「二戰期間，同盟國在伊拉克與波斯的戰略行動，是由印度基地促成……（波斯）灣的重要性與日俱增；世界隨著能源需求擴張而收縮，陰影則從北方延伸。想確保此地的穩定，只能透過這個穆斯林湖泊周邊國家的緊密條約，而條約則要由利益相關的強權簽署。」[37]

巴斯卡進一步說明，即使在二戰後將近七十年，當初卡洛所稱「來自北方的陰影」已不再指蘇聯，「俄羅斯熊試圖進入印度洋的溫暖水域港口，但未能成功。」卻由「東方龍」（也就是中國）取而代之。焦點已從西印度洋轉向東印度洋。當然，中國與印度洋之間還有緬甸，但印度和緬甸也有一段複雜難解的歷史，不信任與和睦同時並存。

印度在英國殖民者與緬甸本地人之間扮演的中介角色，有時會激起反印度情緒。整個一九三〇與一九四〇年代，緬甸民族主義運動具有強烈的社群緊張氣氛。時至今日，有南亞血緣者在緬甸依舊遭到蔑視，經常被稱為「卡拉」（kala），這個具貶義的緬語意指「外國人」或「印度人」。高加索人種被稱為「白卡拉」（kala pyu），這緬語可譯為「白印度人」。

不過在獨立之後，緬甸與印度的關係整體算是相處愉快。緬甸的第一任總理吳努（U Nu）從未忘記，若少了印度大批的軍事與經濟援助，他的政府極可能早就崩潰了。一九六二年三月奈溫將軍發動軍事政變，其革命議會在掌權數年後將私人企業工廠收歸國有時，其中估計百分之六十是印度裔所有。印緬關係就此冷淡下來。數千人失去產業生計，在一九六四至一九六八年的四年間，十五萬餘名印度裔公民離開這國家。[38]

民主緬甸的許多前領導人也逃離國家，其中被罷黜的總理吳努就流亡到印度，在印度政府的安排下住進波帕爾（Bhopal）的豪宅，並在這裡居留超過十年，在一九八〇年大赦後才返回緬甸。印緬兩國的雙邊關係或多或少停滯不前，直到一九八八年的緬甸民主運動。

民主運動遭到緬甸軍隊的殘暴鎮壓後，許多難民逃向印度。雖然人數比不上逃進泰國的數千名民主運動人士，大約有百名年輕的緬人成功跨過印度東北地區的曼尼普爾邦（Manipur），後來獲准在聯合國難民高級公署（United Nations High Commissioner for Refugees）的保護下待在新德里。

暴力鎮壓之後，印度政府在官方聲明中表達支持「緬甸人民不受震嚇、追求民主的決心」。[39]國家出資的全印廣播電台（All-India Radio）緬語頻道甚至對緬甸新的軍政府大加撻伐，也因此在普羅民眾間大受歡迎。

為了回應這波發展，緬甸國營的《工人日報》（*Working People's Daily*）開始針對全印廣播電台及一般印度裔人民，刊登明顯是種族歧視的文章與漫畫，試圖再度掀起一九三〇年代的反印情緒。即使如此，當時印度強硬的外交立場，顯然不是為了展現區域保護者或民主推廣者的角色。印度從未忽視自己與緬甸共享一千三百一十一公里邊界的事實，同時，對抗新德里的民族反抗軍也長期運用緬甸無人管理的地帶做為庇護所，對印度敏感的東北地區發動跨境攻擊。從一九六〇年代開始，緬甸對此情形唯一的反應，是針對那些主要由那迦人（Naga）組成的民族反抗軍，發動心不在焉、本質上完全無用的軍事行動。

一九八〇年代末、一九九〇年代初，新德里許多人認為，緬甸未來的民主政府較可能採取更圓滑的行動。而當時（到一九八九年十二月為止）總理拉吉夫．甘地（Rajiv Gandhi）與民主派領袖翁山蘇姬的私交，也加強印度對緬甸民主運動的同情。

兩人的結識可追溯至一九六〇年代初期，當時翁山蘇姬的母親杜慶芝（Daw Khin Kyi）出任緬甸駐印大使，其身為國家獨立英雄的父親翁山（Aung San），與拉吉夫的外祖父尼赫魯（Nehru）有私交。不過當時也很清楚，印度之所以支持緬甸民主勢力，自是因為想抗衡主要區域對手中國。而中國對緬甸將領的影響力，就是從一九八八年緬甸遭國際孤立後逐漸增長的。

一九九三年前後，印度開始重新評估對緬策略，因為當時的政策除了將緬甸更推往北京懷抱外，幾乎沒有成果。結果印度政策出現戲劇化的轉向，目標是改善跟緬甸將領之間的關係，因為愈來愈能確定的是，民主運動在可預見的未來並無法掌控權力。而新德里之前的對緬政策，也促使仰光將領尋求與巴基斯坦的軍事合作，讓印度的安全規劃者更加警戒。一九八九年三月，緬甸軍事高層代表團前往巴基斯坦進行未公開訪問，並簽下一紙交易，獲得巴基斯坦製機槍、迫擊砲彈及其他軍事硬體。巴基斯坦也加入中國，共同反對聯合國人權委員會譴責緬甸的決議案。[40]

當時緬甸軍政府有效壓制了翁山蘇姬的全國民主聯盟，讓一度強大的群眾運動俯首稱臣。流亡社群似乎也無力影響國內政治發展，即使有些人實際上住在印度資深政治家喬治・費南德斯（George Fernandes）的新德里私宅中。費南德斯在一九九八至二〇〇四年出任印度國防部長，這段期間，中國對可可群島有所圖謀的傳聞，讓印度的擔憂達到白熱化。費南德斯最早宣稱，在尼赫魯將可可群島捐給緬甸之前，該地是印度的一部分，不過這是錯誤訊息。[41]費南德斯曾公開稱中國為印度的「頭號敵人」，他也是流亡西藏獨立運動及緬甸民主派學生的熱心支持者。[42]部分緬甸學生就住在費南德斯的新德里家中。

印度媒體於一九九八年二月曝光報導，在一場印度入緬的祕密行動中，陸海空軍與海防聯合截獲一群國際軍火走私客。在安達曼群島的「後方島嶼」逮捕超過七十個人，沒收一百四十五把槍。據傳有六名走私客在與維安部隊的衝突過程中遭殺害。《印度時報》報導，這批預定前往吉大港的貨物，包含了自動步槍、火箭砲、機槍、無線電組與好幾萬發彈藥。這些槍枝是在柬埔寨購入，穿越泰國，預定交給印度東北地區的少數民族反抗分子。[43]

沒人對這消息感到驚訝。多年來，柬埔寨充斥著內戰時期留下來的各種武器，區域內各種反抗者都會從柬埔寨購買武器。眾所周知，當時黑市武器經常穿越安達曼海，送到泰米爾之虎手上；或是跨過孟加拉灣，進入那迦人、曼尼普爾人與阿薩姆人反抗團體藏身的孟加拉。這些團體經常從東南亞取得武器。以泰國渡假勝地普吉島（Phuket）為基地的軍火走私客，擁有專門運送這些貨物的小型船隻與拖網漁船船隊。

但這起事件的媒體報導，有些不尋常的意味。「由於涉及敏感外交關係，有些資訊我們無法提供。」助理海軍參謀長馬丹吉．辛格准將（Madanjit Singh）神祕兮兮告訴《印度時報》，而且沒人能在任何區域地圖上找到「後方島嶼」。這場代號為「水蛭行動」（Operation Leach）的行動，實際上發生在安達曼群島最北端的登陸島（Landfall Island）。

所謂軍火走私客也不是那麼回事。載這群人到此地的拖網漁船上，有兩名泰國船長與三十五名泰國及柬埔寨船員。但被捕的三十六人中，包含來自緬甸的若開及克倫反抗分子，他們與印度情報人員緊密合作，提供東北反抗軍活動的消息。一九九五年，在代號「金鳥」（Golden Bird）的行動中，他們甚至提供資訊協助印度維安部隊，截獲反抗軍從孟加拉科克斯巴札爾走私進印度的軍火。[44]

關注這起案件的印度律師南蒂塔．哈斯卡（Nandita Haskar）在其著作《反叛的特務》（*Rogue Agent*）中，引用一名遭羈押若開反抗分子的敘述，他們在出航安達曼群島前，早就在泰國與一名講緬語的印度情報上校維傑・辛格・「蓋瑞」・格瑞瓦爾（Vijay Singh 'Gary' Grewal）見過幾次面。他與其他印度情報人員實際上邀請他們使用無人居住的登陸島，做為對抗仰光軍政府的抗爭基地。[45]武器可以收藏於此；反抗軍在本土執行任務後可撤退到島上。做為回報，來自緬甸的反抗分子能監視安達曼海上的非法武器走私，攔截送往那迦人、曼尼普爾人與阿薩姆人的槍枝。

更重要的是，印度希望他們就近監視登陸島北方可可群島上的新雷達站。倘若中國在印度洋取得立足點，即使只是透過大可可島的新緬甸海軍基地，也將得以蒐集印度在區域內行動的情資。一九九四年，印度在安達曼群島附近攔截三艘載有中國船員的緬甸「拖網漁船」一事，使疑慮更為加深。

支持克倫與若開反抗者的某些團體，邏輯就跟提供武器彈藥給緬甸極北的克欽獨立軍一樣：避免武器進入印度東北反抗軍手中，同時監視中國動向。槍枝以直升機從迪布魯加爾（Dibrugarh）空運到緬甸邊界上的維傑那加（Vijaynagar）軍事基地，克欽獨立軍在此處設有祕密營地。自從印度軍隊成功將那迦武裝分子推過邊界進入緬甸後，這些民族反抗軍也在緬甸西北設立了營地。他們從印度軍隊無法觸及的地方，對印度發動跨越邊境的攻擊，這些反抗軍很快增加來自阿薩姆與曼尼普爾的武裝分子。多年來，印緬雙方本應對反抗軍進行聯合或至少協調的行動，卻未能發生。由於緬方缺乏回應，因此印度維安部門希望在提供武器與其他補給後，克欽獨立軍會願意擔起這項工作。

此政策是由比布提・布桑・南迪（Bhibuti Bhusan Nandy）提出。他曾在一九八〇年代擔任印度情報機構內閣祕書處研究分析室（Research and Analysis Wing）的曼谷分室長，後來成為該室特別任務處長暨新德里輔祕。[46]

然而在一九九七年，南迪轉任印度西藏邊境部隊的指揮官，最終成為模里西斯政府的國安顧問。隨著他遠離戰場，印度的緬甸政策也迅速轉變。這段期間，克欽獨立軍出人意料地跟仰光政府談和；克倫與若開反抗軍則變得無足輕重。此時印度展開外交攻勢，希望讓緬甸軍政府脫離與中國的親密關係。而跟緬甸軍隊而不是某些反抗團體合作，被視為遏止東北地方反抗軍的必要之舉。[47]

等若開與克倫反抗分子抵達登陸島時，他們的新「導師」格瑞瓦爾上校已在仰光建立廣泛人脈，並輕易將這些人誘入陷阱。六名反抗分子在島上被格殺，其他人則遭到逮捕。登陸島上不會有任何緬甸反抗軍基地。一九九九年五月，普通船員獲釋並遣返泰國。但若開與克倫人卻在一開始的布萊爾港與後來的加爾各答監獄中受盡折磨。南迪對自己細心培養經年的線人被摧毀感到憤怒，因此發起請願，要求釋放這些人，將整起事件怪罪到一名「反叛特務」身上。[48]但我們可以合理推論，比起南迪的政策，格瑞瓦爾的舉動更符合印度的新緬甸政策。直到二〇一一年六月，這些人在被捕十三年後才重獲自由並飛往新德里。

緬甸流亡者在機場迎接這群英雄，為他們歡呼並獻上花圈。

到了一九九〇年代末期，印度對緬甸的「中國問題」顯然有了新策略。二〇〇〇年一月，印度陸軍參謀長維德・普拉克什・馬立克（Ved Prakash Malik）將軍前往緬甸進行兩天訪問，之後則是緬甸的對等領袖貌埃將軍（Maung Aye）回訪印度東北地區的城市西隆（Shillong）。這個由外國領袖前往省級城市的不尋常訪問，加上一群經濟、能源、國防、內政及外交部的資深官員前來與緬甸將軍對談，更加啟人疑竇。當時讓緬甸將軍造訪新德里依舊太敏感，因為政治人物與公民團體對緬甸民主派的支持仍相當強勁。

西隆會議過後，印度開始為印緬共同邊界上的緬甸軍隊，提供非致命性軍事協助。多數緬軍制服與部分其他戰鬥裝備都來自印度，此外緬甸還向印度租借直升機，用以對付從兩國共同邊界藏身地發起攻擊的少數民族反抗軍。二〇〇〇年十一月，印度政府對雙邊關係改善有了足夠的信心後，便邀請貌埃前往新德里；而他帶領的緬甸代表團中，包括數名高階軍政府成員及內閣首長。但印度國防部長費南德斯蓄意不出席緬甸代表團的會議。[49]

二〇〇四年，緬甸軍政府首席大將丹瑞訪問印度，接著是二〇〇六年十二月，當時緬甸軍隊位階排名第三的瑞曼將軍（Thura Shwe Mann）也前往印度，造訪首屈一指的軍官訓練學校卡達克瓦斯拉國防學院（National Defence academy in Khadakvasla），還到普納（Pune）參觀為印軍生產各式軍用車輛的塔塔汽車工廠。

一九九〇年代中期之後，全印廣播電台的緬語頻道明顯停止了反軍政府的言論；如今這頻道仍舊運作，但節目內容幾乎都是緬甸流行音樂。接著印度展開一種奇異的「文化外交」。二十一世紀初，印度右翼組織「國民志願服務團」（Rashtriya Swayamsevak Sangh）重新進入緬甸。[50]國民志願服務團最早在一九四〇年代進入緬甸，對境內的印度少數族裔提供社會與宗教服務，但在一九六二年緬甸軍隊奪權並將印度私人企業收歸國有後，該團體便沉寂下來。

重新建立國民志願服務團的仰光分團，顯然是受到貌埃的庇蔭。貌埃是強硬的緬甸民族主義者，據傳他對於近期在經濟與軍事上依賴中國感到不滿。國民志願服務團在緬甸稱為「印度教志願服務團」（Sanatan Dharma Swayamsevak Sangh），似乎某些緬甸將軍被說服印度教與佛教本是「同根生」，而且根據一名加爾各答國民志願服務團成員所言，「對付中國最好的武器就是文化。」[51]

雖然對印度教國族主義路線的印度人民黨來說，國民志願服務團是母體，不過該黨在一九九八至二〇〇四年聯合其他政黨組成印度聯合政府。我們無法確定，印度教基本教義派在緬甸的新傳教事業是否有受印度政府支持，但兩國的文化聯繫在這幾年確實強化不少。

跨境貿易也是如此。在一九八八年之前，除了走私以外，兩國共通邊界上鮮少有商業活動。二〇〇七年二月，印度工商總會副會長桑傑・布迪亞（Sanjay Budhia）在加爾各答的演講中指出，印度與緬甸「已將二〇〇六至二〇〇七年雙邊貿易目標，從二〇〇四至二〇〇五年的五億五千七百萬美元，提升至十億美元。」[52]

他注意到緬甸出口至印度的主要產品包括「米、玉米、雜糧、豆類、芝麻、魚蝦、木材、木板與生橡膠、基本金屬與蓖麻籽。」做為交換，印度則出口機械與工業設備、奶製品、織品、藥品與民生商品。現在印緬貿易能與繁榮了二十年的中緬跨邊貿易相互匹敵。

印度也展現了向緬甸購買天然氣的競爭興趣，同時一度打算在印度東北區域的緬甸欽敦江（Chindwin River）上，建造一百二十萬瓩的水力發電廠。新德里也積極參與緬甸境內好幾個公共建設計畫，包含投資興建主要道路。雖然因為印度環境保護團體的抗議，印度放棄了欽敦江水電廠，但對於購買天然氣及協助緬甸改善頹圮公共建設的興趣仍舊不減。從印度莫雷通往另一側緬甸德穆的道路已升級，但仍比不上中國為連結昆明與瑞麗／姐告而興建的兩線道高速公路。

今日印度視緬甸為通向東南亞的「陸橋」，也是以商業為主的新「東望」政策核心。「東望」政策在莫迪治下更轉為「東進」政策。在新千禧年之際，印度埋葬過去祕密支持緬甸反抗軍與異議分子的政策，它與緬甸民族反抗軍的關係也只剩下情報蒐集。

二〇〇七年一月，印度外交部長普拉納伯·穆克吉（Pranab Mukherjee）前往緬甸新首都奈比多，從緬甸軍政府於二〇〇五年將行政辦公室遷到這裡以來，他是第一位到訪的主要民主國家資深領袖。二〇〇七年末，即使在佛教僧侶帶領的反政府示威動亂中，印度國有的石油天然氣公司（Oil and Natural Gas Corporation）資深官員仍在石油與天然氣部長穆爾利・迪奧拉（Murli Deora）率領下，飛往奈比多並簽署協議，在緬甸西南部若開海岸外海的三塊孟加拉灣海域，共同探勘天然氣。[53]

印度反抗美國與歐盟強力杯葛奈比多將領的立場，成功讓緬甸脫離對中國近乎完全的依賴。雖然印度仍允許緬甸異議人士在新德里公開活動，卻清楚表明不會冒險損害從一九九〇年代啟動的緬甸政策成果，以免讓中國得利。印度希望透過緬甸開啟的西—東走廊將有雙重目的：與東南亞的繁榮經濟體直接貿易，同時遏阻中國在緬甸的進展。

二〇一〇年九月，東協各國駐新德里大使受邀前往曼尼普爾邦，接著前往印緬邊界上的莫雷。一群商界人士從另一側的德穆跨越邊界，前往莫雷迎接這群大使，表達他們對「印度與東協透過莫雷進行商貿的信心」。[54]

但想實現這一點，不但要整修曼尼普爾邦首府因帕爾通往莫雷的坑疤道路，還得連接阿薩姆邦的高速公路，更別提緬甸令人絕望的路網與其他公共建設。任何人想建立從印度穿越緬甸到曼谷與新加坡的高速公路前，必須先為印度東北地區的少數民族問題與武裝反抗，找出長久的解決之道。

跨邊界武裝反抗的問題依舊存在；印度試圖透過克欽獨立軍將反抗軍趕出緬甸的方法

失敗後，緬軍仍然沒興趣掃蕩西北上實皆（Sagaing）區域的反抗軍基地。因此印度決定自己出手。二〇一五年六月，以緬甸為基地的反抗軍對曼尼普爾邦的印度軍車隊發動突襲，殺害了十八名士兵，並有至少十一人受傷。之後印度軍隊跨越邊境進入緬甸，雖然並不清楚其深入程度，但邊界附近數個營地都遭到攻擊與摧毀。

攻擊發生之後的隔日，奈比多總統辦公室發出聲明，堅稱戰鬥是在印度側爆發，否認任何「外來勢力」以緬甸為基地向印度發動攻擊。[55]緬甸政府無力地想掩飾國內存在這類基地的尷尬情況，同時緬軍也無力阻止印軍進行這類的跨界攻擊。

事實上，多年來為了對抗克欽族、撣族及其他少數民族反抗軍，緬軍過度分散在克欽邦與撣邦許多前線，因此既缺乏資源也缺少人力，無法投入國內另一處戰場。替印度人打仗不是緬軍的首要任務，甚至根本排不上議程。而如果緬軍同意跟印度進行聯合作戰，豈不是承認了緬甸政府一直以來的否認：印度東北的反抗軍，在邊界對側的緬甸建立基地。緬甸極度不可能承認這類事情。

塔卡（Taga）位於欽敦江流域，靠近緬軍的辛嘎倫坎迪（Singkaling Hkamti）軍營且遠離印度邊界，是那迦、阿薩姆與曼尼普爾反抗軍主要基地，而印度軍隊在二〇一五年六月也未能觸及此地。因此緬甸運用這些基地蒐集印度情資並不奇怪。印度雖然致力於改善與緬甸的關係，但兩個鄰國仍對彼此有所顧忌。對於印度支持克欽獨立軍與其他異議分子一事，緬甸並未釋懷；同樣，由於緬軍對境內的印度反抗軍睜一隻眼閉一隻眼，加上其親近中國的態度，印度也很難信任緬軍。

數名印度反抗團體領袖也出現在瑞麗，接受中國提供的庇護。中國可能利用他們蒐集情資，另一方面也報復印度，因為它允許達賴喇嘛在北印度達蘭薩拉（Dharamshala）上的麥克羅甘己（McLeodganj）設立西藏流亡政府。阿薩姆聯合解放陣線（United Liberation Front of Asom）的指揮官巴瑞許．巴魯亞（Paresh Baruah）是印度的首要通緝對象，而他就住在瑞麗，並且跟其他印度的民族反抗軍領袖一樣能輕易穿越邊界，進入緬甸北部並前往塔卡；數個曼尼普爾團體也有代表駐於瑞麗，經常前往塔卡聚會。若沒有中國與緬甸當局的默許，他們勢必不可能成行。[56]印度民族反抗軍的武器多數來自於緬中邊界的地下兵工廠，或者從中國黑市而來，不過許多人認為，這類人脈廣泛的前中國軍官經營的黑市，顯然並不怎麼黑。

印度的新「東進」政策成功與否，不只在於清理緬甸的印度反抗軍藏身處所，或是改善跨越共同邊界的公共建設。從戰略角度來看，遏止中國勢力在緬甸擴大更加重要，而這是在偏遠山區做不到的事。因此，印度洋的權力平衡更加重要，而當前印度最重要的一條防衛線，是透過風景如畫的前監獄港市布萊爾港。印度及其盟友希望由此出發，對中國在印度洋周邊國家漸增的影響力展開反擊。

第四章　模里西斯

從地理來說，模里西斯屬於非洲，卻位於馬達加斯加外海八百公里的印度洋上，距離非洲本土更為遙遠。族群組成上，模里西斯也與其他非洲國家迥然不同。一半人口屬於印度裔，更有大批華裔少數族群。其他則是由非洲、高加索或不同族裔混血而成的克里歐人（Creole）。島嶼地景令人屏息，崎嶇火山圍繞著中央高原；白沙海灘與豪華旅館每年吸引超過百萬位外國旅客，多數是來自歐洲與北美，但亞洲新富國家的遊客也逐漸增加。

相對接近非洲大陸的位置，讓模里西斯在南非種族隔離時期，成為南非白人的熱門渡假地點。國際制裁禁運雖讓他們無法進入許多國家，但模里西斯不在其中。模里西斯做為「非非洲」（non-African）的非洲國家，甚至成了南非與其他國家間的貿易轉運點，那些國家原本應遵守制裁禁運，卻樂於尋找轉圜之道。例如泰國透過模里西斯出口稻米到南非，新加坡也運用此島轉出口電子產品與消費商品。模里西斯國有的模里西斯航空（Air Mauritius），透過其國際機場連結南非與亞洲，就像國內轉機一樣便利。身為非洲聯盟（Organization of African Unity）的一員，模里西斯當然也反對種族隔離。但和其他人口不多、天然資源有限的小島一樣，模里西斯在經濟發展上得發揮想像力，而答案在於觀光與貿易轉運。這兩者也確實蓬勃發展，使模里西斯的人均所得遠高於非洲平均值。

然而在一九九〇年代初期，當南非結束種族隔離並轉向多數黑人統治後，情況有所轉變。不論什麼種族的南非人，現在都可以前往非洲與世界各處，同時其他非洲國家也開始發展起來。因此，模里西斯轉向發展金融業，並且進一步擴大觀光業，同時因為島上良好的公共建設，所以它在非洲國家與世界其他區域之間，擔任各種貿易的重要連結角色。模里西斯首都路易港（Port Louis）的現代港口設施，加上世界級的銀行服務與穩定的政局，賦予它明顯的競爭利基。

二〇一七年，模里西斯人均所得從二〇〇六年的五千六百七十九美元，來到一萬零五百四十七美元，幾乎是非洲大陸經濟強國南非的兩倍，僅次於塞席爾的一萬五千五百零四美元。不過塞席爾是個特殊案例，因為該國貧富極度不均。[1]模里西斯是現代福利國家，擁有優秀的醫療照護體系與全民教育。其男性識字率達百分之九十四點七，女性也有百分之九十點七。[2]此外，由於獨特的殖民影響，島上通用法語及英語，也方便外國遊客與商人跟當地人民及政府溝通。

在路易港，高樓大廈俯瞰著由黑色火成岩蓋成的舊民家。島上許多最高等級的國際旅館，通常位於棕櫚搖曳的純淨沙灘上。二〇一七年共有一百三十六萬名遊客造訪模里西斯，略高於島上的一百二十六萬總人口。[3]模里西斯擁有驚人美景、外國遊客期盼的熱帶奢華，以及非洲其他地區難以企及的金融服務，這高度發展的島嶼已然成為印度洋上的珍珠。

近年來，由於地處南印度洋，加上對非貿易的角色，在中國的戰略思考上，模里西斯占據重要位置。中國在模里西斯一處新經濟特區投資數百萬美元，同時資助其機場興建新航廈。[4]二〇一七年四月，中國政府非洲事務特別代表許鏡湖造訪模里西斯，期望「探索新的合作管道」。[5]她會見外交部長維詩奴．拉奇米納萊都（Vishnu Lutchmeenaraidoo），根據訪問期間發布的官方聲明，他們同意「在模里西斯與其他非洲目標國家（如迦納、塞內加爾與馬達加斯加）成立經濟特區的策略中，中國可以扮演關鍵角色……鼓勵中國投資人運用模里西斯金融中心進行非洲活動。」[6]

中國商人與遊客已成為路易港及沙灘旅館的常見景象。中國資金流入投資，然後存入當地銀行進行商貿。模里西斯成為習近平主席一帶一路倡議中的重要連結，因此印度認為這將威脅到自己在印度洋區域利益。由於模里西斯印度裔人口眾多，歷來與印度的連結甚深。

二〇一七年五月，也就是許鏡湖出訪的一個月後，當模里西斯總理普拉文德・庫瑪爾・朱格納特（Pravind Kumar Jugnauth）前往新德里會見莫迪時，印度回應了中國對模里西斯的新興趣。模里西斯獲得印度五億美元的信用貸款，用以發展島上的公共建設，同時簽署海上安全合作協定。朱格納特訪問期間，莫迪在演說中表示：「印度洋區域是我國政策首要目標。我們對印度洋區域的願景根植於推動合作……（以及）我們跟模里西斯的夥伴關係，堪稱全球最堅實的海洋關係之一……我們也將一同進行訓練與巡航。」[7]

印度網路媒體《Mint》引述新德里尼赫魯大學（Jawaharlal Nehru University）中國研究教授謝鋼（Srikanth Kondapalli）表示：「應當（也）已針對中國與一帶一路計畫進行某些祕密的討論……印度應該也指出某些國家面臨的問題，例如斯里蘭卡的債務與緬甸的環境問題。」[8]因此印度大方提供貸款給模里西斯的目的，顯然是希望避免中國國有企業投資模里西斯的運輸與港口計畫，一如巴基斯坦、斯里蘭卡與緬甸的情況。

印度與模里西斯的親密關係，以及島上的族群樣貌，其實肇因於此地的獨特歷史。在第一批阿拉伯航海貿易商於約一千年前到來之前，模里西斯原本無人居住。他們將這新發現的島嶼命名為「棄島」（Dina Arobi）。首先抵達此島的歐洲人，據信是一五〇七年的葡萄牙航海家迪奧哥・費南德斯・佩雷拉（Diogo Fernandes Pereira），他以自己的旗艦「天鵝號」（Cirne）將此地命名為「天鵝島」（Ilha do Cirne）。但他及其人馬並未長久停留，而是持續前行，發現了另一座無人居住的火山島。一五二八年，另一位葡萄牙航海家迪奧哥．羅德里哥（Diogo Rodrigues）也來到這座火山島，並將之命名為羅德里哥島。該島現在是模里西斯共和國的一部分。

接下來抵達這些島嶼的歐洲人，則是荷蘭人。一五九八年，一艘由韋麻郎（Wybrand Van Warwyck）上將指揮的荷蘭船隻抵達主島，並依當時荷蘭共和國執政官拿索的毛里茨（Maurits Van Nassau）親王①之名，將之命名為模里西斯。在奇異的殖民光榮年代中，尼德蘭七省聯合共和國的王室元首還把自己的名字給了地球對角的另一座小島。一六一四年，荷蘭商人的船隻在冰島北方發現一座岩石嶙峋、強風吹拂且無人居住的島嶼，也將之命名為毛里茨島（Maurits Wylandt），亦即模里西斯。或許是為了避免混淆，這座位於北極海的島嶼在一六二〇年改名為楊．馬顏島（Jan Mayen），以此紀念荷蘭航海家雪林克豪特的楊．亞科博孫．梅（Jan Jacobszoon May van Schellinkhout）。此地從未有人定居，但

① 譯者注：荷蘭國父奧蘭治親王威廉一世的次子，在威廉一世死後繼承荷蘭共和國執政官之位，長兄菲利普．威廉死後，則繼承奧蘭治親王封號。一五八五至一六二五年擔任荷蘭共和國執政官期間，是率領荷蘭對抗西班牙統治的重要軍事領袖。

歐洲各國的獵鯨者斷斷續續以它做為基地。一九三〇年，楊．馬顏島劃歸挪威，並在島上建立一座天文觀測站。

一開始，「南方」的模里西斯並沒有太多發展。直到一六三〇年代，荷蘭人在島上設立一處包含一位總督與手下的常駐基地，負責管理一小群荷蘭罪犯，以及來自馬達加斯加與荷屬東印度群島（今日印尼）的奴隸。比起馬達加斯加或爪哇島，模里西斯規模很小，但荷蘭人對開發此地的森林甚感興趣。砍伐下來的黑檀木出口後會被製作成家具，用以供給區域內其他荷蘭殖民地（今日的南非、斯里蘭卡與印尼）歐洲家庭所需。

然而不佳的行政管理及模里西斯島上困苦的生活條件，使得殖民地難以為繼，荷蘭不得不在一七一〇年放棄此地。但荷蘭殖民時引進的甘蔗，後來成為島嶼經濟的基礎。此外，荷蘭也帶來了豬、牛甚至是鹿，用以餵養規模雖小、人數卻持續成長的屯墾者與奴隸。之所以會需要這些家畜，是因為荷蘭人已殺光吃盡島上無法飛翔的大型原生鳥類渡渡鳥（dodo）。這種鳥會自己走向人類並因此被抓。牠們被視為愚蠢生物，因而被命名為渡渡。由於島上缺乏其他野生動物，牠們沒有天敵，也不知道人類是什麼生物。最後一次確定目擊渡渡鳥是在一六六二年，不過牠後來成了模里西斯的國家象徵，還出現在錢幣上。

當時法國在附近的留尼旺與羅德里哥島上站穩腳跟，在荷蘭離開五年後就宣布占領模里西斯，並將其改名為法蘭西島（Île de France），之後逐漸將此島轉為可運作的殖民地。

他們提升島上的公共建設，建立一座城鎮，以國王路易十五（Louis XV）之名命名為路易港，並以此地做為馬達加斯加以外，整個印度洋法國屬地的首府。一開始由荷蘭引入的甘蔗成為經濟主力。奴隸由非洲引進，工藝師則來自印度，法國莊園主因此變得相對富有。在一七六七至一七九七年，島上居民達到五萬九千人，其中包含六千兩百名白人、三千七百名其他族裔的自由人，以及四萬九千一百名主要來自非洲的奴隸。[9]

接著一七八九年爆發了法國大革命，一年之後，巴黎與其他地區動亂的消息傳到法蘭西島。法國莊園主對王室遭廢黜並不難過，並且試圖在島上引進較具代表性的政治體系，但強烈反對新共和國政府終止所有法國殖民地的奴隸制度。一隊派往模里西斯的法軍遭到遣返。一八〇三年，法國新統治者拿破崙派總督前往模里西斯重建秩序，但動亂與法國在區域權力的衰弱，導致英國出手干涉。一八一〇年，英國占領了法蘭西島及另一處法國領地塞席爾群島；一八一四年的《巴黎條約》（*Treaty of Paris*）正式確認英國對占領島嶼的統治權，島名也回到過去荷蘭所取的名字，再次成為模里西斯，此後未再變更。

英語成為官方語言，但沒有完全取代法語，以及多語混合的克里奧語（Creole）。至今島上大多數居民都使用這兩種語言及英語。法國法律連同語言與文化一起被保留下來。拿破崙法典的民法與以普通法為基礎的英國法律體系並存。塞席爾也是同樣情況，它與模里西斯同時成為英國的一部分，直到一九〇三年前都由模里西斯管理。除了南太平洋上的新赫布里底群島（New Hebrides）外，其他英國屬地都不曾有過類似體制。但新赫布里底群島在一九八〇年轉成獨立的萬那杜（Vanuatu）共和國之前，是由英法兩個外國強權共治；模里西斯與塞席爾則是英國殖民地。

不少英國屯墾者前往模里西斯，但舊的法國莊園主仍舊把持經濟，他們盡其所能捍衛並維護奴隸制度，以此確保自己的財富來源。一八三三年，倫敦最終決定廢除奴隸制度，兩年後這詔令在模里西斯付諸實行。七萬名奴隸獲得自由後，前奴隸主也獲得補償。不過莊園主人的甘蔗田仍需要勞動力，因此試圖讓許多人以「學徒」的身分留下來繼續工作。然而此舉並不奏效，因為許多前奴隸寧願選擇其他勞力工作，有些則轉去當漁夫。

英國決定透過進口印度工人來解決這問題，印度似乎能供應無窮無盡的廉價勞動力。一八二〇年代就已開始進口勞工，但在一八三四年奴隸制度快要廢止時才認真起來。一八三四至一八三七年間，至少有七千名印度人抵達模里西斯。[10]他們被稱為「契約奴工」，主要來自於北印度貧困的波吉普爾（Bhojpur），對英國人來說，這區域位於加爾各答港可及的方便之處。其他還有一些來自古吉拉特與孟買。

關於工人招募與穿越印度洋的航程，早期都掌握在私人利益手中，而英屬印度政府唯一的控制措施，就是要求應募工人來到一名官員面前，表達自己不是受迫前往，並且清楚合約的條件。但許多人都不識字，更不清楚模里西斯位於地球何處，這項程序僅僅是過場而已。在多數人根本無法閱讀的合約中，明列他們將在模里西斯進行五年勞動，每個月會獲得五印度盧比的薪水，外加糧食與衣物。11

由於最初幾年常有虐待情事，因此英屬印度政府在一八三七年通過一條法律以規範這體系。一八三八年，加爾各答的一位警長畢爾區（F.W. Birch）檢視此一體系時寫道：

我並不清楚這些苦力在家鄉生活的確實情況，但我相信他們都很窮，同時前往模里西斯改善了他們的處境。我認為許多人處於飢餓之中……我相信多數案例對情況一無所知；不過他們離家尋求工作；同時我也相信，就算他們得知這些情況也不會在意，仍會離家打拚，相信自己的命運或運氣。12

直到一八四二年，整個契約工體系才被政府納入管轄。當這體系正式於一九一七年終止時，已有超過四十五萬名男女成人及兒童通過阿斯帕拉瓦希河階（Aapravasi Ghat），亦即路易港的「移民站」，也是印度洋殖民地版的艾利斯島（Ellis Island）。②此地現在已成

②譯者注：位於紐約港中的聯邦小島，為十九至二十世紀初，美國最繁忙的移民檢查站，今日連同一旁的自由島，組成自由女神國家紀念園區。

為聯合國教科文組織指定的世界文化遺產地點，博物館展示的老照片可以看到這些工人，還有他們搭乘的船隻及工作的莊園。

結果，模里西斯的經濟蓬勃發展，卻幾乎完全仰賴蔗糖。年產量從一八三七年的三萬五千五百八十噸，成長到一八六〇年的十二萬九千兩百一十噸。路易港成為繁忙的交易站，並蓋起新式建築。雖然模里西斯仍維持濃厚的法國性格，卻對英國維持印度洋霸權地位有重大影響。這一切全仰賴來自印度數萬名男女工人的辛勤勞動。

莊園內的生活條件困苦，女性經常成為監工的性剝削對象。由於艱苦勞動與疾病的關係，死亡率很高。此外，任意加諸勞工頭上的罰款，以及偷竊與未能達成勞動目標等其他原因，讓許多勞工經常欠莊園主人債務。[13]當地的莊園主「大白人」（grands blancs）並不認為印度勞工與奴隸有何區別，認定契約工沒有任何權利可言。勞工就跟奴隸一樣要服從「主人」。

即使如此，部分工人仍然能存錢並寄回印度家鄉。雖然這樣的人不多，卻足以鼓勵更多印度鄉下人簽下契約，渡海前往模里西斯工作。正如法國學者亞歷山多羅．史丹齊亞尼（Alessandro Stanziani）所指出：「雖然契約勞工的真實情況不一定好過先前的奴隸，不過由於他們享有的權利，特別是身分非世襲這點，構成了根本上的差異，並且在二十世紀扮演愈來愈重要的角色。」[14]

從殖民者角度來看，成功將印度勞工運往模里西斯，象徵著「偉大實驗」的開端。其他廢除奴隸制度的英國殖民地也需要勞動力，對剛解放七十五萬名奴隸的加勒比海地區莊園主來說，這問題更為迫切。模里西斯成為印度勞工全球遣送體系的模範。十九至二十世紀期間，共有二十三萬八千名印度人抵達南美洲的英屬圭亞那（即今日的圭亞那）。另外十四萬五千人則前往西印度群島的千里達，六萬三千人被送到南太平洋的斐濟。十五萬人最後落腳南非，主要在納塔爾殖民地（Natal colony）。③[15]多數移民都進入蔗糖莊園工作，只有南非移民是受僱挖煤礦或修建鐵路。今日誇祖魯─納塔爾省（KwaZulu-Natal）的德爾班（Durban），是在印度之外印度人最多的城市之一。

在其他地方，印度裔人口占獨立圭亞那總人口的百分之四十三；在千里達─托貝哥（Trinidad-Tobago）則占百分之三十七；在斐濟占百分之三十。其他殖民列強如法國、荷蘭與西班牙，也效法英國招募印度勞工，不過規模都無法與之相比。較小規模的契約工則從中國、馬達加斯加與東南亞招募。法國將印度勞工進口到留尼旺島，荷蘭則將他們送到南

③譯者注：納塔爾殖民地是十九世紀英國在非洲東南角上的殖民地，從一八四三年英國兼併納塔利亞波爾共和國開始，後來在一九一〇年與另外三個殖民地組成南非聯邦。今日則為南非共和國的誇祖魯─納塔爾省（KwaZulu-Natal）。

美的荷屬圭亞那殖民地（即今日蘇利南），西班牙將中國工人送往祕魯與古巴。直到二十世紀初契約工制度完全被廢止前，全盛時期估計約有一百三十萬人離鄉背井，而這一切都始於一八三〇年代第一批抵達模里西斯的印度人。

理論上，模里西斯的工人有權在第一個五年契約期及後來的十年契約期滿時返回印度。但很少有人能負擔回程船票的費用，因此絕大多數人都留在島上。一八七一年，在模里西斯殖民地的三十一萬七千人中，超過百分之六十八是印度人，其中百分之二十五是本地出生。到了一九三〇年代，印度裔人口的比例幾乎沒變，但那時百分之九十三都是本地出生。此時模里西斯總人口已來到三十九萬三千人。一九三一年，離開莊園成為漁民或公務員的非洲奴隸後裔與混血後代，占總人口的百分之二十。[16]不少華人也移民到模里西斯，大約占總人口的百分之二。

雖然莊園主認為進口契約工是取代奴隸的好方法，但模里西斯面臨了其他問題。由於別國的甘蔗與甜菜根產量增加，模里西斯很難與之競爭。由於一八六〇年代的超量生產，導致糖價下跌。接著是一八六九年蘇伊士運河開通，貿易路線脫離南印度洋。彷彿經濟衰退還不夠嚴重一般，模里西斯在一八六〇年代末期遭瘧疾疫病侵襲，超過四萬人喪生。其勞動力因為原始、不乾淨的生活條件而受到重創。

就連被稱為「大白人」的法國──模里西斯莊園主也受到經濟衰退的影響。波蘭裔英國作家約瑟夫・康拉德（Joseph Conrad）在還是船長的時候，曾於一八八八年停泊在路易港。他抱怨有錢商人強塞給自己不想要的商品，並對其所見所聞印象深刻：

> 古老的法國家族，老殖民者的後代；所有高貴的、貧窮的全都在了無生氣的光榮衰敗中，過著狹隘的地方生活。男人通常占據政府辦公室或商家的低等職位。女孩幾乎對世界一無所知，親切溫和且通曉雙語。他們以英語和法語天真交談，其存在的空虛感超乎想像。[17]

康拉德對模里西斯年輕女性的描述，可能會被指責過於居高臨下，但這座被英國占領的法式風情島嶼，確實在蔗糖危機與蘇伊士運河開通後，成了一潭靜滯不動的殖民死水。莊園主的解決辦法是集中生產，用以提高生產效率、減少勞力需求。許多小型莊園出售，被存了足夠資金的印度人買下。因此，蔗糖首次在小規模的土地上生產，而其中許多新地主是印度人。新的印度中產階級形成，改變了模里西斯經濟與政治的面貌，不再由「大白人」完全主宰。

隨著英國統治而來的英式教育，進一步培育了人數不多但持續成長的中產階級。一九〇一年，印度獨立運動領袖甘地（Mohandas Gandhi，後來以「聖雄甘地」聞名），就在訪問模里西斯時進一步強化新自我認同的崛起。當時甘地生活與工作的地點在南非，對模里西斯印度人的困境時有所聞。一九〇七年，甘地派印度律師曼尼拉爾・馬岡拉爾（Manilal Maganlall）前往模里西斯，協助當地印度人爭取權利。馬岡拉爾在法庭上捍衛印度工人，對抗剝削僱主，同時創辦《興都斯坦報》（*Hindustan*）。一九二六年，首位印度裔模里西斯人當選進入議會。

在議會之外，則成立名為「亞利安社」（Arya Samaj）[4]的印度教改革運動，追求社會正義。亞利安社最初是透過一群駐防當地的英屬印度軍士兵進入模里西斯。這股運動積極推動印地語（Hindi）教育，一九一八年，亞利安社開設了首間以印地語教學的學校。許多印度人因此得以維持自己的族群認同，不過印度人之間的共同語言仍舊是混合語、法語或英語，而非任何印度語言。

與此同時，白人混血族群也在一九〇七年形成政治組織「自由行動」（Action Libérale）。在一九一一年的路易港選舉中，尤金・羅杭醫師（Eugène Laurent）領軍的「自由行動」擊敗寡頭。雖然該組織不久後就解散，但羅杭仍被視為模里西斯追求更多本地治理的先行者，今日路易港仍有一條街以他命名。另一名白人混血醫師莫利斯・居協（Maurice Curé）於一九三六年成立了模里西斯勞工黨（Mauritius Labour Party），不只吸引都市裡的白人混血勞工，還有鄉村地區的印度裔農人。這政黨基本上屬於社會民主派，希望保護城鎮與莊園內工人的權利，很快就成為島上最強而有力的政治組織。

白人混血政治家伊曼紐・安克提（Emmanuel Anquetil）組織了都市勞動階級，印度裔的潘迪特・沙哈迪歐（Pandit Sahadeo）則在鄉間活躍。他們攜手讓三萬人參與一九三八年模里西斯首屆五一勞動節慶祝活動。在濱海大道舉行的集會上，講者們對大批群眾發表演說。自一百年前首批契約工抵達以來，模里西斯已有長足的進展。印度社群中雖有種姓與宗教信仰的些許差異，但政治似乎讓他們團結了起來。多數印度人都是印度教徒，不過也有一定數量的穆斯林及少許基督徒。

模里西斯的華人社群遠小於印度裔與白人混血社群，但其經濟情況從一開始就相對強勢。華人在十九世紀中開始移民到模里西斯，但由於殖民地法規不准所有外國人購買或擁有土地，因此受限於貿易與工藝工作。[18]多數華人來自今日的中國南方海岸省分福建與廣

---

④譯者注：十八世紀末，來自歐洲民族—國家概念的發展深刻影響了印度，並且激發印度知識分子吸收來自歐美的部分政治新思維，推動印度內部的數波宗教反響，以此強化自身反抗英國統治，為印度民族主義的興起鋪路。羅姆摩罕及泰戈爾開創以孟加拉精英為主的印度教改革運動。另一方面，吠陀隱士達耶難陀・薩拉斯瓦提（一八二四至一八八三年）則以截然不同的形式，帶領旁遮普的宗教改革運動，創立「亞利安社」。未受過教育、普羅大眾出身的薩拉斯瓦提不講種姓，不崇拜偶像，亦無多重神祇、廟堂與繁雜儀式；反之，乃是基於以聖火為主的簡單崇拜儀式，因此成為恆河流域極受歡迎的信仰形式。

州，部分來自英國的香港、檳城與新加坡等殖民地。直到十九世紀末，華人人口從未超過三千六百人。但二十世紀初的政治動盪席捲其母國，加上現代客船讓移民變得更容易，模里西斯的華人社群因此開始成長。一九三一年有六千三百四十三位模里西斯人登記為華裔。到了一九五二年，華裔人數成長為一萬零四百二十一人。雖然跟其他族裔社群相比仍相當少，但因為參與商貿之故，在經濟上比較強勢。

第一次世界大戰之後，由於糖價上漲，模里西斯重返繁榮，其經濟首度隨著茶園、磚塊磁磚工廠的興建與政府經營的酪農業，開始出現某種多元發展。然而那時模里西斯獨立的想法仍相當陌生，要到二戰後大英帝國開始解體才出現。同時，由於戰爭期間模里西斯人曾與非洲近東英軍一起服役，抗擊德國與義大利軍隊，因此開始取得影響力。有些人甚至前往英國擔任皇家空軍的飛行員或地勤人員。

愈來愈多模里西斯人希望獲得至少某種程度的自治，這並不奇怪。第一次全國大選在一九四八年八月舉行，結果由模里西斯勞工黨勝出。但模里西斯直到一九五九年才有全民投票權，而模里西斯勞工黨再度從選舉中勝出。該黨領袖西烏撒古爾·蘭姆古拉姆（Seewoosagur Ramgoolam）是契約工之子，一八九六年，他父親在十八歲時搭上「興都斯坦號」（The Hindoostan）來到模里西斯。西烏撒古爾於一九〇〇年生於模里西斯，並在此受教育，之後於一九二一年航向歐洲。他畢業於倫敦大學學院，也曾參與倫敦政經學院的課程。在模里西斯社會的向上流動裡，西烏撒古爾可說是閃亮的模範生。

西烏撒古爾回到家鄉後加入模里西斯勞工黨，並開始推動成為大英國協中的獨立國家。他不同於某些對手鼓吹的模式，並沒興趣以某種海外郡的形式融入英國。不過他是聖雄甘地的仰慕者，因此希望能在不流血的情況下獨立。隨著模里西斯獲得更多的自治權，他曾在一九六一至一九六八年出任殖民地首席部長。一九六八年，當模里西斯終於獨立時，他的頭銜轉為總理，同時成為西烏撒古爾爵士（他在一九六五年英國女王生日榮銜名單中授爵。）

一九六八年三月十二日，模里西斯成為自治領（dominion），以英國國王為國家元首，但由總督代表治理。不過此時模里西斯已是人口族群混雜的主權國家，由印度契約工、非洲奴隸及混血子女的後裔統治。然而，它也未能逃過族群暴力的衝突。一九六四年，印度與白人混血社群在三店村（Trois Boutiques）發生鬥毆；就在獨立前夕，同樣的衝突也在路易港爆發，直到英軍重建秩序為止，共有二十五人死亡及數百人受傷。然則不同族群團體之間的通婚情形並不罕見。

但獨立也有其代價，就如後來所揭示的那樣。模里西斯殖民地不只有主島、羅德里哥島及一些四散的更小島嶼，還包含北方的查哥斯列嶼（Chagos Archipelago）。當時在倫敦的祕密會談中，西烏撒古爾爵士被明確告知，若他不同意將查哥斯列嶼從模里西斯分離出來，就不用談獨立一事。他同意了。一九六五年十一月，在模里西斯獨立前三年，英國政府正式以三百萬英鎊向它買下查哥斯列嶼，加上塞席爾群島的三座小島：阿爾達布拉（Aldabra）、阿米蘭提斯群島（the Amirantes）的德霍許島（Desroches），以及法古哈島（Farquhar），形成英屬印度洋領地（British Indian Ocean Territory）。

一九七六年，當塞席爾成為獨立國家後，三處分割出來的島嶼就被歸還塞席爾。但查哥斯列嶼仍舊屬於英國，同時在一九六七至一九七三年，島上全體約一千五百至兩千之譜的人口，其中大多數是操持混合語、以種植椰子及收集鳥糞為生的印度與非洲裔，都被移送到模里西斯及塞席爾。一九六七年，英國政府以六十六萬英鎊買下塞席爾屬查哥斯列嶼公司所有的資產，然後將這處列嶼的居民全都遷走，所有土地收歸國有，並且由倫敦直接管轄。

此舉看似奇怪，因為當時英國正在解散所有「蘇伊士運河以東」的殖民地、保護地與軍事基地。但英屬印度洋領地成立的目的很快就顯露：美國軍事人員在一九七一年三月抵達迪亞哥．賈西亞島的主要環礁。他們帶著挖土機、建築材料與工人，其中大多是菲律賓人，在環礁上展開超大型軍事基地建設。為此目的，英國將迪亞哥．賈西亞島租給美軍。一九六六年十二月，英美簽訂所謂「提供特定印度洋島嶼進行防衛目的」條約，卻未明白標示哪些島嶼將建立哪種形式的軍事基地。[19]根據美國學者大衛．韋恩（David Vine）的看法，這紙條約是在未經兩國國會監督的「黑幕之下」簽訂。[20]

條約的內容很快就逐漸清晰。迪亞哥·賈西亞島圍繞著一處二十四公里長、六點四公里寬，將近十公尺深的環礁湖，經過排水挖掘工程後，此地建起一座港口。環礁上蓋起現代化建築，並透過鋪設道路連結，足以容納大型軍事飛機起降的長跑道開始成形。迪亞哥·賈西亞島開始呈現出世界各地其他美軍基地的樣貌，不過附近卻少了可能找麻煩的當地居民。

沒有人忽視迪亞哥·賈西亞島在印度洋中北部的戰略位置。在戰爭或其他緊急狀況中，此地是進入東非、中東、南亞與東南亞的門戶，同時也監視著穿越印度洋的重要運輸路線。美國建立海外軍事基地的新政策，與迪亞哥·賈西亞島的選定完全一致。五角大廈美國海軍的非軍職官員史都華·巴柏（Stewart Barber）提出所謂的「戰略島嶼概念」。他認為新的軍事基地應該遠離人口稠密的大陸地區，因為在那些區域容易遭到當地反西方陣營的異議。反之，巴柏在提案中寫道：「相對小型、人口稀少、跟主要人群有所區隔的島嶼，能被西方安穩地完全掌控。」[21]

巴柏審視印度洋的海圖，尋找新軍事基地的可能地點。一九六〇年代初期，舊英國殖民地亞丁與亞丁保護國轉為南阿拉伯保護國與南阿拉伯聯盟。兩者在一九六七年合併為南葉門，並且於一九七〇年宣布成為一個馬克思社會主義的共和國。亞丁直到一九五〇年代末期，曾是世界上僅次於紐約的第二大繁忙港口，也是英國保護自己在波斯灣石油利益的基地。如今一切都不復存在。

其他發展諸如災難性的越戰、日本反對美軍基地的抗議潮、反西方政府的不穩定印尼政權，以及印度蘇聯戰略聯盟，都說服巴柏相信美軍必須在區域內展現其強大，因此在孤立島嶼上建立新軍事基地是前進策略。他研究了泰國的普吉島（Phuket）、澳洲的科科斯（基林）群島，以及塞席爾群島中的幾個小島，最終選定了「位於大洋中間，那個美麗的迪亞哥·賈西亞環礁。」[22]在他看來，這屬於英國的環礁幾乎杳無人煙，也讓他下定決心。

巴柏的戰略小島概念也是基於先前在南太平洋的經驗，二戰後美國將馬歇爾群島中沒太多當地人口的瓜加林環礁（Kwajalein）與埃內韋塔克環礁（Enewetak），轉變成強大的軍事基地。直到一九八〇年為止，埃內韋塔克環礁都被用來測試核爆，核爆停止之後，老居民才獲准重返。一九四六至一九五八年間，美國海軍在馬歇爾群島的另一處小島比基尼（Bikini）環礁上，進行了六十八次原子彈與氫彈爆炸試驗。一開始當地人仍住在比基尼環礁上，然而許多人可能因輻射汙染而罹病，因此被移到其他環礁上。瓜加林環礁後來成為飛彈測試基地，至今依舊如此。將小島做為軍事用途的概念並不新穎，但巴柏將此發展成戰略思維，同時針對查哥斯列嶼的情況，他與其他人也認為最好清空島上居民。

迪亞哥·賈西亞軍事基地開始參與行動時，其實還沒有完工。一九七三年十月，阿拉伯國家聯盟發動聯合奇襲，目標是美國主要的區域盟友以色列。迪亞哥．賈西亞基地出動偵查機，協助以色列人蒐集情報。戰爭以埃及與敘利亞的災難性戰敗告終。以色列的存活、這場戰爭，以及一九七九年的兩件大事：年初伊朗的伊斯蘭革命及同年十二月蘇聯入侵阿富汗，促使美國擴大了迪亞哥．賈西亞軍事基地，包含完成一條三公里長，可供偵察機、轟炸機與空中加油機起降的跑道。韋恩指出，這座環礁上同時還有許多高科技與情報通訊設備，以及一座衛星導航監測天線及潛艇停靠設施。基地中很可能也有核子武器。[23]

這座基地在兩次波斯灣戰爭中都扮演了重要角色：一九九〇至一九九一年從沙漠之盾（Desert Shield）轉成沙漠風暴（Desert Storm）的行動中，美國與盟軍擊退入侵科威特的伊拉克軍隊；二〇〇三年由美國領導的入侵伊拉克行動，各種軍事設備儲存在迪亞哥．賈西亞軍事基地裡，再由海軍艦艇輸送到伊拉克前線。B–52轟炸機與其他軍機也從迪亞哥．賈西亞起飛，前往戰場展開行動。二〇〇三年之後，在美國占領伊拉克期間，迪亞哥．賈西亞也是當地軍隊的重要後勤補給基地，也被用於支援在阿富汗的戰鬥行動。

在軍隊與其他人事員額上，迪亞哥．賈西亞通常駐有三千至五千名士兵與平民，雖然少於美軍在南韓、日本沖繩或德國的員額，但其戰略重要性也許更大。

這個外人禁足的基地自成一格，屋舍就像美國郊區社區，超市裡堆滿從美國空運來的食物與產品，還有漢堡店、供應生啤酒的酒吧與夜店、網球場、慢跑道，以及有最新節目與新聞的衛星電視。二〇〇四年，在英國國會的一項動議裡，工黨政治家亞倫・米爾（Alan Meale）直陳，美國海軍招募文宣形容迪亞哥・賈西亞軍事基地為「世上最為人知的祕密基地之一，誇耀令人無法置信的娛樂設施、精緻的天然美景與優異的生活條件。」[24]

在小布希總統所謂的「反恐戰爭」時期，迪亞哥・賈西亞軍事基地惡名昭彰，像是曾做為「黑牢」（black site），用以關押、審訊在阿富汗與其他區域逮捕的恐怖分子嫌疑人。[25]半島電視（Al-Jazeera）的報導指出，迪亞哥・賈西亞軍事基地在二〇〇二至二〇〇三年，被用來執行字面含蓄的「非常規引渡」（extraordinary rendition），亦即未經法定程序轉移羈押者，並且獲得英國政府的全面配合。[26]而該基地對羈押者虐待刑求的情事也浮上檯面。[27]

一開始，英國政府並不承認除了加油之外，引渡飛機曾因其他理由降落於迪亞哥・賈西亞島。但在二〇〇八年二月，英國外交大臣大衛・米利班（David Miliband）告訴國會：「不同於過往明確保證『迪亞哥・賈西亞島未用於引渡飛機』，近日美國調查顯示，二〇〇二年確實曾發生兩次此類事件。」[28]他並未回應虐待刑求之事，不過對於印度洋上外人止步小島的祕密基地，又要如何確認其中發生的事呢？

那麼，一九六〇年代末至一九七〇年代初，從環礁被送到模里西斯與塞席爾，被稱為查哥斯人（Chagossian）的人們，又發生了什麼事呢？除了不想移到模里西斯這一點外，我們對前往塞席爾的較小族群幾無所知。模里西斯在一九六五年與英國達成協議，仍保有查哥斯列嶼的主權，因此要求將這些居民移到模里西斯。[29]但前往模里西斯的人們多次發起要求返鄉的行動。目前加上後裔約有五千人的族群中，近年來約有一千名查哥斯人（大多為第二代）離開模里西斯及塞席爾，遷往英國。二〇〇二年，英國政府終於賦予他們完整公民權，因為他們或上一代出生時，查哥斯列嶼仍為英國殖民地。

但這些查哥斯人向歐洲人權法院對英國政府提起訴訟，要求返回列嶼的權利。雖然結果什麼都沒發生，但在二〇〇六年三月，英國終於讓一百名左右的查哥斯人前往查哥斯列嶼，進行十天的「人道」掃墓之旅，[30]但不得在任何島上過夜。二〇一五年五月初，另一群來自模里西斯及英國的查哥斯人也獲准前往列嶼；當月底，另外六名住在塞席爾群島的查哥斯人也前往列嶼。[31]他們先飛到巴林與杜拜，再由美軍運輸機載往迪亞哥·賈西亞島。

這些島民應當獲得英國政府賠償，但住在塞席爾群島的人從未拿到任何賠償，住在模里西斯的人則抱怨，將近十年後才收到微薄的賠償。一九七二年，英國政府提供模里西斯六十五萬英鎊以分發給島民。不過出於不甚清楚的原因，第一批賠償金直到一九七七年才開始發放。[32]多年來，多數查哥斯人住在路易港較貧困的區域，多數人以打零工為生，也難怪他們會思鄉。在查哥斯列嶼島礁上的生活雖然簡單，但他們以自己的家園為榮，直到遷往模里西斯前，他們並未碰過任何真正的困難。

好幾個國際人權組織對查哥斯人的議題伸出援手，主張前居民及其子孫返鄉的權利，以及一九六〇年代末至一九七〇年代初迫遷的適當賠償。查哥斯人也許能獲得更多賠償，儘管得到法院的同情，但他們返回故鄉居住的可能性卻十分渺茫。在島上出生的那一代年紀已經太大，難以返鄉定居，而住在模里西斯、塞席爾或英國的第二及第三代從未去過查哥斯列嶼，可能難以適應偏遠環礁上的生活。此外，島嶼上有什麼工作呢？美軍基地是個可能性，但出於安全理由，基地不大可能歡迎對環礁主權有意見的島民，美軍也不希望有任何永久居民住在迪亞哥．賈西亞島上。

更急迫的問題是，模里西斯宣稱擁有英屬印度洋領地，此舉造成與前殖民國間的緊繃關係。模里西斯與英國王室的關係在一九九二年三月十二日結束，正好是獨立後二十四年。模里西斯成為共和國，總統取代英國女王成為國家元首。然而總理一職依然保留下來，持續領導政府。在宣布成為共和國後的歲月中，路易港的輿論逐漸轉為反殖民。

二〇一三年，當時的模里西斯總理納文昌德拉．蘭姆古拉姆（Navinchandra Ramgoolam）在向聯合國大會的聲明中指出：「獨立之前，當時的殖民強權英國將我國領土的一部分，即查哥斯列嶼切割出去，這明確違反國際法，導致模里西斯及非洲的去殖民過程未能完成。」[33]有些諷刺的是，納文昌德拉．蘭姆古拉姆正是西烏撒古爾．蘭姆古拉姆之子，而西烏撒古爾當年迫於壓力，同意在獨立前將查哥斯列嶼割讓給英國。

美國與英國面對的問題並不僅止於此。二〇一五年三月，海牙的常設仲裁法院（Permanent Court of Arbitration in The Hague）認定，英國在查哥斯列嶼附近建立「海洋保護區」的決定，「違反其對聯合國《海洋法公約》的責任」。[34]英國政府在二〇一〇年四月宣布，英屬印度洋領地的七十座小島及環礁將成立一處海洋保護區，此舉將避免人類在此居住。其成立規章明定，包含迪亞哥．賈西亞島在內的英屬印度洋領地將保留為軍事用途。二〇一二年，維基解密公布了一份二〇〇九年倫敦美國大使館發給華盛頓的機密電報，這似乎才是該決策的真正目的。[35]

二〇一七年六月二十二日，聯合國大會以九十四票贊成、十五票反對（六十五票棄權）的結果決議，針對英國在一九六五年將查哥斯列嶼從模里西斯分離之舉，於法理上是否符合去殖民化程序，要求海牙國際法院對此提出「諮詢意見」。[36]因為美軍在一九六六年與英國簽署的租約期效為五十年，亦即在二〇一六年到期，因此英國在二〇一六年十一月決定讓美國延長二十年租約，而逐出的島民也將在十年間另外獲得四千萬英鎊的賠償，但不會有返回島上的權利。[37]

因此，查哥斯人雖然是世界上極小的一個族群，卻成為一項重大國際議題，牽涉其中者包含英國法院、聯合國、歐洲人權法院及常設仲裁法院。巴柏在一九六〇年代提出戰略島嶼概念時，可能沒想過會有今日的局面。當初查哥斯人被趕出島嶼後，誰也料想不到他們會持續以各種方式爭取自己的權利。

美國國安律師馬克．羅森（Mark E. Rosen）在聯合國請願後寫下：「孤立來看，這些問題可以解決；但放在模里西斯領土潛在野心的更大脈絡中，顯然美國與英國在處理查哥斯人流離失所與模里西斯渴望經濟發展的議題上，將必須付出加倍努力。由於美國在這場主權之爭的損失較大，因此若能試著協助產出解決方案，讓自己處於議題的正方，這將會很有幫助。因為迪亞哥．賈西亞島是難以取代的資產。」[38] 隨著中國在吉布地建立軍事基地，其商船、海軍艦艇甚至潛艇成了印度洋常見景象，很難想像美國會放棄迪亞哥．賈西亞島，因為這是它至今在整個區域中最重要的軍事基地。

這問題也讓印度陷入兩難。就如莫迪總理在二〇一七年所指出，印度與模里西斯是世上最強而有力的夥伴關係。由於歷史牽繫，兩國關係一向親密，印度在查哥斯議題上始終支持模里西斯；但它也希望美國留在印度洋，好對抗中國在印度洋持續增加的影響力。因此當二〇一八年九月國際法院討論此事時，印度不得不說：「歷史事實與相關的法律觀點證明，查哥斯列嶼的主權一直並持續屬於模里西斯。」[39]

對印度來說，要平衡印度洋區域內的利益衝突並不容易。二〇一六年，中國提供模里西斯價值七億三千萬美元的補助與無息貸款，用來建設新機場航廈、一座奧運等級的多功能運動場館與游泳池，以及其他計畫，進一步激化印度對中國滲透模里西斯的恐懼。中國與模里西斯也簽訂了備忘錄，就建立模中聯合自由貿易協定以提升投資與雙邊貿易一事，進行可行性研究。同時，正如澳洲未來方向國際研究機構（Future Directions InternationalInstitute）的蘿拉．法托維奇（Laura Fatovich）在二〇一七年六月所寫：「模里西斯與印度之間雖有高度文化關聯，新德里仍無法認為本身優勢能長久贏過北京。然而，印度深化對模里西斯的關係，可視為其中國平衡戰略，以及成為自主全球強國的長期目標延伸。」[40]

模里西斯在一九七〇年代開始多元發展經濟，一開始先設立加工出口區，接著是大規模擴張觀光旅遊業。加工出口區的稅務減免與其他誘因，例如在美國與歐洲紡織品配額中的漏洞，吸引主要來自香港的投資。紡織品及其他輕工業產品成為主要的出口項目，協助模里西斯擺脫傳統對糖的依賴。香港企業家跟路易港中國城的當地華人也建立起基本的人際往來，那裡許多人都能講相同的粵語。

觀光旅遊業也蓬勃發展，並且從一開始就鎖定市場的高階客層。豪華旅館（而非廉價民宿）成為典型。模里西斯的偏遠位置也讓背包客及其他自助旅客止步。要抵達模里西斯，必須經過長途飛行，而這表示價格不菲。一九七〇年有兩萬七千六百五十名旅客造訪模里西斯，今日這數字已成長為每年超過百萬。[41]從一開始只有從南非與澳洲起飛的有限航班，到今日擴張為包含歐洲、北美洲、中東、南亞與東南亞長途飛行的世界網絡。

接在紡織品工業與觀光旅遊業後，則是銀行、保險公司與信託基金。以印度為模範，在島嶼中央高原的居爾皮普（Curepipe），資訊科技產業的現代商業中心紛紛湧現。不只如此，居爾皮普還擁有數座紡織品工廠、一座南非鑽石加工廠，以及數間珠寶產業與購物中心。以首任總理西烏撒古爾爵士命名的機場，也擴大成為區域中心。

最直接的發展模範是新加坡，它是另一個跟模里西斯一樣有高度教育且族群多元的島嶼共和國，而且也都缺乏自然資源。但模里西斯主要的長期發展策略，是專注於成為跟亞洲兩大經濟動力（中國與印度）往來的金融中心，同時將自己打造為中印兩國與非洲往來的有利據點。然而問題很明顯：這個印度洋上的小島，是否足以容納兩個亞洲巨人？目前來說，印度仍主導流入模里西斯的投資，但中國銀行在二〇一六年取得執照，於路易港設立分行，據說這裡將是中國在非洲商業行動的「戰略平台」。[42]中國最大的智慧型手機生產商華為，也將擴展其地方版圖。[43]

二〇一八年七月，中國國家主席習近平造訪四個非洲國家：塞內加爾、盧安達、南非與模里西斯，倡議其一帶一路計畫。他帶著兩百多人的代表團抵達模里西斯，與此同時，本地報紙《模里西斯時報》（*Mauritius Times*）寫下：「中國是一些模里西斯社會重要組成分子的先祖發源地……同樣，歷代中國政權都為其在世界諸多區域的僑民感到驕傲。」[44]

模里西斯華人社群對習近平的訪問有多興奮，我們難以評斷，但中國確實打算在此長久發展。印度不再是唯一的主要參與者。習近平訪問期間，模里西斯總理朱格納特表示，中國是「東方世界的可靠合作夥伴」，其國家「尊重一帶一路倡議，因為這代表了經濟全球化與開放世界經濟的發展方向。」[45]

中國最近的計畫，是在路易港市郊建立一座名為「晉非」的智慧城，這座渡假村中提供卡拉OK、賭場與其他形式的娛樂。計畫第一階段總造價達十五億美元。中國在二〇一五年超越印度，成為模里西斯最大的進口國。[46]問題可能不只是銷售智慧型手機與卡拉OK，正如二〇一八年七月二十四日出版的《日經亞洲評論》所言：「中國對模里西斯提議的背後也許有地緣政治動機。往東就是迪亞哥·賈西亞島，這處英屬印度洋領地是美國在印度洋中最大的海軍基地。而法國海軍的留尼旺基地就在模里西斯的西方。」[47]

此一推論並非天馬行空。這也是法國正在強化其印度洋存在與影響力的原因。

第五章 法國人

留尼旺島不只具有法式風情，其本身就是法國。這裡的每個人都是法國公民，這座島嶼也是歐盟的一部分，這裡使用歐元，政府建築上飄揚著法國及歐盟旗幟，汽車車牌上都有代表法國的F字母，人們參與法國選舉。從這座印度洋島嶼前往巴黎九個小時的航班，被視為國內航班。留尼旺就像本土的其他地方，是法國的一省（département）。島嶼首府聖丹尼（Saint-Denis）擁有咖啡廳、酒館、烘焙坊與雄偉的市政廳。

只有居民或許跟歐陸法國（或是當地人所稱「法國本土」〔Métropole〕）的大多數人有些不同。除了法語外，他們也講混合法語及其他語言的克里奧語。留尼旺島上將近百萬的人口中，有歐洲、印度、非洲、華人、越南與阿拉伯等族裔。由於許多人都是混血，因此幾乎無法依照族群出身劃分人口。但大致來說，四分之一由歐洲人組成，另外四分之一則包含了印度人，百分之二為華裔或越南裔，其他則是非洲裔或混合其他族裔的非洲裔。

法國與其他前歐洲殖民國家不同，一直以來盡其所能保留海外資產，做法通常是將這些地方轉成法國的一部分。這過程早在一九四〇年代就已展開，留尼旺、法屬圭亞那（French Guiana）、馬汀尼克（Martinique）與瓜達露普（Guadeloupe）被轉成海外省分（départements d'outre-mer）。太平洋的法屬波里尼西亞群島（French Polynesia）與瓦利斯和富圖那島（Wallis & Futuna）、加拿大東岸外海的聖皮埃與密克隆島（Saint-Pierre & Miquelon），以及加勒比海小島聖巴瑟米（Saint-Barthélemy）和聖馬丁（Saint-Martin，此島與荷蘭共治），則有其他歸屬。

此外還有幅員七千兩百一十五平方公里的凱爾蓋朗島，面積是留尼旺島（兩千五百一十一平方公里）的三倍大。此島聯合克羅澤群島、聖保羅與阿姆斯特丹群島，以及馬達加斯加附近的四散小島，組成一塊法國海外領地，但是其地位與留尼旺及馬約特島不同。這塊領地被稱為法屬南部與南極領地（Terres australes et antarctiques françaises），除了一兩百名輪調科學家與軍隊人員外，並無人居住。多數人駐守在凱爾蓋朗島，但部分島嶼上也駐有小批科學家與士兵。法屬南部與南極領地加上留尼旺及馬約特島，為法國提供兩百五十萬平方公里的廣大印度洋專屬經濟區。因此，即使此地與歐洲相距甚遠，法國仍是重要的印度洋區域強國。

法國統治從未脫離軍事存在，而這些法屬印度洋島嶼也無一例外。在整個印度洋區域中，法國維持四千五百名士兵與其他軍事人員的員額。一千九百名正規軍駐守留尼旺與法屬南部與南極領地，馬約特島上有一支法國外籍軍團支隊；另外一千三百五十名士兵則派駐吉布地，七百名在阿拉伯聯合大公國。[1]擁有海軍與空軍基地的留尼旺島，是法國在這區域內最重要的立足之地，此外也不能忽略神祕的凱爾蓋朗島。從一九九二年起，法國國家太空研究中心（Centre National d'Études Spatiales）在法國港（Port-aux-Français）附近維持一座衛星與火箭追蹤站，該港是這南印度洋崎嶇荒涼島嶼上的唯一聚落。

一九九〇年伊拉克入侵科威特，法國海軍也加入一九九一年的波斯灣戰爭。根據法屬玻里尼西亞駐軍總司令暨海軍中將菲利普．于威特（Philippe Euverte）的訪問，凱爾蓋朗島在一九九五年時曾做為行動的後勤基地，用來存放軍隊物資。考慮到此島的位置，同時並無當地或永久人口，確實相當適合。[2]

有人認為法國的國家尊嚴是一種傲慢，因為它曾是世界強權，並且仍期待保持其地位，而這必須付出代價。留尼旺島的生活水準並不比法國本土低多少；但除了甘蔗與菸草加工廠外，幾乎沒有什麼當地產業。多數消費商品甚至食物，都必須仰賴進口，而價格則受到法國政府高度補貼。百分之三十至四十的勞動力沒有工作——年輕族群甚至高達百分之六十，因此仰賴失業津貼。島上壯觀的陡峭山脈高達海拔三千公尺以上，擁有活火山與休火山，觀光旅遊業卻不比模里西斯發達。

留尼旺島海灘數量不多，不過多數海岸線屬於岩岸，近年來還有數起相當知名的致命鯊魚攻擊事件，例如在二〇一五年，一名十三歲當地衝浪者遭到攻擊，導致外國遊客卻步。二〇〇七年四月，島上一座火山爆發，多噸岩漿由火山口傾瀉，完全毀滅數個海岸社區。與模里西斯不同，留尼旺由於沒有平原，所以多數住在聖丹尼及幾個海岸邊的較小城鎮，只有幾條狹窄道路沿著溪谷向上，前往島內山區的部分鄉鎮村莊。

不過與模里西斯相同的是，當最早的歐洲人在十六世紀初抵達此地時，留尼旺並無人居住。雖然阿拉伯商人熟悉這座島嶼，可能也曾在往來馬達加斯加與今日印尼的島嶼之間，停留於此補充飲水與食物。留尼旺的「發現」仍歸功於佩德羅・馬斯卡倫哈斯先生（Dom Pedro Mascarenhas）。據傳他是在一五一四年左右抵達留尼旺島。模里西斯、羅德里哥、留尼旺與其他南印度洋的小島都以他為名，合稱馬斯卡倫哈斯群島，而他本人則稱今日的留尼旺為聖阿波隆尼亞島（Santa Apólonia），典故是來自一位羅馬天主教聖人。

然而，葡萄牙人除了為島命名並納入航海圖外，並沒有太多其他舉動。接著上門的是法國人，而他們留了下來。法國在一六四二年宣稱擁有此島；一六四六年，十幾名法軍反叛者從馬達加斯加被送至聖阿波隆尼亞島屯墾。雖然幾年後又被送回法國，但這些人可被視為聖阿波隆尼亞島的第一批居民。

一六四九年，聖阿波隆尼亞島依照當時統治法國的王室之名，改名為波旁島（Île Bourbon），並且被指定為法國殖民地。法屬東印度公司將屯墾者帶到此島，大多是法國咖啡園主及做為勞動主力的非洲奴隸，但人數並不多。一七一三年，波旁島上僅有五百三十八名自由人（多數是白人）與六百三十三名奴隸，在此生產咖啡以供外銷。[3]總督伯特朗─法蘭索瓦．瑪黑．德．拉伯東奈（Bertrand-François Mahé de la Bourdonnais）主要視其屬地為法國重建印度帝國的基地，用以對抗英國，也就是取代葡萄牙與法國成為亞洲與世界其他地區的殖民強權。

法國從未成功奪回所失去的印度土地，卻保留位於印度次大陸東西兩岸的不少飛地，以及波旁島與法蘭西島（即今日的模里西斯）。這些島嶼成為莊園殖民地而非征服基地。在十八世紀末的咖啡經濟危機後，莊園主開始栽種肉豆蔻、丁香、樹薯及棉花。但當地居民仍舊貧困，到了一八三〇年代，甚至有三分之一的白人生活在貧困中。這裡少數發展起來的人成了新精英，就跟在西印度群島的法國殖民地一樣，他們被稱為「貝凱」（Béké）①，

① 譯者注：出自中美洲安地列斯群島克里奧混合語，意指早期歐洲人（特別是定居在法屬安地列斯群島的法國人）的後代。語源之一認為 Béké 一詞來自法語 blanc des quais（碼頭白人），意指控制港口的白人殖民者與商人；而在安地列斯群島克里奧混合語中還有一詞 Blan Kréyol（混血白人），意指在安地列斯群島出生的白人，採行克里奧人生活。還有一種理論則是 Blan Kréyol 的縮寫 B K，發音為 Béké。

宰制了非洲人與混血後裔。

雖然有時法國大革命看似前後不一致，卻對波旁島跟法蘭西島產生了深遠影響。一七九三年，在巴黎的革命議會一紙命令下，波旁島被改名為留尼旺島。波旁王室已遭罷黜，因此舊名字不再合適；而新名字意指馬賽革命者與巴黎國民衛隊的結合。之後隨著拿破崙崛起掌權，這座島在一八〇一年又獲得另一個名字：波拿巴島（Île Bonaparte）。

但實際上，這座島遠離法國大革命後吞沒整個國家的動亂。中央權威的崩解，表示精英獲得更多島嶼事務的掌控權，而他們做的第一個決定，就是反對法國本土革命分子已執行的廢奴決定。巴黎派出兩名軍官，帶著兩千人軍隊到波拿巴島強制執行禁令，卻遭到貝凱的強烈反抗，結果無功而返。

不過正如前所見，英國趁勢而起，在一八一〇年入侵波拿巴島及法蘭西島，後來留下了法蘭西島與塞席爾群島（亦被英國占領），波拿巴島則被還給法國。這座島的名字再度變成波旁島。到了一八四八年，新革命再起，終結了王室復辟，又將該島改為目前使用的留尼旺島，從那之後就沒再改變。

法國恢復統治留尼旺的同時，剛好失去了海地及其他產糖殖民地，這實際上拯救了留尼旺的經濟。其蔗糖產量從一八一五年的二十一噸，成長為一八六〇年的七萬三千噸。人口亦隨之擴張，從一七七八年的三萬六千人，增加為一八四八年的十一萬人；奴隸是從馬達加斯加與非洲本土進口。莊園的工作條件非常艱苦，但有些奴隸設法逃脫到崎嶇的島嶼內陸地區，其部分後裔仍舊住在西勞（Cilaos）、薩拉奇（Salaziee）與馬法特（Mafat）。即使到了今日，仍只能靠著蜿蜒穿越溪谷與隧道的道路，通往小鎮所在的開闊空間，那是一座由死火山形成的超大火山口。

在一八四八年最終廢奴的前幾年，貝凱們蓬勃發展。從一七三八年開始成為首府的聖丹尼，這座現代城市擁有雄偉建築、公園、倉庫，以及島上出口蔗糖的一個港口。然而，留尼旺跟模里西斯一樣，解放奴隸就表示必須找到別的勞動力，才能維持經濟榮景；而其解決方法也跟模里西斯一樣，就是從亞洲進口工人。一八四八年後的十五年中，有六萬八千名勞工抵達留尼旺，其中多數是印度人，但也有不少是來自中國。多數印度人是從法國仍留著的印度殖民地招募，包含位於東側科羅曼多海岸的朋迪治里（Pondicherry，現為Puducherry）、卡來卡（Karikal，現為Karaikal）及亞南（Yanaon，現為Yanam）；西側馬拉巴海岸上的瑪黑；加爾各答以北胡格利河（Hooghly River）畔的金德訥格爾（Chandernagore，現為Chandannagar）。

除了金德訥格爾之外，其他飛地都在南印度，因此十九世紀來到留尼旺的印度人，跟主導模里西斯勞動力的波吉普爾印地語族群不同。留尼旺的印度人多數是泰米爾人，部分來自其他印度族群。蔗糖產業蓬勃發展，留尼旺也是法國前往印度支那海路航程的重要中繼站。

危機接踵而至。廢奴後僅僅十年，疾病就摧毀了島上的蔗糖莊園，還有瘧疾與霍亂肆虐。一八六〇年代中期，糖價大幅下跌更是雪上加霜，隨後則是一八六九年開通的蘇伊士運河。即使留尼旺引進其他作物，例如香草與依蘭，仍逃不過成為印度洋被遺忘殖民地的命運，靠著生產蔗糖與蘭姆酒得過且過。

在二戰爆發及德國入侵法國前，留尼旺並沒有太大的改變。一開始它是由法國維希政權（Vichy）統治，但在一九四二年十一月，戴高樂的自由法國軍搭乘軍艦「利奧帕號」（Léopard）前來奪下此島。直到戰爭結束為止，這偏遠的印度洋前哨站仍是自由法國的一部分。

二戰結束後，法國決定重新組織自己的殖民地，將它們團結於一個全球法語聯盟之下。但殖民地的待遇各不相同。最老的殖民地如留尼旺、法屬圭亞那、馬汀尼克與瓜達露普，在一九四六年成了法國海外省。這些領地從十七世紀開始就屬於法國，幾乎沒有原住民，根本微不足道，因此都沒有重大的獨立運動。這裡的人成了「海外的法國人」，理論上與法國本土公民並沒有不同。

其他非洲與亞洲的法國領地人民，理論上應該也是共和國公民，但他們並沒有相等的權利，也幾乎不認為自己是法國人。這些人要求在不受巴黎干涉的情況下自治。法屬印度支那在一九五三與一九五四年，成為獨立國家寮國、柬埔寨，以及南越與北越。此外，法國也沒理由繼續保有在印度的飛地，於是在一九五一年放棄金德訥格爾，另外四個殖民地則在一九五四年納入印度。金德訥格爾成為西孟加拉邦的一部分，其他四個地方於一九六二年組成一處聯邦領地，將法語與泰米爾語、馬來亞拉姆語（Malayalam）及泰盧固語並列為官方語言，同時警察仍戴著法式風格的圓扁帽（kepis）。

法國的非洲殖民地在一九六〇年獨立，但雙方仍保持緊密連結。但有一些例外，一個是幾內亞，它走出自己的路線，並於一九五八年跟法國切斷所有關係；另一個是一九七七年才獨立的吉布地。但在印度洋上，留尼旺及法屬南部與南極領地依舊屬於法國，在可預見的未來應該也不會改變。

留尼旺島上不同族裔群體間或許相對和諧，但與法國本土的關係卻不總像官方歷史所記載的那般平順。有一千六百一十五名來自留尼旺貧困家庭的孩童，一九六三至一九八二年間被迫遷往法國本土鄉間，這黑暗故事持續縈繞著留尼旺島與法國本土當局。許多孩子遠離印度洋島嶼，到了新家卻遭到虐待與歧視。當時政府的想法是留尼旺島人口太多，島上的孩子能協助補充法國鄉間流失的人口。在二〇〇二年尚—雅克・馬歇爾（Jean-Jaques Martial）對法國政府提起「綁架與強迫遣送未成年人」的訴訟前，這些孩子的命運幾乎無人知曉。[4]但法國法院並未受理這訴訟；二〇一一年，歐洲人權法院也沒受理此案。

此外還有暴動。第一場嚴重暴動爆發於一九九一年，起因是一個從一九八六年開始非法播送的熱門電視頻道被關台。二〇一二年二月，留尼旺又爆發另一輪長達三天的暴動，原因則是生活費用高漲；由於留尼旺大多數家庭的某些成員都有仰賴社會救助，所以這是個嚴重問題。[5]不過跟某些巴黎郊區的情況相比，留尼旺島上的族群與種族問題相對輕微。

就連留尼旺島上最極端的政治人物，也沒有要求從法國完全獨立。一九五九年，島上成立自己的共產黨，即留尼旺共產黨（Parti Communiste Réunionnais），但該黨也只要求更多自主權，而非建立獨立的留尼旺共和國。這政黨是由島上最多采多姿的一位政治人物保羅・維傑（Paul Vergès）所創立及領導，而他是更惡名昭彰的律師雅克・維傑（Jacques Vergès）的雙胞胎兄弟。他們在一九二五年生於泰國，但在留尼旺長大，父親是法國外交官，母親則是越南人。二戰期間，還是青少年的雅克前往歐洲，加入對德反抗軍；而兄弟兩人在一九四五年都加入了法國共產黨。

一九五〇年代，雅克在巴黎結交了波普（Pol Pot）及後來成為柬埔寨國內游擊隊的其他基進派分子，而他們在一九七五年成為統治者後，對自己的人民發動大規模屠殺。雅克開始參與許多左翼運動，包含支持阿爾及利亞的反法獨立武裝運動。身為律師，他後來為納粹戰犯克勞斯・巴比（Klaus Barbie）、黎巴嫩恐怖分子喬治・易卜拉欣・阿布杜拉（Georges Ibrahim Abdallah）辯護；二〇〇八年，當柬埔寨紅高棉領袖之一喬森潘（Khieu

Samphan）面臨聯合國支持的審判時，他亦擔任其辯護律師。

雅克生命中有許多謎團，其中一個是於一九七〇年從公眾眼前消失，沒人知道這名狡詐的律師行蹤。接著在一九七八年，他又出現在世人面前。有謠言傳說他加入紅高棉陣營，但該組織領袖否認此事。其他故事則是他加入巴勒斯坦武裝分子，躲在黎巴嫩或中東某處。當他在二〇一三年去世時，也將那些「消失年代」的故事一起帶進棺材。

他的兄弟保羅則繼續在留尼旺領導當地的共產黨。一九九六年，他當選了法國國會議員；二〇一一年再度當選。他一度也是歐洲議會議員。這位年老的煽動者暨社會運動者比他的兄弟多活三年，在二〇一六年以九十一歲高齡去世。隨著維傑兄弟逝世，留尼旺再沒有其他類似的爭議人物。

凱爾蓋朗島則不大可能產生這類政治人物，該島居民顯然都是跟太空物理、天文、地質、生物與動物學有關的人。不過此島也發生過一些外界不得而知的事，但在一九八六年十月顯露出來。當時法國海軍讓一艘澳洲拖網漁船「南方入侵者號」（Southern Raider）沉沒。跟前一年綠色和平組織的「彩虹戰士號」（Rainbow Warrior）在紐西蘭奧克蘭港口被破壞相比，這事件並沒有吸引那麼多注意力。不過兩起事故都讓區域意識到法國的冷酷無情。同時，高調轟炸「彩虹戰士號」與鮮為人知地沉沒「南方入侵者號」有類似之處。為了抗議預計在法屬波里尼西亞的穆魯羅瓦島（Moruroa）舉行的核子試爆，「彩虹戰士號」

在前往該島途中，遭到法國對外安全總局的攻擊。「南方入侵者號」則是因為太靠近凱爾蓋朗島而沉沒。[6]

「南方入侵者號」船長約翰・查德頓（John Chadderton）後來接受訪問時表示：「他們指控我們在法國水域非法捕魚，卻不斷質問我們是否進行間諜任務，而非捕魚。」[7]他跟大副亞利斯泰・阿南戴爾（Alistair Annandale）被扣押在留尼旺島接受訊問，三個月後才獲釋。

當時各界廣泛猜測，法國計畫將其核子試爆地點與核子武器，從法屬波里尼西亞移出來，當地強大的群眾運動不只要求終止核子試爆，還希望能脫離法國獨立。凱爾蓋朗島當然沒有這些麻煩的當地居民，就是座充滿冰河、岩石與山脈的島嶼，最高峰羅斯峰（Mount Ross）在海平面上二千八百五十英尺。此島自然是地下儲藏設備的理想地點，而且如果法國希望，它也是適合核子試爆的地點。或者就如一名科學家所言：「列島地質提供令人欣羨的地底爆炸地點。」[8]

首度提出在凱爾蓋朗島進行核子試爆的想法，是在阿爾及利亞戰爭結束、殖民地於一九六二年取得獨立之時，當時法國必須放棄在撒哈拉沙漠的測試地點。戴高樂總統喜歡這想法，但軍隊有不同意見，比較傾向太平洋的穆魯羅瓦與方阿陶法（Fangataufa）環礁湖。主要考量是因為當時所有核子試爆都是在大氣中進行。凱爾蓋朗島是地球上風勢最強的一個地方，風朝著東北方直直吹向澳洲。最終，該島並未進行任何核子試爆，一九六〇年代時沒有，一九八六年法國最後一次在法屬波里尼西亞試爆後也沒有。

然而從一九六八至一九八一年間，凱爾蓋朗島設有衛星火箭追蹤站；島上的法國港東側也設有火箭發射站，因此這座偏遠島嶼的戰略重要性並非全然隱密。凱爾蓋朗島山中藏著什麼，仍舊不為人知。該島由於風勢強勁而沒有機場，唯一與外界的連結，是透過留尼旺島來的船班。法屬南部與南極領地的行政長官領有省長（préfet）職銜，也以留尼旺為基地，但不是駐紮在聖丹尼，而是較小的聖皮耶鎮（Saint-Pierre）。

阿姆斯特丹島與聖保羅島是構成法屬南部與南極領地的五個區域之一，比凱爾蓋朗島小了許多。它們及克羅采群島都設有研究站，後者是法屬南部與南極領地的另一個區域。這些島嶼就跟凱爾蓋朗島一樣岩石嶙峋、不宜人居，卻又極具重要性，足以使法國保持在島上的存在感，並維持類似法國海外省的某種行政管理。一七七二年，在馬克—約瑟夫．瑪希永．杜弗海森（Marc-Joseph Marion du Fresne）發現克羅采群島後，法國隨即宣布所有權。阿姆斯特丹島早在一五二二年就被西班牙探險家發現，聖保羅島則是一五五九年由葡萄牙人發現。但他們可能認為這些島沒什麼用，直到一八四三年法國才宣布所有權。

凱爾蓋朗島最早是在一七七二年二月，由法國航海家伊弗—約瑟夫．德．凱爾蓋朗—特瑪海克（Yves-Joseph de Kerguelen-Trémarec）首先發現。法國王室雖然宣稱擁有該島，卻未採取其他動作。島上沒有任何屯墾區，一直維持完全無人居住的狀態。一七七六年，詹姆士・庫克（James Cook）船長在跨越印度洋的航程曾造訪該島；英國、美國與挪威的部分捕鯨人與捕海豹人也到過此島。英國與德國的探險隊也曾到過凱爾蓋朗島，以及外圍較小的島。然而除了在一八七〇年代失敗的煤礦開採外，法國對這處南印度洋的領地不太在意，只是宣稱所有權。

到了一八九三年，法國才正式合併凱爾蓋朗島、克羅采群島、阿姆斯特丹島與聖保羅島；一九二四年它們才被列為法國憲法中的國土。

法國曾做過許多利用凱爾蓋朗島的嘗試，例如將羊隻引進該島，但沒有牧人願意定居此地。這裡並未成為法國版的福克蘭群島（Falkland Islands），不像英國羊農成功建立起小而繁榮的社群。一度有人提議以凱爾蓋朗島做為監獄，類似某種南極版的小西伯利亞。但島上無法生產足以供應犯人及典獄人員的糧食，什麼都種不出來，唯一可食用的資源是凱爾蓋朗島包心菜，而這種含鉀量高的植物，在捕鯨人缺乏補給時就成了主要食材。

一艘德國船隻在一九四〇年登陸凱爾蓋朗島，發現此地杳無人跡，他們停泊了一陣子，補給淡水後就繼續出航。直到二戰後，法國才發現德國人曾到過這座島。最後，凱爾蓋朗島的用途終於被發現：在一九五〇年成為「科學基地」；一九五五年成立法屬南部與南極領地，一開始是放在馬達加斯加與附屬區域的行政範疇下。在一九六〇年馬達加斯加獨立後，則改由留尼旺管理。

然而談到保持法國存在感、動員軍事能見度，以及合理化專屬經濟海域所有權上，另一串同屬法國的更小印度洋島嶼則較引人注目，它們被稱為「法屬印度洋諸島」（îles éparses de l'océan indien），包含印度洋上的四座珊瑚礁島嶼、一座環礁與一座暗礁。其中兩座珊瑚礁島嶼新胡安島與歐羅巴島、印度礁及蓋瑟暗礁（Banc du Geyser），都位於馬達加斯加與非洲本土的海峽中；另一座島嶼特羅姆蘭島（Tromelin）位於馬達加斯加以東的海洋中，在留尼旺北邊五百公里處；格洛里厄斯群島（Gloriosa Islands）則位於馬達加斯加西北方。模里西斯宣稱擁有特羅姆蘭島；葛摩宣稱擁有格洛里厄斯群島；馬達加斯加則宣稱擁有所有島嶼。

「印度洋諸島」在十八世紀成為法國領地，並且由馬約特島或留尼旺島管理，這也解釋了為何在一九六〇年馬達加斯加獨立後，這些島嶼仍為法國所有。島上沒有任何永久居民，除了印度礁與蓋瑟暗礁外，法國在所有島嶼都維持氣象觀測站，其中部分是採取自動運作。馬達加斯加海峽中的每座島都駐有十四名法國士兵，表明此地屬於法國。這些島嶼的經濟重要性確實有待商榷，但仍協助法國在印度洋上維持兩百五十萬平方公里的專屬經濟海域。

馬達加斯加北方的馬約特島是法國最新的海外屬地，對法國在廣大印度洋上維持權力而言，其重要性不下於留尼旺，以及任何其他法屬南部與南極領地的島嶼。倘若凱爾蓋朗島是崎嶇、荒涼，馬約特島則完全相反。這個由珊瑚礁圍繞的翠綠熱帶島嶼，在地質上屬於葛摩群島的一部分，島上居民有二十五萬六千人，幾乎全都是遜尼派穆斯林，因此成為法國唯一以穆斯林為多數人口的一省，同時也是最貧困的一省。即使如此，馬約特島仍比獨立的葛摩共和國、附近的馬達加斯加，以及非洲大陸上的莫三比克及坦尚尼亞來得富庶，也因此成了主要的非法移民地點。馬約特島的人均國民所得為一萬零五百美元，葛摩群島卻只有一千五百六十六美元。

在一九七五年葛摩成為獨立共和國前，它的其他島嶼原本也屬於法國。葛摩仍舊宣稱擁有馬約特島，但因為歷史及地緣政治的緣故，法國將馬約特和其他島嶼分隔開來。馬約特是葛摩群島中第一個納入法國殖民統治的島嶼。一八四一年，馬達加斯加的統治者安德里安．蘇里（Andrian Souli）將該島割讓給法國，隨後法國立刻在新領土上建立軍事基地。其他島嶼也被納入法國殖民帝國，整個群島在一九一二年成為法國領地，一開始是更大的馬達加斯加殖民地的一省，二戰後曾分隔開來。

對法國來說，貧困的葛摩群島其實毫無價值。殖民地主人引進甘蔗、香草、咖啡與依蘭來提升島上落後的經濟，不過這些島嶼最重要的意義，在於擔任通往印度與東南亞貨運航線的中繼點。其位於非洲外海及西印度洋中的戰略位置，是法國高度重視的資產。

一九六〇年代末至一九七〇年代初期，當獨立呼聲開始興起，法國知道自己不可能保有整片群島，但不願失去如此重要的區域立足之地，因此決定馬約特島必須屬於法國。經濟誘因加上與法國長期接觸的傳統說服了馬約特島民，他們並不想追求獨立。

葛摩四島上都舉行公投，不過票數是分開計算。另外三個島嶼壓倒性支持獨立，只有馬約特反對。獨立定於一九七八年實施，但在一九七五年七月六日，葛摩國會決定宣布自己是個獨立共和國。但馬約特仍舊留在法國境內，法國軍隊的存在也明顯警告新共和國領袖，別想占領這個脫離的島嶼。法國認真捍衛著這座島嶼。

馬約特因此獲得法國政府的大量補助，而葛摩依舊貧困。一九七五年之前，駐守在其他葛摩島嶼的法國外籍軍團支隊也移防馬約特，以此確保這「領土集體」（collectivité territoriale）②的政治穩定，直到二〇一一年轉成省為止。反之，葛摩則經歷一而再、再而三的經濟與政治危機，其中一些無疑是法國的精心策畫。

政變、企圖政變與政治暗殺成為葛摩政治的常見特色；這個由三座島嶼組成的共和國

②譯者注：法國一種受到公法約束的法人，由單一議會於所在領土上行使相當於大區與省的權力。除了馬約特之外，科西嘉島、法屬圭亞那與馬汀尼克也屬於領土集體。亞爾薩斯也將於二〇二一年成為亞爾薩斯歐洲集體。

有七十九萬五千位居民。其中一個重要角色是非洲最惡名昭彰的一位傭兵，也就是羅伯特・「鮑伯」・德納爾（Robert 'Bob' Denard）。一九五〇年代，這位強硬反共的法國人在摩洛哥擔任殖民地警察，接著對抗阿爾及利亞的獨立運動。後來他參與剛果內戰，加入分離的卡坦加共和國（Katanga）；在安哥拉對抗支持共產黨的軍隊；在奈及利亞加入比亞法拉（Biafra）分離主義者；亦出現在成為辛巴威之前的羅德西亞（Rhodesia）。他出生時為羅馬天主教徒，先是改宗猶太教，後來轉向伊斯蘭，最終又回到天主教。他一生至少有某段時期是為法國情報機構服務。

德納爾首次干預葛摩是在一九七五年八月三日，當時首任總統阿赫麥德・阿布杜拉（Ahmed Abdallah）宣布獨立二十八天後，就因政變被驅逐下台。新任總統阿里・索利（Ali Soilih）是個左派，因此並非舊殖民勢力的朋友。法國在一九七五年十二月三十一日承認葛摩獨立，但一切現有關係（包含占國家總預算百分之四十的援助計畫）全都暫停。[9]

法國停止援助後，葛摩國內財庫枯竭，政府付不出薪水，被迫資遣三千五百名公務員。但索利的新盟友坦尚尼亞與北韓提供了部分有限的援助。由於不當的經濟管理加上糧食嚴重匱乏，人民開始轉而反對索利。因此在一九七八年五月十二日，當德納爾帶著四十三名以法國傭兵為主的武力抵達葛摩時，並未遭到太多抵抗。索利遭到罷黜，並於德納爾政變兩週後遭到殺害，官方說法是他「嘗試脫逃」。[10]

流亡巴黎的阿赫麥德・阿布杜拉返回國內，並且重新就任總統。在一九七八至一九八九年的十一年裡，德納爾領導阿布杜拉的五百多人總統衛隊。這段期間，德納爾改宗伊斯蘭，娶了好幾個妻子，並改名為薩伊德・穆斯塔法・馬赫朱伯（Said Mustapha Mahdjoub）。葛摩為法國提供一處基地，使其避開國際對南非種族隔離的經濟制裁，兩國關係因此獲得改善。德納爾因收購旅館及其他地產而致富；究竟他跟總統誰才是國家真正的統治者，有時很難說得清。

隨著阿布杜拉與德納爾的政權愈趨壓迫，反對勢力也隨之增長。一九八二年二月，葛摩成了單一政黨國家，兩年後的總統大選只有阿布杜拉參選，並且贏得超過百分之九十九的選票。面對已形同獨裁者的政權，反對的抗爭者遭到毆打，並被德納爾率領的總統衛隊逮捕。大多數衛隊成員都是本地葛摩人，但負責統領的約三十名法國與比利時傭兵，則是德納爾在非洲內戰歲月的戰友。這支軍隊普遍被認為是由南非每年提供三百萬美元資助而維持。[11]

但經濟並未改善，葛摩群島的情況跟索利統治時一樣：貧困、低度開發，以及仰賴無法預測且價值遞減的作物出口所得。[12]一九八九年十一月底，當國家準備迎來新一輪選舉時，阿布杜拉在官邸睡夢中遭到射殺。謀殺罪名落在一名心生不滿的軍官身上，但後續證據指出德納爾才是凶手。因為阿布杜拉僱用的另一名法國軍事顧問建議，總統衛隊應納入正規軍中。當阿布杜拉因害怕政變而命令總統衛隊解除武裝時，情勢一片混亂。

動亂那幾天的事實真相從未釐清，但在十一月二十九日，德納爾與總統衛隊在政變中奪得絕對權力。不過就連他在法國與南非的老朋友，也無法忍受此舉。兩國切斷所有援助，決定要孤立德納爾。當德納爾的人馬暴力攻擊約一千名學生與工人發動的示威抗爭時，公務員也開始罷工。德納爾最終不得不離開葛摩，他帶著十幾個人飛到南非，然後在普利托利亞（Pretoria）遭到軟禁。

直到一九九三年二月獲准返回法國前，德納爾一直待在南非。回到法國的他遭到逮捕與審判，但免除了與阿布杜拉之死有關的責任。阿布杜拉的家人顯然已被說服放棄指控德納爾，所以他因證據不足而無罪開釋。

回到葛摩，政變一波接一波發生。在法國免除司法問題的德納爾，決定利用混亂局勢。一九九五年九月二十七日夜裡，他帶著三十三人搭乘硬殼充氣船，發動另一場政變，而這次完全是為了他自己。當時法國跟葛摩簽下新的防衛協定，因此派遠征軍捕捉德納爾及其傭兵。他在一槍未發的情況下投降，並且被帶回法國。

德納爾在巴黎監獄待了十個月，接著必須面對好幾起訴訟。其中一件是他試圖招募極左派義大利傭兵，推翻宣稱反對德納爾返國的葛摩總統。另一起訴訟則與一九九五年的政變未遂有關。法律程序耗時經年，直到二〇〇六年六月，德納爾才因「屬於密謀犯罪集團」被判五年緩刑，但他因為罹患阿茲海默症而未能出席公聽會。[13]二〇〇七年十月十三日，德納爾死於法國。

現在葛摩已從政變與傭兵的年代中復原，但與法國的關係仍舊緊張。葛摩從未放棄宣稱擁有馬約特島；法國也持續透過大量經濟補貼，並在二〇一一年將馬約特島轉成完全省分，強化自己對這座島嶼的掌控。

此外，葛摩也找到另一個新的、看似更可靠的盟友：中國。二〇一四年十一月，葛摩副總統暨衛生部長福阿德·馬吉（Fouad Mhadji）告訴來訪的美國哥倫比亞電視台團隊，「法國人在此兩百年。他們建設了什麼？留下些什麼？」[14]雖然「法國在此兩百年」這點是錯的，但他對前殖民強權的憤怒無庸置疑。葛摩電視台台長穆罕默德·索里（Mohamed Soilih）同樣厭恨法國在該國歷史所扮演的角色，「（獨立）之後四十年，中國已成為首要夥伴。以前是法國，現在則是中國。」[15]

中國資助了新運動場及新機場的建設工程，還蓋了新的發電廠、診所、學校及清真寺。一群群葛摩士兵被帶到中國，進行軍事訓練及中文密集課程。二〇一五年十二月，在南非約翰尼斯堡的中非高峰會期間，中國國家主席習近平遇見葛摩總統伊基利盧·杜瓦尼納（Ikililou Dhoinine）。杜瓦尼納感謝中國的協助，表示葛摩「願意在一帶一路架構下，參與中國的公共工程合作。」[16]

就跟先前的法國一樣，中國也發現這些貧困小島的戰略價值。儘管在會議中與葛摩領袖交換場面話，但其焦點放在非洲東海岸外更大也更重要的獎盃：馬達加斯加。這座一度是法國殖民地的島嶼，幅員廣達五十八萬七千零四十一平方公里，略大於法國本土，而且它富含資源，不像其他印度洋小島國。馬達加斯加擁有世界上最大的鈦鐵礦儲量，而鉻鐵礦、煤炭、鐵、鈷、銅、鎳、藍寶石、翡翠與紅寶石的儲量也很驚人。[17]馬達加斯加石油公司（Madagascar Oil Ltd）是美國公司，從二〇一〇年起就在奇米洛洛（Tsimiroro）的外海油田開採重油。該地可採量估計達九億六千五百萬桶原油。[18]

馬達加斯加也富含農業資源，漁業及林業則是其他重要的經濟產業，這裡是世上最主要的香草、丁香與依蘭的供應地。高地上有咖啡園及果園，即使森林砍伐造成重大問題，低地叢林中仍有多種硬木。島嶼四周水域充滿魚蝦。

馬達加斯加的兩千五百萬人口，有百分之七十先祖來自非洲，剩下百分之三十的族裔起源可追溯至東南亞，據信是在西元七、八世紀時，由今日印尼列島移民至此者的後代。許多世紀以來，兩種文化與族裔並未完全融合，而是發展成今日所謂「馬拉加西」（Malagasy）族群與別具特色的文化。馬拉加西族群的崛起，也可能是一系列不同人種長期遷徙的結果。根據這版本的歷史，印尼群島的移民首先抵達，最終定居在島嶼的中央高地上，並且建立了類似東南亞的稻米梯田。

接續東南亞移民而來的，是非洲本土的人，他們可能是「正常」移民或奴隸，多數後代主要住在海岸地區，但不限於此。十一世紀時，來自南印度的泰米爾移民也來到島上，同時帶來了長角瘤牛，今日在高地上仍可看見。這些不同種族的人設法共居，甚至混雜，最後形成了國家。如今島上雖然有獨特的馬拉加西文化，十八至二十個族群各有其領域，在語言上卻驚人的一致。[19]

在前殖民時代，亦即法國軍隊於十九世紀末抵達前，島上有好幾個王國。但經過一個世紀的毀滅性戰爭與饑荒後，馬達加斯加多數地區都由伊梅里納（Imerina）國王安德里安納姆波音伊梅里納（Andrianampoinimerina）統一；其統治時期為一七八七至一八一〇年。之後他兒子拉達瑪一世（Radama I）繼承王位，最終完成了島嶼的統一，被英國政府承認為馬達加斯加國王。當他於一八二八年去世時，英國已在南非與模里西斯站穩腳跟，而拉達瑪一世也想沿著西方路線進行王國現代化。他成立內閣，鼓勵倫敦傳道會（London Missionary Society）在島上建立學校與教堂。傳教士成功讓將近五十萬人改宗基督教，不少年輕人也被送到英國深造。

傳教士還帶來印刷廠，這使得以羅馬字母拼寫的馬利納（Marina）方言成為官方語言，但此時並不完全是啟蒙時期。地方統治者鎮壓古老小王國的遺殘，並且從非洲本土買入奴隸。正是這段島上歷史的動盪時期，讓法國商人從非洲本土與馬達加斯加購買奴隸，送往位於留尼旺的莊園。

十八世紀末至十九世紀初，馬達加斯加也以海盜天堂聲名狼藉，甚至還流傳了稱為「自由國」（Libertatia）的無政府主義殖民地原型故事，也許早在十七世紀末就已存在。根據傳說，「自由國」是由詹姆士．米森（James Misson）船長領導的海盜統治。這或許只是個傳說，但葡萄牙、阿拉伯、法國與英國貿易商，確實在馬達加斯加附近水域對抗海盜，也因此造成王國中的外國勢力大增。拉達瑪一世的妻子暨繼承人女王拉納瓦隆納一世（Ranavalona I）對此深感厭惡。她在一八二八年即位後，殺害了對手跟改宗基督信仰者。

許多歐洲人逃離馬達加斯加，但少數有商業野心的人留了下來。其中一位是法國工藝師尚．拉博德（Jean Laborde），他在今日首都安塔納納里弗（Antananarivo）附近建立一座農業研究站，還成立一座製造園區，讓當地工人可以生產絲綢、肥皂、槍枝、工具及水泥等各種產品。馬達加斯加有了最早的產業，等女王拉納瓦隆納一世於一八六一年逝世後，這座島嶼繼續展開現代化。女王的繼承人拉達瑪二世跟法國簽訂「永久友好」條約。法國從十七世紀末在島上建立第一個貿易站後，就持續在此經營，但當地貴族對外國影響力的抗拒之心未曾改變。國王在登基兩年後就被暗殺，馬法的友好條約與拉博德公司的執照都遭到撤銷。

拉達瑪二世的繼承人試圖透過聯法制英來控制情勢。在國王萊尼萊阿利逢尼

（Rainilaiarivony）任內，他與兩國都簽訂商業條約，同時廢除一夫多妻制與奴隸制。國王鼓勵教育，甚至本人也改宗基督教。但事實上，殖民強權對控制馬達加斯加的興趣，遠高於將它視為商貿的對等夥伴，而法國首先宣布擁有馬達加斯加。一八九四年，他們宣布根據一八四〇年代簽訂的條約，將全島納入保護國。但馬達加斯加統治者女王拉納瓦隆納三世拒絕承認。對此，法國的回應是派出一支遠征軍前往島上，在一八九五年九月占領安塔納納里弗。隔年，法國宣布馬達加斯加為殖民地，將女王及首相遣送到留尼旺島，後來再送往阿爾及利亞。君主制度告終，法國官員抵達島嶼，接管行政與公共事務。

但馬達加斯加與法國其他非洲殖民地不同。它擁有相對高的識字率，一小群知識分子在歐洲教師的教育下，接觸到西方的自由、平等概念。畢竟馬達加斯加曾經是個國家，而不只是一八八四至一八八五年在柏林會議所畫出來的地理實體，當時歐洲殖民列強在地圖上瓜分了非洲。

一九一三年，一個致力於振興馬拉加西文化的祕密社團成立，結果遭到殖民地當局無情鎮壓，不過這迫使法國給予地方精英在政府裡的首度代表發言權。[20]兩次世界大戰的馬拉加西老兵發起運動，要求法國給予全島人民公民身分，而非追求獨立。因此法國在一九四六年通過新憲法時，馬達加斯加也獲得新地位。它並未像留尼旺一樣成為法國海外省，而是法國聯邦的海外領土（territoire d’outre mer）。島上每個人都獲得完整的法國公民身分。法國殖民主義也帶來廣大的各種新影響，諸如法式教育、司法體系、以法國為典範的公共行政體系，加上基督教的擴張。現在島上的基督宗教則受羅馬天主教庇護。

在這些改變與改革之外，美國學者海倫・查平・梅茲（Helen Chapin Metz）解釋：「馬達加斯加的政治情勢仍舊不穩。經濟與社會問題，包括糧食短缺、黑市醜聞、強迫勞動、新的族群緊張，以及從法國返鄉的士兵，都讓已經不穩的情勢雪上加霜。」[21]許多在法國時就被忽視的退役老兵，因而變得基進，開始要求完全獨立。一九四七年爆發動亂，法國直到軍隊抵達馬達加斯加鎮壓反抗後，才重新掌控局勢。鎮壓行動相當殘暴，馬拉加西一方的死亡人數估計在六至八萬人。二十名動亂領袖遭到處決，五至六千人被送入監獄。

即使在法國的高壓統治下，要求改革的壓力仍持續累積。雖然馬達加斯加已經是正式的海外領土，但法國仍扮演著殖民強權角色。法國在一九五八年通過新憲法，讓馬達加斯加取得法語社群內自治共和國的地位。即使如此，民族主義者仍舊不滿意。公投與選舉在一九五九年四月二十七日舉行，在法國受教育並成為獨立運動者的牧牛人之子菲立貝・奇拉納納（Philibert Tsiranana），宣誓成為共和國的首任總統。馬達加斯加於一九六〇年六月二十六日完全獨立，成為一個主權共和國，法國不得不接受這結果。

奇拉納納擔任共和國總統直到一九七二年，馬達加斯加在這期間享有穩定的政治與經濟成長。他引入所謂「馬拉加西式社會主義」，這是一種結合私有企業、合作社發展與政府干預經濟的社會民主形式。不過在當權之後，他也開始展現獨裁者傾向，一九七一年四月於托利亞拉省（Toliara）爆發的農民起義可以看出這點。動亂的主因是農民認為政府要求了過高的稅收，不顧當地牛群遭疾病襲擊的事實。這場動亂遭到暴力鎮壓，造成數百人死亡，許多人遭到逮捕，並且遣送到馬達加斯加西北外海的最高戒備監獄：諾西拉瓦島（Nosy-Lava）。

接著在一九七二年初，學生走上首都安塔納納里弗的街頭，要求政府結束跟法國之間的文化合作協定，將為法國學校設計的教育內容，改為著重馬拉加西文化的課程。政府再次做出粗暴、嚴厲的回應。數百名學生領袖與運動者被送到諾西拉瓦島的監獄。經濟停滯加劇了奇拉納納的問題，當工人、公務員、學生與農民都開始抗議，並且遭軍隊開火而導致四十人死亡、一百五十人受傷時，就是他該辭職下台的時刻。一九七二年五月十八日，奇拉納納將政權交給軍隊，由曾在法國軍隊服役的保守派軍官賈布里耶·拉瑪南佐（Gabriel Ramanantsoa）將軍領導。

政局很快陷入不穩定，一個又一個危機籠罩著馬達加斯加。拉瑪南佐無力控制局面，於是將權力交給另一名軍官理查·拉奇曼德拉瓦（Richard Ratsimandrava）上校，而他在上任五天後就遭到暗殺。直到一九七五年，馬達加斯加才重現某種秩序。在副總司令迪迪耶·拉奇拉卡（Didier Ratsiraka）的領導下，該國宣布進入「第二共和」。他當選七年一任的總統後，宣布「由上而下推動社會主義革命」的需要，而國名變更為馬達加斯加民主共和國。拉奇拉卡根據《馬拉加西社會主義革命憲章》（*Charter of the Malagasy Socialist Revolution*）所包含的原則，尋求社會的基進改變。這份文件一般被稱為「紅書」，當地語言稱做「Boky Mena」。[22]

基進左派在馬達加斯加並非新鮮事，但如今中央政府將推動明確的社會主義政策，超越奇拉納納對社會民主的保守嘗試。馬達加斯加技術上並未變成一黨專政的社會主義國家，而是由六個政黨組成的捍衛革命國家陣線（Front National pour la Défense de la Révolution）聯盟統治。法國主宰的經濟部門則被名為「經濟去殖民」的政府專案接管。一座美國經營的地球衛星追蹤站遭到關閉。一九七三年，馬達加斯加與蘇聯、中國及北韓建立外交關係後，法國不得不拋下迪亞哥．蘇瓦雷茲（Diego Suarez）軍事基地（此地在獨立後改名為安齊拉納納）。蘇聯成了馬達加斯加軍事設備的主要來源，並且派顧問來到此地；古巴也提供技術援助，但主要是在教育領域。新的拉奇拉卡政權特別佩服北韓，當時北韓領袖金日成發展出一套自立自足的意識型態，稱做「主體思想」（juche）。北韓協助訓練拉奇拉卡的貼身保安小組，並在安塔納納里弗以南十五公里的亞符荷拉（Iavohola）興建總統碉堡。

當奇拉納納於一九七二年下台後，馬達加斯加就與西方盟友漸行漸遠，向東方集團靠攏。如今這過程已然告終。同一時間，塞席爾群島也有類似發展。衣索比亞皇帝海爾・賽拉西（Haile Selassie）在一九七四年失去大權後，國內緊接著建立了軍事共產獨裁政權。這西方列強也逐漸退出印度洋區域的其他部分，諸如南葉門與好幾個阿拉伯及非洲國家。這些發展解釋了英國與美國為何會在迪亞哥・賈西亞島建立軍事基地。法國也相信自己必須留在印度洋區域內。

對馬達加斯加來說，其新社會主義政策最後被證實為一場災難。經濟雪上加霜，中央政府試圖對農業進行管控，結果造成糧食短缺，工業與製造業國有化的錯誤做法更加劇了經濟危機。一九七七年九月，反政府示威抗議震撼了安塔納納里弗，接著是一九七八年的學生暴動。拉奇拉卡別無選擇，只好轉向國際貨幣基金尋求協助，為當時已在破產邊緣的政府紓困，同時引進自由市場改革，結果卻不如預期。接踵而來的是一九八九年柏林圍牆倒塌，隨後東歐社會主義政權快速垮台，蘇聯也在一九九一年解體。

反共產主義浪潮甚至也推進至遙遠的馬達加斯加。一九九一年五月發動全面罷工；同年八月，超過四十萬人遊行到總統府前，要求拉奇拉卡政府總辭。他雖然同意啟動民主化程序，同時卻緊抓著總統權位不放。一九九二年八月通過新憲法，緊接著在十一月進行選舉。第一輪選舉中，做為新政黨馬拉加西社會主義武裝運動（Mouvement Militant pour le Socialisme Malgache）黨魁的拉奇拉卡獲得百分之二十九的選票。同時，反對陣營是由十六個政黨所組成的雨傘團體，在受過法國教育的大學講師阿爾貝・札非（Albert Zafy）領導下，贏得百分之四十六的選票。由於沒有任何政黨或組合贏得超過半數的支持，因此在一九九三年二月舉行第二輪投票。這次札非獲得百分之六十七的選票，贏得壓倒性勝利。因此，馬達加斯加在同年三月二十七日展開第三共和，由札非出任新總統。

擊敗拉奇拉卡政權，重新引進較民主秩序後的樂觀精神，在札非解決不了的國家經濟困境下，很快變成普遍的挫折感。此外還有針對貪汙氾濫的指控，以及中央高地宰制者與想自行掌控事務的低地族群的長期問題。札非就跟先前幾位總統一樣愈來愈獨裁。一九九六年他試圖引進法案以賦予自己更大權力，結果遭到彈劾而被迫辭職下台。選票支持拉奇拉卡重掌權力，而他承諾推動地方分權與經濟改革。

拉奇拉卡的第二任期持續到二〇〇一年，之後被首都安塔納納里弗市長馬克・拉瓦洛瑪納納（Marc Ravalomanana）擊敗。經過多年政治動盪與經濟下滑，許多領域終於看起來有些進展。拉瓦洛瑪納納成功吸引本地與外國投資教育、生態旅遊及製造業。政府也興建學校、診所，島上殘破的公共建設開始有大幅改善。因此在拉瓦洛瑪納納上台的頭幾年，馬達加斯加的國民生產毛額以每年平均百分之七的數字成長。

但老習慣難以根除，後來拉瓦洛瑪納納也成了既貪腐又殘暴的獨裁者。二〇〇九年二月，抗議政權的遊行遭到子彈射擊，他的總統衛隊對示威群眾開火，造成三十一人死亡，至少兩百人受傷。接下來一個月，他在一場政變中遭到罷黜，由軍隊任命的政府接管國家。二〇一〇年公投通過新憲法後，馬達加斯加進入第四共和。

此時所謂「馬達加斯加過渡權力機構」（High Transitional Authority of Madagascar）新總統是年輕的安德利・拉喬利納（Andry Rajoelina）。這位前媒體企業家與安塔納納里弗市長的任務是：監管國家成立新的憲政當局。他在二〇〇九年五月接過職務、主持公投時，還不到三十五歲。拉喬利納發起一系列民粹主義式政策，例如補貼油價、電力、糧票與年輕中產階級住房。但由於他並非透過民主程序選出，因而導致國際制裁與外援暫停。[23]後來又被發現其政權出售林木來支持國家預算，導致原本的保護區出現森林濫伐現象。馬達加斯加的犯罪率也在上升，並且被《富比士》雜誌評為世上經濟發展最糟糕的國家之一。[24]

選舉最終在二〇一三年底舉行。曾在前政權出任財政部長的前會計師埃里・拉喬納里馬曼皮亞尼納（Hery Rajaonarimampianina）當選總統，並於二〇一四年一月上任。他掌權直到二〇一八年九月七日，因為根據憲法規定，十一月選舉的候選人必須辭職，而他不一定會當選。拉喬納里馬曼皮亞尼納的全名是埃里・馬蒂亞爾・拉喬納里馬曼皮亞尼納・拉科托亞里馬納納（Hery Martial Rajaonarimampianina Rakotoarimanana），可能是世界各國元首中姓名最長的一位。更重要的是，他的崛起恰好與第三共和結束、第四共和展開，以及中國崛起成為全球經濟強權同時發生。

自從一九七二年馬達加斯加與中華民國（台灣）斷絕外交關係，改承認中華人民共和國後，馬中關係一直相當緊密。然而隨著鄧小平在一九七七與一九七八年重返大權，兩國逐漸從革命兄弟情誼轉成經貿合作關係。在拉瓦洛瑪納納任內，雙邊關係開始蓬勃發展，期間簽署了無數涉及中國的計畫。拉瓦洛瑪納納經常造訪中國，許多中國企業也到馬達加斯加投資並設立公司。來自中國的企業開設了馬達加斯加龍牌水泥廠（Maloci）；有中國支持的對外經濟建設公司，實際上是安徽省外經建設公司的子公司。該公司獲得興建新五星級飯店與國際會議中心的合約。國營企業馬拉加西糖業公司（Siramamy Malagasy）的租約與部分蔗糖場管理，也轉移到中國企業中國成套設備進出口公司（Complant）手中。拉瓦洛瑪納納在多次造訪中國期間，還獲得中國進出口銀行的財務支持，由另一間中國公司中工國際工程（CAMC Engineering）負責興建一處水壩。[25]

中國對馬達加斯加的投資，在石油與礦產方面增加得最為明顯。中聯能源投資集團（Sunpec）獲准探勘離岸油田；數個中國礦產企業也探勘鐵礦、二氧化鈦、鎢，甚至黃金。中國加速涉入開採馬達加斯加的礦業資源，也激起社會的強烈反應。二〇一六年十二月，一群索瑪哈瑪尼納鎮（Soamahamanina）的民眾走上街頭抗議，反對取得當地七千五百公頃土地四十年金礦開採許可的中國九星礦業公司（Jiuxing）。[26]新加坡《海峽時報》

（*Straits Times*）報導：「對於最大貿易夥伴中國愈來愈明顯的存在，馬達加斯加各地人民公開表現出敵意。」[27]根據二〇一七年的統計明細數字，中馬雙邊貿易總額高達十二點五億美元，高於二〇一六年的兩億九千七百六十萬美元與二〇一一年的二千四百四十萬美元。[28]二〇一七年的貿易總額中，馬達加斯加對中國的出口額只占一億七千六百四十萬美元。[29]

中國顯然打算在馬達加斯加落腳，而該國之所以成為中資與中企熱愛的地點，不只是因為富含礦藏與農業資源。馬達加斯加擁有非洲第二大的華裔人口，僅次於南非。南非的華裔居民人數大約為三十至四十萬，而馬達加斯加華裔人口估計有十萬，是安哥拉五萬人的兩倍，也比大約各有四萬人的奈及利亞和衣索比亞高出許多。[30]

非洲其他地區的許多華裔移民是新來者，但南非跟馬達加斯加並非如此。南非最早期的華裔移民是在英國殖民時期以勞工身分前來，或是在慶伯利（Kimberly）與約翰尼斯堡周遭的金礦與鑽石礦附近，開設各種貿易與服務生意。雖然被法律規定不得從事礦業，但他們在相關行業找到出路。[31]

馬達加斯加最早的華裔移民可能是個別商人，根據一八九六至一九〇一年的紀錄，有三波華裔移民進入馬國。他們建造道路，並且連結安塔納納里弗與托瑪西納（Toamasina）及潘加林運河（Pangalenes Canal）的鐵路。這些人多數來自模里西斯與留尼旺，不過從一九三〇年起，多數華人都直接從中國而來，主要來自南方的廣東。[32]但數字仍舊很少，一九三六年有兩千七百八十人，一九四六年則有五千五百七十三人。當時許多人來此是為了躲避日本侵華，期望在海外找到更好的前途。安塔納納里弗擁有自己的中國城、華裔學校與社區中心。

接下來幾年，更多移民前來馬達加斯加，一九七二年馬中兩國建立外交關係後，大量中國移民湧入馬達加斯加。但此間並非沒有摩擦。許多「老華裔」厭惡新來者。法國研究者馬修・裴勒林（Mathieu Pellerin）引述一名老華裔的話，「那些新來的中國人只是來這裡短期賺錢，之後就會回去中國。對我們來說，馬達加斯加是自己出生的土地，將來也會死在這裡，我們不像他們那樣做事。」[33]另一名「老」華裔則認為新來的移民「玷汙了華裔社群的整體形象」。[34]

但這些情緒也不可能改變歷史的潮流。除了中國人大量移入外，安塔納納里弗大學從二〇〇九年起開設孔子學院，非洲本土還有另外十六間孔子學院。正如裴勒林所說：「這中國『軟實力』的戰略支柱，目標在於向全世界宣傳中國文化，更無趣的說法則是，為那些急著踏進非洲的投資者提供口譯來源。」[35]「新華裔」也建立所謂的馬達加斯加華商總會（Association of Chinese Traders and Entrepreneurs of Madagascar），匯集了將近九十家華人企業。

拉喬納里馬曼皮亞尼納總統任內，馬中兩國關係更加緊密。他在二〇一七年三月訪問北京期間，與中國政府簽下備忘錄，共同推進一帶一路倡議，並盛讚習近平的「睿智遠見策略」。[36]同一趟訪問中，習近平表達中國「支持馬達加斯加在一帶一路倡議與非洲大陸之間扮演橋梁的角色」，[37]並表示中國希望「深化在農、漁、人際交流、安全、警政、司法與執法方面的合作」。[38]

上述種種在理論上聽起來不錯，然而除了礦產與農業財富外，馬達加斯加仍是極度貧困的國家。根據國際貨幣基金的資料，馬國人均收入僅有一千五百六十三美元，許多人生活在絕對貧困中。[39]由於馬達加斯加對外國投資及援助的需求，讓它很容易被中國控制，但其動盪的歷史與長久的政局不穩，對任何想在此投資或經商的人都是一場重大賭局。

在奇拉納納的年代，馬達加斯加與法國的親密關係已然逝去。二〇一八年，法國總統馬克宏與印度總理莫迪簽署防衛協定時，就跟其他印度洋周邊國家一樣，對中國在區域內愈來愈明顯的影響力擴張感到憂心。法國開始強化自己在印度洋與南太平洋的影響力，但海軍准將羅航・勒白東（Laurent Lebreton）卻在二〇一八年八月的訪問中表示，「中國並非我們的目標。」[40]接著補充，「印度—太平洋地區是法國的戰略區域，正如二〇一三年國防白皮書與二〇一七年戰略防衛與安全評論所述。」[41]

這番話確實是再直白不過了。要不是因為中國崛起成為印度洋強權，法國何必強化自己在特定區域的勢力？此外在二〇一八年五月，馬克宏於雪梨與澳洲總理麥爾坎・騰博爾（Malcolm Turnbull）會面時，為何說法國與澳洲，加上民主盟友印度，有責任保護區域免受「霸權」影響，並強調需要維持區域內的「必要平衡」？[42]近期印度洋區域內權力平衡的改變，正是法國仍抓著留尼旺、馬約特、凱爾蓋朗及區域內其他小島不放的原因。法國也許失去了葛摩與馬達加斯加，但仍是主要的印度洋強國，並且決心繼續維持其地位。

第六章　塞席爾群島

熱愛塞席爾群島的知名愛爾蘭—英國裔傭兵麥可．「瘋狂麥可」．豪爾（Michael 'Mad Mike' Hoare）曾一度寫下：

> 美麗潔白沙灘邊緣的茂密紅樹林與瓊崖海棠，山上的丁香與香草，四周圍繞著清澈見底的海水。聽起來相當迷人，不是嗎？這兒就是一處平凡的天堂。[1]

其他外國人大多也是如此看待塞席爾群島。在這座充滿愛的島嶼上，椰子樹的母株會產生一種稱為「海椰子」（coco-de-mer）的種子，形似女性的性器官，而公株的花則形似陽具，因此有些浪漫派認為此地就是原初的伊甸園。在機場入境時所蓋的章，也是這種椰子的形狀，而它只自然分布於塞席爾群島。部分熱切的基督徒相信，長出這種果實的樹，就是創世記裡的智慧之樹。

塞席爾首都維多利亞（Victoria）是以十九世紀英國女王為名，其中僅有兩萬七千位居民，是世界上獨立國家中最小的首都。諾魯共和國也許國土更小，但它沒有官方的首都。維多利亞充滿了殖民地建築，像市中心的鐘塔是依照倫敦的沃克斯霍爾橋（Vauxhall Bridge）上的鐘塔打造，後者即是知名的大笨鐘（Big Ben）縮小版，當地人稱之為「小笨鐘」（Little Ben），一九〇三年，當塞席爾脫離模里西斯成為單獨殖民地時，這座小笨鐘的複製品從倫敦運到這裡。經過鐘塔的街道被命名為獨立大道，以此紀念塞席爾在一九七六年成為獨立共和國。

塞席爾群島也許是瘋狂麥克口中的「平凡天堂」，但在如詩如畫的美景背後，卻有著完全不同的黑暗過往。塞席爾獨立後，曾發生一場或許是現代歷史中最奇怪的軍事政變：一群外國傭兵在南非（也許還有美國中情局）的支持下，試圖入侵群島顛覆政府，結果政變失敗。傭兵被擊敗之後，塞席爾群島則與北韓建立起親密關係。

但島上的奇怪事件並未結束。二〇一七年一月，就在美國總統川普上任前不久，擔任阿拉伯聯合大公國王太子穆罕默德・賓・札耶德・納希安（Mohammed bin Zayed al-Nahyan）顧問的黎巴嫩裔美籍商人暨遊說者喬治・納德爾（George Nader），在塞席爾安排了一場會議。該會議聚集了川普的金主暨私人安全公司黑水的創辦人艾瑞克・普林斯（Eric Prince），以及被公認為俄羅斯總統普丁親信暨管理俄羅斯主權基金的奇里爾・德米特里耶夫（Kirill Dmitriev）。

會議之前，川普的女婿賈瑞德・庫許納（Jared Kushner）及如今已失寵的前國安顧問麥克・弗林（Michael Flynn），曾在紐約密會川普，為川普團隊與俄羅斯間設立祕密溝通管道。[2]塞席爾群島被選為這類密會的地點並非偶然。多年來，這裡是發生許多不尋常交易的地點，遠離窺伺的眼光與國際金融監察組織的審查。

塞席爾群島也許擁有非洲地區最高的人均所得，但這不代表一般老百姓特別有錢。島上的銀行與金融機構成了洗錢者與逃稅者的天堂，其中包含俄羅斯人與其他東歐人，因此造就了高人均所得。許多有錢的外國人帶著昂貴遊艇住在碼頭邊，或是以大筆鈔票買進土地與豪宅。瑪黑（Mahé）與其他更小外圍島嶼的海岸線上，星羅棋布著豪華旅館與渡假村。貧富差距極為懸殊，許多人毫無翻身機會，被摒除在浮華財富之外的仇恨隨處可見，毒品氾濫、青少年問題持續上升。

塞席爾也是中國、印度與其他區域強權激烈競逐影響力的所在。此群島位於印度次大陸與非洲之間的戰略位置上，往東是有迪亞哥・賈西亞島美軍基地的英屬印度洋領地。除了洗錢者以外，聲名狼藉的交易者與遊客一直也對塞席爾群島感興趣，這一點都不奇怪。

事實上，這些島嶼在西印度洋的位置，靠近幾個世紀前就已建立的歐非亞澳海運航線，因此它們一開始就被占領及定居。

這些島嶼的九萬五千位居民中，多數是十八世紀後半葉的模里西斯與留尼旺法裔移民，以及他們帶來的非洲奴隸的後代。塞席爾就像模里西斯與留尼旺，在被西方殖民列強「發現」前並沒有人居住；然而不同的是，塞席爾並未經歷持續改名的過程。法國海運船長尼可拉．莫非（Nicolas Morphey）在一八五六年抵達時，宣布此島為法國所有，並以國王路易十五的財政部長尚．摩候．德．塞席爾（Jean Moreau de Séchelles）為群島命名。

法國最早發現塞席爾群島的戰略重要性。法蘭西島（模里西斯）總督伯特朗—法蘭索瓦．瑪黑．德．拉伯東奈了解到，倘若英國奪下群島，將會獲得在印度洋區域經營艦隊的理想據點。因此法國得先下手為強。另一個原因是這些島嶼已成了阿拉伯海盜的天堂，是他們在法蘭西島及波旁島（留尼旺）以北水域劫掠時修整船隻的理想藏身地。

然而直到一七七〇年，搭載法蘭西島移民的船隻才開始航向塞席爾。第一群移民包含了「十五名白人、七名黑奴、五名印度人及一名女黑人」。[3]此後移民接踵而至，更在主島的天然港邊建造一處「首府」。主島以德．拉伯東奈總督之名稱做瑪黑島。我們可以合理推測，最初幾年的生活條件相當困苦。移民收割椰子，並且在瑪黑島山丘上發現大量的種種香料。但沒有太多人願意來此；到了一七九四年，塞席爾群島的白人移民不到一百人，約有五百名主要為非洲裔的奴隸。[4]

此時，法國大革命爆發，新的民主理念甚至傳入最偏遠的印度洋島嶼。隨著愈來愈多移民湧入，人口開始成長，即使如此，法國仍無力阻止英國入侵這些島嶼。當時英國利用法國因革命動盪而弱化的新情勢，派遣軍隊於一七九四年登陸塞席爾，瓦解了法國的統治。巴黎發出的命令不再有效，而奴隸制也沒有廢除。一八〇四年，這裡的人口組成為三百多名白人居民、近百名自由非洲人，以及超過三千名奴隸。[5]

在一八一四年《巴黎條約》之後，塞席爾與模里西斯正式成為英國所有，兩者在行政上屬於同一個殖民地。但在此地及模里西斯，法國殖民地行政架構與人員幾乎都未更動。雖然學校與行政機關引進了英語，法語與克里奧混合語仍然是主要語言。塞席爾人口中的印度人比例很低，因為契約工很少被帶來這裡。少數華裔在塞席爾定居，多數是商店主及商人。

一八三五年的廢奴，對進入塞席爾的移民產生了其他影響。印度洋上的英國船隻從阿拉伯船上營救非洲奴隸後，就將他們帶到塞席爾。舉例來說，一八六六年光是一艘里拉號（HMS Lyra），就帶了至少三百名非洲人到當時島上的主要聚落維多利亞。到了一八七二年，總共有兩千五百名奴隸以相同方式獲得解放，成為塞席爾群島的居民。[6]

塞席爾群島也被當做某種形式的監獄，但只用來關高知名度的犯人。一八七七年，英屬馬來亞轄下的霹靂州（Perak）蘇丹就被送到塞席爾，因為他涉嫌殺害海峽殖民地（Straits Settlements，總部設於新加坡的英國殖民地）的殖民地大臣約翰．伍德佛．惠勒．伯奇（John Woodford Wheeler Birch）。不過這只是輕度關押，蘇丹似乎花許多時間在維多利亞當地的俱樂部打板球，之後在一八九四年獲准回國。一八九〇年代，阿香緹（Ashanti，今日迦納的一部分）國王與五十五名追隨者（包含王太后、三名妻子與十二名大臣，以及他們的奴隸）被流放到塞席爾。其他被流放者包含布甘達（Buganda，今日烏干達的一部分）王室、索馬利蘭蘇丹、埃及人與巴勒斯坦人。一九二二年，當時的殖民地大臣邱吉爾建議，將五千名被俘的愛爾蘭共和軍（Irish Republican Army）叛軍送到塞席爾，但此提議並未被實行。[7]

近代最有名的被流放者是賽普勒斯的大主教馬卡利歐斯三世（Makarios III）。一九五六年，他因為涉入煽動賽普勒斯希臘人與土耳其人間的族群紛爭，因此被送到塞席爾。當時有不少其他希臘裔賽普勒斯人與他一同前往，這些人是「賽普勒斯鬥士國家組織」（Ethniki Organosis Kyprion Agoniston）的同情者。這民族主義游擊隊組織的目標是將英國人逐出賽普勒斯，並且與希臘統一。馬卡利歐斯及其手下待在塞席爾不過一年出頭，後來他對這段歲月的評價只有正面印象，「為了擺脫我，英國人將我送到塞席爾……當然如今回顧起來，整趟流放似乎一點也不悲慘。事實上這也不能算是流放，反而是渡假。我住進一間不錯的房子，有人服侍，也受到尊重。那裡的景色美到令我難以忘懷。後來我以遊客身分回去，還在同一間房子附近買下一小塊地。因為原屋主不願出售房屋。」[8]

馬爾地夫分離主義者阿布杜拉・阿非夫・迪迪（Abdullah Afif Didi）與家人在一九六三年抵達塞席爾，並且在這待了較長的時間。他被流放到塞席爾並不是因為反對英國。一九五九至一九六三年，他曾經是蘇瓦地夫聯合共和國（United Suvadive Republic）的總統，該國包含馬爾地夫群島中最南方的三座環礁，其中阿杜（Addu）環礁上有重要的英軍基地。一九五九年，當地人因為對中央政府強加的新稅感到不滿，因此宣布脫離馬爾地夫。阿布杜拉・阿非夫及其分離主義領袖們向英國求援，但得到冷淡的反應，到了一九六一年，甚至連暗中的支持也消失了。英國決定跟馬爾地夫中央政府合作，畢竟它也是英國的保護國。遭到流放的阿布杜拉・阿非夫多次聯繫馬爾地夫政府，要求允許其返家。到了一九九三年，年老體衰的他獲准返回馬爾地夫拜訪親友。但這次行程相當短暫，同年七月十三日，他在塞席爾過世。

由於人口非常少（一九三〇年代島上居民僅有三萬左右），加上資源有限，塞席爾群島確實是一處與世隔絕的殖民地。島上最早的兩輛汽車於一九二一年抵達；一九二三年開始有電力；直到一九三四年，才有不到六十人單純來此渡假。[9]塞席爾與外界唯一的連結，是每一個月或兩個月往返於肯亞蒙巴薩（Mombasa）、南非德爾班與印度孟買之間，而中途會停靠在維多利亞的英屬印度蒸汽船，或是偶爾往來模里西斯的客船。第一架抵達塞席爾的飛機，是一九三九年六月十七日降落在瑪黑島水域的PBY-2雙引擎卡特琳娜水上飛機。它是從澳洲黑德蘭港（Port Hedland）出發，途經爪哇島、科科斯（基林）群島、迪亞哥·賈西亞島及塞席爾群島，前往肯亞蒙巴薩。這架飛機並非商業航班，而是載運美國動物學者與慈善家理查·阿奇博德（Richard Archbold），以及知名的澳洲飛行員戈登·泰勒（Gordon Taylor），後者在第一趟跨越印度洋的航程中擔任導航者。然而在國際機場於一九七一年開幕前，並沒有常態性的空中交通。

在二戰結束前，政治方面並沒什麼要事。當時英國賦予約兩千名成年男性業主投票權，他們因此選出四名成員進入能向總督提供建議的立法會。[10]這四個人都來自「塞席爾納稅者與生產者協會」（Seychelles' Taxpayers and Producers Association），代表著大白人，跟模里西斯一樣，這詞語也是指說法語的莊園主。不過除了椰子跟某些香料外，塞席爾幾乎一無所有。即使如此，直到一九六〇年代初期，塞席爾納稅者與生產者協會仍然是主導塞席爾的政治力量。當時小型的都市中產階級開始興起，其中一些人來自克里奧混血社群，而非占主導性的白人莊園主統治階級。

在一九四〇年代末期之前，公共教育的發展受施教語言爭執阻礙，羅馬天主教會幾乎是獨占學校經營權的另一個權力機構，因為有超過百分之七十的人屬於羅馬天主教會。天主教徒及較小的聖公會都傾向法語，但到了一九五〇年代，隨著非強制性的公共教育更加普及後，克里奧語則成為優先選項，其次是英語，然後才是法語，這發展為混血族群賦權。塞席爾納稅者與生產者協會的大白人們，不再是唯一被認可的社會與政治勢力。

兩位同樣出身混血背景的人士，開始主宰塞席爾政治的新局面。第一位是詹姆士・曼強（James Mancham），這位傾西方的政治人物鼓勵自由貿易，在將塞席爾轉變為世界最高級豪華渡假地的過程中有重大影響；另一位是法蘭斯—亞伯特・雷內（France-Albert René），他自稱「印度洋社會主義者」，偏好推動社會福利方案，外交政策則靠近東歐國家。兩人同樣在英國受教育，也都有法律專業背景。

一九三九年八月十一日，詹姆士・曼強出生於瑪黑島，他父親里察・曼強是經營零售生意的華裔及法裔混血，母親艾芙琳主要是法裔。在塞席爾讀完大學後，他搭船前往英國，在倫敦的威爾森學院研讀法律，之後在一九六一年進入英國的四間律師學院（Inns of Court）①之一的中殿（Middle Temple）律師學院。[11]

①譯者注：律師學院成立於中世紀，總共有四所，並且都在倫敦，由英國君主或王族擔任名譽院長，實際院長則由資深大律師互選產生。律師學院是訓練英國大律師的組織，目前在英國執業的大律師都是四所律師學院之一的成員。中殿律師學院負責向英格蘭與威爾斯的大律師授予執業認可資格，中殿學院的名字由來，是歷史上曾存在於附近的聖殿騎士團總部。

曼強在倫敦的學生時代就開始涉入政治。在為英國新任命駐塞席爾總督約翰・托普爵士的履新酒會上，曼強抓住機會要求取消某些保護莊園主封建特權的法律，例如有條法律規定：塞席爾平民未經書面許可而持有椰子是犯罪行為。他的演說被轉載於塞席爾的當地報紙，並且激怒了莊園主，這使得父親寫信給他，「我花錢是讓你成為律師。政治是廉價又骯髒的職業。在今時今日，最好把它留給機會主義者、流氓跟遊民。」[12]

曼強在一九六二年返回塞席爾，沒有人（包含他父親）能阻攔這位受過高等教育的年輕人參與政治。他想挑戰塞席爾納稅者與生產者協會及其代表的舊秩序。返鄉後兩年，曼強成立了塞席爾民主黨（Seychelles Democratic Party），該黨一開始並未追求獨立。對於人口數跟英國鄉村小鎮差不多的小型領土來說，這似乎並非可行選項。曼強對群島未來的理想方案是融入英國體制，就像夏威夷在一九五九年成為美國一州，留尼旺成為法國的海外省。[13]

然而倫敦對此並不感興趣。一九六五年，英國將原屬於塞席爾群島的德霍許群島、阿爾達布拉群島與法古哈群島，以及模里西斯的查哥斯列嶼，組成英屬印度洋領地，此後塞席爾內部全面獨立的呼聲愈來愈強烈。此時，塞席爾民主黨並不是唯一在民間有追隨者的政黨。一九六三年，法蘭斯—亞伯特・雷內也成立了塞席爾人民聯合黨（Seychelles People's United Party），並且與基進的莊園工人工會結盟。在大眾壓力下，塞席爾民主黨也開始追求獨立，而這正是英國所期望的發展。此時應該專心在英屬印度洋領地建立軍事基地，又何必緊抓某些在印度洋中被遺忘的小島呢？

一九七〇年，塞席爾舉行組成新立法院的各項選舉。塞席爾民主黨獲得十席，塞席爾人民聯合黨獲得五席。曼強宣誓就任塞席爾首任總理，雷內則發動罷工及抗議，指控曼強並非人民的真正代表，甚至在選前宣稱塞席爾民主黨是「那些有產者的政黨，塞席爾人民聯合黨則是無產者的政黨。」[14]塞席爾政壇未來幾十年的戰線就此展開。

一九三五年十一月十六日，雷內出生於瑪黑島南方六百多公里的法古哈群島，父親是主島上的法國行政官及莊園經理人，母親則是島上女性。父親透過莊園收入將他送到維多利亞的好學校。年輕的雷內一開始想成為神父，並在十八歲時獲得前往瑞士修讀神學的獎學金。根據歷史學者提姆·艾考特（Tim Ecott）的說法，雷內的政敵宣稱這是相對窮困的年輕人逃離塞席爾有限機會，奔向歐洲接受更好教育的詭計。[15]無論真相為何，雷內沒多久就離開瑞士前往英國，進入南安普頓的聖瑪莉學院，後來則前往倫敦國王學院，於一九五八年在中殿學院獲得律師資格。

同年，雷內返回塞席爾擔任執業律師一段時間，接著在一九六一年返回倫敦，這次則進入倫敦政經學院。一九六〇年代，倫敦政經學院是基進理念的溫床，許多左傾的新朋友來自很快將要獨立的殖民地。他返回塞席爾後沒多久就成立了塞席爾人民聯合黨，創黨宣言的一個主要目標是「消除社會中各種形式的歧視、壓迫與剝削，透過強大中央政府計畫與發展過程，刺激農業生產與工業化的高度經濟發展，建立並維護社會主義政府的經濟社會基礎。」[16]

不消說，曼強對島嶼發展的計畫截然不同。一九七一年七月，英國海外航空公司（BOAC）②的超級VC–10飛機，最先降落在新建造的瑪黑國際機場。一九七二年三月二十日，該機場由英國女王伊莉莎白二世正式揭幕啟用，這也是史上頭一遭，外界能夠輕易抵達塞席爾群島。在那之前，空運服務相當有限，而且只能利用美國空軍於一九六三年成立瑪黑島衛星追蹤站時所建的小型跑道。

隨著空運大幅改善，島上修建了旅館，塞席爾終於有可依靠的獨立經濟收入，畢竟椰子跟香料並不足以支撐獨立國家。一九七六年六月二十九日，塞席爾群島宣布獨立，曼強成為第一任總統。為了國家統一，雷內被任命為副總統。在預定於一九七九年進行的選舉之前，塞席爾民主黨及塞席爾人民聯合黨同意組成聯盟。英國為表達善意，將德霍許群島、阿爾達布拉群島及法古哈群島還給塞席爾。唯有查哥斯列嶼仍留在英屬印度洋領地內。

隨後卻爆發了政變。一九七七年六月的第一週，六十名曾在坦尚尼亞受過訓練的塞席爾人民聯合黨支持者，占領了警方武器庫、廣播站、有線與無線辦公室及機場。六月五日至六月六日，一名員警及一名政變者死於槍戰。政府實行宵禁，在宣布成立社會主義共和國之前，雷內被任命為代理總統。他奪權的時機是精心計畫的，當時曼強正在倫敦出席大英國協元首高峰會議。

曼強是從阿德南．科紹吉（Adnan Khashoggi）這位世界頂級富豪打來的電話得知消息。政變當晚，科紹吉的私人遊艇正好停泊在維多利亞港外。當觀光熱潮剛開展的時候，他是受塞席爾吸引而來的其中一位國際名流。據傳科紹吉告訴被廢黜的總統：「塞席爾群島不是這樣的。它們是天堂島嶼，是歌謠與歡笑之地，是豔陽下的島嶼，是享受生活樂趣、愉悅愛情、自由自在、海椰子跟大海龜的地方。」[17]

但政變也是真的。塞席爾人民聯合黨整合一些小型政黨，成立塞席爾人民進步陣線（Seychelles People's Progressive Front），並在一九七九年通過新憲法，使其成為塞席爾群島唯一承認的政黨。新憲下的第一次選舉在同年六月舉行，雷內是唯一的總統候選人。結果並不意外，他以百分之九十八的得票率當選。

如同先前選舉及擔任反對黨領袖暨副總統時所承諾的，雷內展開最低薪資保障與提高

②譯者注：一九三六年起，英國帝國航空與英國海外航空專營從南安普頓前往亞非洲殖民地的客運與空郵航線。一九四六年後，由英國海外航空專營大英帝國殖民地、北美及遠東航線。一九七四年，英國海外航空與英國歐洲航空整併為現在的英國航空。

公務員薪資的方案，並改善居住、醫療設施與教育。他還引進社會福利體系，創造了農漁業的工作機會。克里奧語升格為官方語言。雷內打造社會主義塞席爾的夢想終於實現，他的改革無疑受到歡迎。

然而新政策也有另外一面。政變前的塞席爾並沒有軍隊，只有一支仿效英國系的警力。不過雷內相信自己需要一支軍隊，用以維護「革命」成果及推動社會主義政策。一九七七年政變後，雷內立刻在親近盟友坦尚尼亞的社會主義總統朱利葉斯・尼雷爾（Julius Nyerere）派來的指導員協助下，成立塞席爾人民防衛軍（Seychelles People's Defence Force）。塞席爾人民防衛軍包含一百九十名士兵及十名軍官，並且由四百多位民兵協助。此外，雷內還成立三十人的精英衛隊做為私人保鑣。據傳這支衛隊的法裔訓練者，是惡名昭彰的法國傭兵德納爾的忠實追隨者。[18]

雷內也跟蘇聯、阿爾及利亞與古巴建立親近關係，年輕人被送往古巴進行軍事與政治訓練。一九七九年，雷內前往古巴參加不結盟國家元首會議時，驕傲宣稱：「我首先聲明，即使許多帝國主義者阻撓各國領袖參加古巴高峰會議，我仍舊來到古巴。在距離帝國主義中心僅有幾英里的哈瓦那表達自己，讓我感到莫大的滿足……一九六二年十月，在所謂『飛彈危機』期間，我跟數千人走在倫敦街頭大喊，『向甘迺迪說不，對古巴說好。』今日，我很驕傲地在社會主義古巴說：『向帝國主義說不，對卡斯楚說好，對古巴說好。』」[19]

美國與其他西方國家相當憂慮。東方集團若在印度洋中間取得戰略位置，將會有何後果？美國的衛星追蹤站還設在瑪黑島上，需要維護及護衛。而答案就是試著將雷內拉下台。直接入侵將顯得過於挑釁，因此答案就是尋求麥克．豪爾的服務，過去他曾在剛果為西方利益而戰。

豪爾雖然身為傭兵，但與德納爾那種單純流氓十分不同。他在一九一九年生於印度，雖是愛爾蘭人，但當時愛爾蘭仍是英國的一部分。二戰爆發時，他加入倫敦愛爾蘭步槍隊，參與在印度與緬甸的行動。戰後定居於南非，一九六〇年代初期，身為熱情的反共者，他為一樣反共、自封卡坦加共和國總統的莫伊茲．沖伯（Moise Tshombe）作戰。當時卡坦加脫離新獨立的剛果，而剛果的第一任總理帕特里斯．盧蒙巴（Patrice Lumumba）是狂熱的馬克思主義者。脫離之舉失敗後，豪爾返回南非。此時他已獲得「瘋狂麥克」這外號，因為一名東德廣播主持人總稱他為「瘋狂嗜血的麥克．豪爾」。[20]

早在一九七九年，南非情報單位國家安全局（BOSS）就已聯繫過豪爾，希望能看到雷內被拉下台。一開始豪爾反對此舉，因為南非若涉入這類事件，將會招致國際社會反感。豪爾認為更好的解決方案是接觸美國；由於迪亞哥．賈西亞島靠近塞席爾群島，因此美國可能會感興趣；[21]但最後他還是讓步了。根據豪爾對這事件的說法，他前往倫敦與曼強見面並討論計畫。[22]

我們不清楚他們在會議裡談了什麼，但豪爾成功籌組一隊傭兵，負責在塞席爾發動政變，其中多數都有南非特種部隊、羅德西亞軍隊的背景，或者曾以傭兵身分進入剛果。前鋒隊伍喬裝成遊客潛入。隨後，主力隊伍的四十四名傭兵於一九八一年十一月二十五日出發，從史瓦濟蘭的曼奇尼（Manzini）搭乘皇家史瓦濟蘭航空公司飛機進入塞席爾，喬裝成一群橄欖球員，隸屬於愛喝酒的古代啤酒鬼俱樂部（Frothblowers）。這名字來自一個幽默的英國慈善組織，它成立於一九二〇年代，目標是幫助不幸兒童。不過這群「新的」酒鬼可一點也不慈善。他們行李袋裡說要送給兒童的玩具底下，藏著自動步槍及其他計畫政變所需的軍事設備。

要不是其中一名傭兵在瑪黑國際機場走錯櫃台，這場政變是可能成功的。他走進報關櫃台，而海關官員堅持開箱檢查，結果發現箱內藏有一把蘇聯製的AK–47衝鋒槍與彈藥，此時一切已經太遲了。其他傭兵與機場保安人員爆發槍戰，導致一名豪爾的人馬死亡，一位塞席爾海關官員受傷。

這場打算推翻雷內政府卻運氣不佳的政變，最終以豪爾人馬劫持一架剛落地的印度航空班機收場。他們強迫被劫持的印航班機飛往南非，降落在德爾班的路易．波塔機場（Louis Botha Airport）。豪爾跟其他傭兵被海克力斯C–130運輸機送往普瑞塔利亞並關入監獄。一開始南非從輕發落（畢竟是他們在幕後操控），僅指控劫機罪名。但在國際壓力下，豪爾被控劫機並判入獄十年。他在一九八五年服完部分刑期後出獄。其他人雖然也入監服刑，但刑期並沒有豪爾那麼久。豪爾出獄後，落腳在南非的德爾班。[23]

然而有六名傭兵並未逃出塞席爾。他們遭瑪黑機場維安部隊逮捕，後來被控叛國，四人被判死刑，兩名則是長期監禁。不過死刑從未執行，所有人都在一九八三年七月獲准前往南非。據傳南非政府付了三百萬美元贖金以確保他們獲釋。[24]

曼強並不承認在這場未遂的政變前，自己曾跟豪爾於倫敦會面。但他承認在傭兵前往塞席爾的途中，曾接到一通電話。無名來電者說：「老闆，行動展開。」[25]究竟是誰打的電話並不清楚，但可以知道在策劃政變時，曼強曾在紐約會見老朋友科紹吉，並請求他金援支持。因為跟曼強的友誼關係，科紹吉在塞席爾的產業遭到充公，他雖然同情曼強，但因身陷其妻在美國提起的離婚訴訟，所以無法支持驅逐雷內的計畫。[26]

曼強必須找到別的資金來源。南非涉入是毋庸置疑的，雖然美國中情局是否在幕後支持仍有待商榷，但許多人都如此懷疑。在啤酒鬼逃離之時，美國不只憂心迪亞哥．賈西亞島的安全。當時蘇聯已入侵阿富汗，而華府（或中情局總部蘭利〔Langley〕）最不想看到的，就是在印度洋中間出現一個傾蘇政權。政變未遂後幾天，德爾班報紙《周日論壇報》（*The Sunday Tribune*）刊載一篇報導，表示政變謀劃者獲得中情局財務支持，但中情局否認有涉入此事。[27]

西方列強最不想看到這不幸政變帶來的一個結果，就是雷內在馬達加斯加的中介下，向北韓求援以確保其人身安全，並且訓練他的個人衛隊。[28]一九八二年，北韓顧問有效掌控總統衛隊，以及當時人數達到千人的塞席爾人民防衛軍，其中七百五十人為地面軍隊，其他則是空軍與海軍。

塞席爾外交部長麥辛．法拉利（Maxime Ferrari）前往平壤強化連結，後來還描述自已所見，「我抵達平壤時，國際機場中到處飄揚著朝鮮民主人民共和國與塞席爾群島的旗幟……敬稱為『偉大領袖』的金正日總統不在首都，因此無法會面。但我會見了總理姜成山，當然還有外交部長金永南。多數討論圍繞著雙邊合作。我得知一艘裝載五百噸水泥的船正駛向塞席爾，這是北韓人民給予塞席爾人民的禮物。」[29]

但見到圍繞著金正日的個人崇拜與完全被領袖掌控的人民時，他並不是全然信服，「我開始自問，雷內總統為何……愛上這糟糕極權國家所發生的情況，此地人民的尊嚴受到踐踏……我記得一九八三年六月五日的軍隊遊行中，這天被定為國慶日（一九七七年政變之日），受北韓代表團訓練的塞席爾士兵，也喊著像是『雷內總統是我們的偉大領袖』之類的標語。我當時想，塞席爾是否將步上類似極權國家的後塵。」[30]

應該不只有法拉利擔憂雷內帶領塞席爾的方向。一九八二年八月爆發的一場叛變，參與者涉及塞席爾人民防衛軍內不滿的單位，這可比某些外國傭兵試圖入侵要嚴重許多。八十八名人民防衛軍的軍官與士兵占領維多利亞廣播電台、港口及某些警察局，並且接管了瑪黑島上的一處軍營。官方的回應既堅決又殘酷，在四百名坦尚尼亞士兵的支援下，忠於雷內的軍隊鎮壓了兵變，奪回所有關鍵單位。叛變者必須面對軍事法庭，雷內政權更進一步收緊對塞席爾人民防衛軍的掌控。

一九八六年又有一場由國防部長奧格威．貝路易（Ogilvy Berlouis）領導的政變，這次雷內則向印度求援。印度派海軍船艦文迪亞吉里號（INS Vindhyagiri）前往維多利亞，而這已足以恫嚇政變者向政府投降。貝路易是一九七七年準備驅逐曼強過程中的關鍵支持者，後來卻轉而反政府。政變發生期間，雷內正在辛巴威參加不結盟國家會議，由於當時參與同一場會議的印度總理拉吉夫．甘地（Rajiv Gandh）出借一架飛機，他才得以趕回國內。[31]

與此同時，曼強和數千名同樣流亡的支持者，仍持續要求重返多黨民主體制。他們與名為「反抗運動」（Mouvement Pour La Résistence）的島內地下組織保持聯繫，該組織成員多半是年輕的運動者。一九八五年十一月二十九日，流亡於倫敦的反抗運動組織領袖傑拉德．豪魯（Gérard Hoarau）遭到暗殺。他在曼強總統任內曾擔任政府特別助理，於一九七七年政變後被逮捕軟禁。

豪魯被關押九個月後獲釋，一開始流亡到南非，然而他的居留許可遭到取消，被迫在一九八二年前往英國，因為當時南非政府跟雷內祕密談判，希望釋放仍囚禁在塞席爾的啤酒鬼。雷內政府遭媒體報導指控涉入暗殺，但其否認與此事有任何關係。[32]暗殺事件後許多人在英國被捕，卻沒人遭到起訴。

反抗運動組織人士仍然在塞席爾內部祕密發送小冊，指控雷內不顧人民意志，強加馬克思主義。[33]我們很難說這些年輕的運動者有多大影響力，但雷內最終之所以被說服妥協，與塞席爾逐漸成為富裕名流的觀光地點一事有些關聯。到了一九八〇年代末與一九九〇年代初，每年約有十萬名觀光客造訪塞席爾群島。若少了這些人帶來的錢，雷內將無力支持自己無法割捨的所有社會福利方案。若是少了這一切，他將失去支持度及手中的權力。

一九九一年，雷內與執政的塞席爾人民進步陣線同意讓政治制度自由化。其他政黨被允許可以運作，而流亡在外的曼強在一九九二年四月獲准返國。塞席爾在公投中通過新的民主憲法，選舉在一九九三年七月舉行。結果是雷內獲得勝利，他獲得百分之五十九點五的選票，領先曼強的百分之三十六點六。雷內仍舊出任總統，同時還贏得後續一九九八年及二〇〇一年大選。二〇〇四年二月，他宣布自己即將卸任，交棒給其忠實追隨者副總統詹姆士·米歇爾（James Michel）。但雷內仍是塞席爾人民進步陣線的領袖，因此成了王座背後的掌權者。

曼強重返政壇之路並不如預期。在擔任塞席爾群島首任總統期間，他選擇成為寫書及參加國際和平與人權會議的「資深政治家」。二〇一〇年在新德里舉行的國際法學家會議中，曼強獲頒國際法學家獎，並在二〇一七年一月八日死於心臟病發。

塞席爾一直沒有成為全面的社會主義國家，其政策未能施行，觀光旅遊並非唯一因素。一九九三年，塞席爾觀光旅遊業對整體國民生產毛額的貢獻，估計占百分之五十，更提供百分之七十的國家外匯存底。[34]然而在一九九七年，塞席爾人民進步陣線統治以來始終維持營運的美國衛星追蹤站關閉，使島內經濟遭到重創。少了追蹤站的地租，政府年收入估計少了八百萬美元。[35]到了一九九〇年代末期，政府支出增長至國民生產毛額的百分之六十五。大型公共建設計畫破了預算，包含花七千五百萬美元興建平價住宅的土地開發計畫，以及造價三千萬美元的印度洋運動會設施興建計畫。[36]對其他多數國家而言，這些算不上大錢，但對一九九〇年代中期僅有七萬五千名居民，其中只有少數人納稅的塞席爾來說，這些都不是政府負擔得起的支出。

在經濟危機似乎即將到來之際，雷內及其人馬發現能從另一種資本主義事業搞到錢。他們決定將塞席爾轉為金融中心，讓外國商人可以把錢存在這裡，避免繳納母國之稅負，同時設立空殼公司以躲避國際對其活動與交易的盤查。

這對想要生存的小島國來說稀鬆平常，但在過程中也難免會吸引來自世界各地的黑錢。即使是常被視為規範良好的境外金融中心模里西斯，也不乏骯髒的金融交易。在二○一二年金融犯罪報告中，英國犯罪專家尤恩・葛蘭特（Euan Grant）雖未明指，卻點出阿拉伯聯合大公國、新加坡、香港及模里西斯，都是與俄羅斯黑幫有「密切關係」的地方。[37]報告也提到塞席爾群島，因為從二十一世紀初開放境外金融中心業務後，塞席爾群島很快就變得比其他法律管轄地更惡名昭彰，僅次於阿拉伯聯合大公國，又小又遠、寬鬆執法的塞席爾再次成了某種天堂，而這次則是詐騙者、洗錢者與幫派分子的天堂。

曼強曾跟科紹吉關係緊密。在一九七○及一九八○年代湧進塞席爾群島的諸多富人中，雷內與知名度較低卻更聲名狼籍的馬力歐・利希（Mario Ricci）打交道。一九七○年代中期，這義大利人來到塞席爾群島展開新生活。利希在一九二九年出生於托斯卡尼的盧卡（Lucca）附近，在來到塞席爾之前，他已擁有一長串犯罪與詐欺歷史。一九五八年，他在義大利因詐欺被判刑，接著前往瑞士，又因擁有偽鈔被定罪。利希對歐洲心生厭倦，於是移住墨西哥與海地，後來輾轉去到索馬利亞，並在當地建立外銷葡萄柚的事業。[38]

利希是何時及如何跟雷內成為密友，這點並不清楚，但早在一九七八年他就成功說服社會主義總統，允許他與塞席爾政府合資成立塞席爾群島信託公司（Seychelles Trust Company）。這個不起眼的開端，後來造就了塞席爾龐大的產業。利希的公司有獨家權利能設立境外公司，並且擔任在此註冊的外國公司與基金會之駐地代表。[39]一九八一年，政府賣掉塞席爾群島信託公司的股份，讓利希完全掌控公司運作。一九八一年正是啤酒鬼政變未遂的那年，雷內迫切需要錢跟朋友。他向北韓尋求保護，而利希則幫他賺錢。

根據已故歷史學家暨非洲貪腐問題專家史蒂芬．艾利斯（Stephen Ellis）的精要形容，利希「除了塞席爾群島信託公司外，還跟某些明顯不尋常的公司為伍。一九八二年，他被列為一處機構的董事，該機構不客氣地自稱為國際貨幣資金（International Monetary Funding），其簡稱也是IMF，不要跟國際貨幣基金（International Monetary Fund）混淆了。」[40]利希也用其姓名喬凡尼．馬力歐．利希（Giovanni Mario Ricci）的縮寫GMR來命名另一間公司。根據該公司精美的文宣所述，這是間「事業遍及全球的企業集團」，同時「營運總部設在塞席爾群島共和國」。[41]

然而「經營者」包括利希本人，以及他與妻子雙方家族的成員。聯絡資訊則是在別的避稅天堂，如巴拿馬、列支敦斯登及盧森堡。不過嚴格來說，他所做的事情並未犯法。或許他的公司名稱不太尋常，但都有正式登記，並且依照塞席爾法律運作。到了一九八〇年代初期，利希已建立起名聲，凡是想在塞席爾做生意（更多是想以塞席爾為據點向外做生意）的人都能找他。

利希還成功拿到外交官身分。一九八四年六月，他正式獲任為科普提克天主教馬爾他騎士團（Sovereign Order of the Coptic Catholic Knights of Malta）的大使，結果原來那是在紐約成立的商業公司，跟以羅馬為基地的馬爾他騎士團慈善組織一點關係也沒有。[42]但是透過這個安排，利希享有外交官身分與特權（包括豁免權），同時還能以外交包裹收取文件，以及任何想從海外取得的其他物品。

利希透過在塞席爾群島相關衝突中玩弄各方勢力，證明了自己出色的外交技巧。南非曾涉入啤酒鬼政變鬧劇，但利希卻能奉上塞席爾做為它與外界間接貿易的基地，以此迴避國際制裁。一九八六年，GMR公司在南非註冊做生意；此事是透過利希與知名南非軍情官克萊格．威廉森（Craig Williamson）的私人關係達成。

利希的主要興趣也許是賺錢，但對南非來說，這也是獲得影響力，並且保護自身在區域內地緣政治利益的管道。馬達加斯加與坦尚尼亞由馬克思主義政權統治，甚至南非隔壁的鄰居安哥拉與莫三比克也是如此。啤酒鬼政變後來被證明不是鞏固這些利益的正確之道，因此在這場圍繞著塞席爾的大戲裡，南非也開始玩起多邊遊戲。

啤酒鬼推翻雷內政權失敗後，當奧格威．貝路易與他在英國的支持者正計畫另一場推翻雷內的政變時，曾跟倫敦南非大使館的一名外交官保持聯繫。然而根據艾利斯所述，「南非情報局最終在一九八六年八月，將這政變圖謀洩漏給塞席爾當局，導致計畫失敗。」[43]

此事之後，南非情報局透過利希—威廉森的合夥關係，取得負責塞席爾政府安全的業務。他們與派來保護雷內與內閣的北韓人如何共處，實在令人猜疑。但可以合理假設他們各自的職責範圍完全不同。南非提供情報，而北韓則負責總統安全衛隊，實際上就是貼身保鑣。

一家名為隆瑞（Longreach）的南非公司負責蒐集並提供這類情報，而該公司跟利希的GMR公司共用約翰尼斯堡辦公室空間。一九九四年，當非洲民族會議（African National Congress）在南非掌權後，威廉森不得不承認隆瑞是南非軍情局祕密持有的公司。[44]根據艾利斯所述，「GMR及隆瑞不過是南非國安單位追求反革命戰略中，設立或取得數百家公司的其中之二。」[45]除了試圖達成戰略目標外，部分公司「不僅被用來交易國際制裁下的商品，包含石油，還被用來交易不法商品，例如象牙與犀牛角。」[46]

在另一個不相關的案例中，一九九五年塞席爾賣給柬埔寨的三百一十噸軍火，是兩年前塞席爾海軍從開往索馬利亞的船隻所截獲，因為它違反了聯合國禁運規定。海軍沒收四百噸軍事設備後，卻沒有將軍火交給聯合國，反而將九十噸的戰利品賣給薩伊跟盧安達，剩下的則賣給柬埔寨。交易中包含陸軍重裝武器、機槍及各種蘇聯式的七點六二與一〇六公釐彈藥。一艘塞席爾的島嶼發展公司（Island Development Company）船隻，將這些軍火送到柬埔寨。[47]大約同一時間，一名香港商人被任命為塞席爾駐柬埔寨榮譽領事，但他偏好以香港為根據地，因為待在金邊太危險了。而該任命的確切職責一直不得而知。[48]

在南非民主化、一九九〇年代塞席爾經濟問題，以及蘇聯與東方集團幾乎同時崩解後，塞席爾美其名做為「金融中心」的本質發生了改變。利希開始從幕前淡出，最終落腳在南非米德蘭（Midrand）的布萊恩斯頓（Bryanston），最後於二〇〇一年七月十六日去世。但利希的離世並未讓這名字不再涉入案件。二〇一六年二月，在一宗涉及南非幣炒作與黃金走私的法律訴訟中，他的名字又被提及。[49]

利希播下的種子，長成蓬勃發展的境外產業，在一九九〇年代一飛沖天，當時雷內的財政部長詹姆士．米歇爾崛起為主要參與者。根據前外交部長麥辛．法拉利所述，米歇爾就是「愛上」那「糟糕極權國家」北韓的其中一位高層領袖。[50]二〇〇四年，米歇爾接替雷內出任塞席爾總統就持續在位，直到二〇一六年退休為止，並且成立以自己為名的慈善組織。詹姆士．米歇爾基金會專注於「藍色經濟與氣候變遷」。[51]不過像米歇爾這樣技巧嫻熟、人脈廣闊者，若沒維持自己在塞席爾境外產業的舊利益，那才會令人吃驚。

二〇一二年，兩名來自非洲的陌生人現身於塞席爾群島，並且聯絡島上協助外國客人成立空殼公司的其中一間公司：禪境外公司（Zen Offshore）。他們自稱為代理人，而客戶是在辛巴威政府與區域鑽石礦之間的聯絡人。與這兩人見面的禪境外公司代表解釋，他們可以在塞席爾登記設立公司，躲在複雜的架構之後，讓公司真正的擁有人難以被追查。登記在塞席爾的公司將由設於西印度群島多明尼加（Dominica）的公司掌控，而後者又由位於中美洲貝里斯（Belize）的公司控制，諸如此類。禪境外公司說：「試圖找出真正擁有者的人，永遠無法追蹤繞著世界跑的紙上紀錄。」[52]

禪境外公司的人並不知道，這兩人實際上是替卡達半島電視台紀錄片進行隱藏密錄的記者。他們在造訪後沒多久播出報導：「在世界上最偏遠的境外天堂中激起醜聞漣漪，這地方以吸引阿拉伯王子、中國投資人、海盜、惡棍、傭兵與強盜聞名，還有想要隱藏財富或掩飾生意活動的非法之徒……運用多重司法管轄區、多名白手套與多層所有權（建立）綿密網絡。」[53]

半島紀錄片及後續由國際調查記者聯盟（International Consortium of Investigative Journalists）組織的報導，都以涉及贓款與塞席爾群島的諸多案例研究為主。例如二〇〇五年，一名捷克共和國的黑幫老大拉多凡．克雷吉爾（Radovan Krejčíř），因涉及謀殺與洗錢遭到布拉格警方調查，從浴室窗戶逃離追捕，前往塞席爾尋求庇護。」[54]

克雷吉爾在塞席爾住了兩年，後來宣稱要提供島上政治人物財務資助，以此交換自己跟家人的新身分。[55]但捷克發現了他的蹤跡，希望將他引渡回國，而他也被轉交給捷克，但離開塞席爾前往南非的護照名字是「艾格伯．朱爾斯．沙維」（Egbert Jules Savy）。[56]雖然這並無法證明同謀，但沙維家族剛好是當地與米歇爾關係親密的商人。後來克雷吉爾在南非遭指控綁架與攻擊而被捕，其中涉及價值兩百萬美元的安非他命交易。[57]

塞席爾群島不只涉及一連串有問題的交易。二〇一〇年，哈薩克政府對一位名叫穆克塔·阿布里亞佐夫（Mukhtar Ablyazov）的銀行業大亨發出拘捕令，他被控運用塞席爾群島的公司，涉嫌掏空阿拉木圖當地BTA銀行至少六百萬美元。接著在二〇一一年，澳洲儲備銀行分行承認，它透過塞席爾群島一間和一名被判刑白領罪犯有關的空殼公司，匯款數百萬美元向奈及利亞官員行賄。二〇一二年，兩名總部在以色列的商人向美國法院承認罪行，他們經營一間非法的網路藥局，透過塞席爾群島清洗多數獲利所得。[58]

半島電視台的揭發報導，或許讓調查報導記者及對企業詐騙有興趣的其他人，對塞席爾群島產生興趣，卻未能終結島上發生的種種騙局。二〇一二年十二月，一間北韓幌子公司成功為吉里巴斯（Kiribati）共和國（位於密克羅尼西亞）及塞席爾群島的董事們取得護照；聯合國認為此公司是非法武器販運的白手套。塞席爾警方表示他們會「調查這些指控」。[59]

接著在二〇一三年初，一名來自斯洛伐克的暴徒馬瑞克·崔吉特（Marek Trajter），跟米歇爾最親近的一位顧問建立友誼，並在對政府慈善機構捐款後，成為塞席爾公民。但國際刑警發現他謀殺另一名跟斯洛伐克黑幫有關的商人後，他就因為被通緝而遭遣返。同一時間，二〇一一年一月突尼西亞遭罷黜獨裁者班·阿里（Zine El Abidine Ben Ali）的女婿薩克·馬帖立（Saker el-Materi），因為貪汙遭該國法院判十六年徒刑後，也逃亡到塞席爾群島。[60]

在二〇一四年的國際調查記者聯盟報導中，曼強的忠實追隨者周保羅（Paul Chow）解釋了塞席爾的商業模式，而當時他本人也經營一間境外服務公司，「美國、歐洲或以色列律師代表客戶聯繫他，他在塞席爾設立公司，將該客戶列為股東。他收取費用，為客戶開設公司，並準備客戶開立銀行戶頭所需的文件。」[61]周告訴國際調查記者聯盟，二〇一三年他靠這類生意獲得的利潤是三十萬美元，這是一般人都望塵莫及的收入。周還說：「英屬維京群島……每年登記設立三萬間公司。我們大概有一萬一千間，目前正急起直追。」[62]他說塞席爾正在進步，因為它跟模里西斯與其他境外金融中心不同，能承受來自經濟合作發展組織（OECD）跟其他國際金融監察組織的壓力。[63]

二〇一六年十月，米歇爾卸任總統後，由副手丹尼．傅爾（Danny Faure）接任，是背景為在古巴受教育的政治學者。米歇爾留下的國家，足以誇耀有全非洲最高的人均國民所得，但考慮到島上財富分配不均的情況，這不過是虛假的數字，其差異就呈現在周保羅這類財務顧問的收入上。[64]塞席爾群島的天堂外表下，潛藏著嚴重的社會問題。

二〇一一年，一份由大英國協祕書處與聯合國社會發展研究機構共同進行的研究報告顯示，緊密家庭組織與社區耆老等傳統社會保護網，已不足以應對許多新興問題，包含「酗酒、依賴社會福利、後天免疫缺乏症候群（HIV／AIDS）及社區崩壞，這些不斷增加的症狀，都是政府的社會政策干預得面對的問題……貧窮在塞席爾群島一直是個具有高度政治爭議的議題，由於並沒有官方貧窮線數字，因此正式來說貧窮並不存在。持續抗拒建立貧窮線，只是讓政府一直欠缺能精準對抗貧困的核心工具。」[65]

塞席爾群島還有一萬七千名外籍勞工，對總人口才九萬五千人的國家來說，這是個極大的數字。多數從事建築業的工人來自孟加拉，其次則來自印度。許多印度人擔任教師或從事觀光旅遊業，並且也僱用大批菲律賓人。他們多數都具備本地人缺乏的技能，而豐厚的社福計畫也讓當地人不願從事建築或旅遊業。塞席爾並不像模里西斯已成功解決這些問題。雖然社會動盪極少，但二〇〇八年示威者與警方爆發衝突，因為政府禁止政治與宗教組織經營廣播電台。隨著貧富差距拉大，加上對外籍勞工的憎惡，塞席爾群島再也無法將社會穩定視為理所當然。

此外，正如二〇一七年一月艾瑞克・普林斯在塞席爾的會議所暗示，此地的不正當生意並未結束。川普與俄羅斯之間可能設立的祕密溝通管道，後續發展並不清楚，甚至連塞席爾當局都不知道普林斯與普丁助理奇里爾・德米特里耶夫之間的會面。根據《華盛頓郵報》報導，他們只承認島上的豪華渡假村確實是這類密會的理想場所。掌管塞席爾外交事務的國務卿貝利・傅爾（Barry Faure）告訴記者：「我並不覺得驚訝。塞席爾群島正是你可以躲開媒體目光，享受一段美好時光的那種地方。這甚至還印在我們的觀光行銷文宣上。但我猜這次你們應該是嗅到某些事情了。」[66]

更嚴重的問題是，塞席爾群島成了印度洋上中印角力的前線國家。同時，塞席爾跟模里西斯不同，由於它擁有軍隊，因此在地緣政治權力遊戲中扮演更重要的角色。雖然比起非洲本土的任何軍隊，只有六百五十名武裝人員顯然規模小了許多。但在二〇一六年十一月，中國中央軍事委員會領導成員王冠中將軍造訪維多利亞，其首要任務之一就是提升「防衛合作」。合作將包含訓練、提供設備與高層互訪。[67]王冠中同時還會見了塞席爾軍隊總指揮官李奧波德・派耶准將（Leopold Payet），討論進一步將塞席爾士兵送到中國受訓事宜。在此之前，大約有五十名塞席爾士兵接受過這類訓練。中國也在二〇〇四年兩國簽訂的軍事合作協議下，送給塞席爾兩架輕型飛機及兩艘海軍軍艦。[68]

二〇一七年六月，中國政府的特別代表許鏡湖也前往塞席爾，會見傅爾總統及其他高層官員。這次訪問之後，中國駐塞席爾大使館在網站上放出消息，表示中國「與塞席爾之間擁有傳統友誼」，塞席爾「也感謝中國對其社會經濟發展的長期貢獻，視中國為好友與好兄弟」。塞席爾顯然「已準備好在藍色經濟、觀光旅遊、健康醫療、運動與安全方面，擴展與中國的互惠合作關係。」[69]

塞席爾群島的幅員與人口雖然不大，但因位於非洲、阿拉伯半島及印度次大陸之間的位置，使其成了中國一帶一路計畫中，從南中國與緬甸穿越蘇伊士運河，延伸到歐洲這一路的重要地緣政治連結。不過中國在塞席爾的動作，並未逃過其他擁有印度洋利益的國家注意，其中之一就是印度。二〇一七年十月，印度派外交部次長蘇傑生（Subrahmanyam Jaishankar）出訪塞席爾。此行並非巧合，就選在許鏡湖的訪問後不久。他跟傅爾總統會面，討論所謂的「公共建設計畫」，並提升「兩國關係至更具戰略性、全面性及野心的夥伴關係」，這是「維護印度與塞席爾之間海路交通的必要之舉」。[70]

印度之所以提升警覺，不只是因為中國—塞席爾的防衛與經濟合作，還有快速上升的訪塞中國旅客人數，在二〇一一年只有五百人，到了二〇一六年則逼近一萬五千人。[71]觀光客也許聽起來單純無害，但中國觀光人潮的快速上升，很少只是為了要享受陽光沙灘。近年來，觀光已成為一種「人力工具」（people power tool），[72]中國鼓勵觀光客前往它想維持友好關係的國家，當北京要懲罰不得其歡心的國家時，就會阻止觀光客出遊。二〇一二年四月，當中國與菲律賓船隻在南海爭議暗礁發生衝突時，中國主要的旅行社就有暫停出團去菲律賓的情形。二〇一八年八月，密克羅尼西亞的帛琉共和國拒絕跟台灣斷交，它選擇跟台灣而非中國維持外交關係，使得北京宣布帛琉是「非法地點」，中國遊客人數從五萬五千人（年度中國遊客人數為十二萬兩千人）幾乎減為零。[73]另一方面，對於想維持友好關係的國家，中國會鼓勵觀光客前往旅遊，例如泰國與緬甸，以及印度洋上的模里西斯、馬爾地夫與塞席爾群島。

二〇一一年，中國也開始研究在塞席爾群島建立港口的可能性。北京宣稱自己想提供海軍艦艇，打擊索馬利亞海岸的海盜，這理由跟它成立吉布地軍事基地一樣。[74]不過此事實際上是塞席爾主動送上門，印度情報機構內閣祕書處研究分析室（RAW）的前室長維克朗．蘇德則告訴媒體，傳統上親近印度的塞席爾政府竟提供海軍設施給中國，這讓他感到相當驚訝。蘇德也說此舉「將升高印度對中國在區域內影響力漸增的憂心」。[75]

雖然中國的計畫並未付諸實現，但印度顯然認為有必要在不同戰場採取行動。二〇一八年一月二十七日，印度與塞席爾簽訂條約，為自己在阿桑普申島（Assumption Island）建立海軍基地與機場鋪路。阿桑普申島位於瑪黑島西南方一千一百三十五公里，亦即在馬達加斯加的北方。印度海軍參謀長阿倫．普拉卡希上將（Arun Prakash）告訴《簡氏防衛周刊》，這處基地是「印度前進的重大一步，將在印度洋區域建立更長久穩固的立足之地」。[76]無庸置疑，此舉不只是對抗中國在塞席爾漸增的影響力，也是對吉布地中國基地的反制。印度在區域內的安全利益同樣展現在模里西斯；模里西斯沒有常規軍，不過其海防衛隊的巡邏艇是印度製造，雖然是用來阻止走私，但也建立了兩國之間的安全夥伴關係。

塞席爾與印度在二〇一八年一月簽訂的條約，其實並非新約。印度總理莫迪在二〇一五年出訪塞席爾時，就已經達成類似交易，但那個計畫也未實現。事實上，阿桑普申島的新交易也很快就遇到麻煩。二〇一八年六月，塞席爾政府反悔，表示無法將條約送交國會批准，因為占多數的反對派成員表示將不會批准這份條約。[77]印度媒體立刻懷疑，塞席爾對海軍基地計畫的態度生變，是中國在背後使力的緣故。[78]

然而，塞席爾跟中國的合作也遇到困難。由中國出資興建的新國會大廈在二〇〇九年十二月啟用時，最大的反對黨塞席爾國家黨（Seychelles National Party）杯葛典禮，並認為如此重要的建築，應該以塞席爾自身的資源興建，而不是讓外國強權越俎代庖。塞席爾國家黨領袖偉佛・蘭卡拉萬（Wavel Ramkalawan）表示，讓一個缺乏民主制度的國家建造塞席爾民主象徵的建築，甚為不妥。[79]他還指出建築基石上的銘文只有中文，而不是塞席爾的國家語言克里奧語、法文及英文。[80]

中國在經營友好國家時，經常對當地人的感受缺乏敏感度，而這可從某些事件看出來。二〇一八年二月，一群塞席爾本地卡車司機擋在維多利亞市政府建築門前街道，抗議總部在模里西斯的中國水利水電（Sinohydro）公司，在建造給維多利亞市及瑪黑島其他城鎮使用的蓄水池時，只使用中國的卡車與司機興建壩體。[81]

雖然二〇一一年中國並未能在塞席爾群島建立海軍基地，二〇一八年印度也未能遂其所願。但這樣只是讓兩國更強力競逐對塞席爾的影響力，而中國顯然百無禁忌。二〇一五年五月，中國共產黨青島（中國東北海岸城市）的市委書記李群率團訪問斯里蘭卡、模里西斯與塞席爾群島，討論理應存於過去的「古代海上絲路」，以及「頻繁往返青島板橋鎮與南亞間的船隻」。[82]他說今日當中國往前推進一帶一路計畫時，區域內「將經歷另一波貿易投資榮景」。[83]

這當然是單純的幻想，從十四世紀鄭和遠航後，中國就沒有商船船隊出航。從那時直到現代，航行跨越印度洋的船隻都屬於不同的歐洲殖民強權。但無論中國領導人們的歷史謬誤如何，中國仍決心成為印度洋上最強大的國家。這項計畫的執行，以及印度與之對抗的企圖，陰謀衝突不只在塞席爾群島上演，也發生在區域內另一處小型島嶼國家：馬爾地夫。

第七章 馬爾地夫

馬爾地夫跟塞席爾群島一樣是高級旅遊勝地，通常跟豪華渡假村連在一起。旅客在此啜飲花式雞尾酒，在白色沙灘享受放鬆，到島嶼附近的湛藍水域游泳潛水。然而在二〇一八年二月，當政治動亂撼動首都馬累（Male）這座完全都市化的六平方公里小島時，那幅圖像突然碎裂了。反政府示威人士與鎮暴警察發生衝突，警方發射催淚瓦斯驅散群眾。危機在同年九月二十三日舉行的選舉達到高潮，當時的總統阿布杜拉·亞敏（Abdulla Yameen）暨馬爾地夫與中國親密關係的締造者，被印度支持的反對派候選人易卜拉欣·穆罕默德·索利（Ibrahim Mohamed Solih）擊敗。十一月十七日，亞敏退下馬爾地夫總統職位，而索利宣誓繼任，來到馬累出席就職典禮的三百多名外國貴賓中，印度總理莫迪是最顯眼的一位。[1]

中印在印度洋區域戰略競爭最激化的地方，莫過於馬爾地夫。即使最近一輪的總統選舉結果如此，國家的未來尚不明朗。馬爾地夫將持續倒向中國這個島內政治的新參與者，還是回頭投入跟印度更親密的長久關係？馬爾地夫是個僅有四十一萬七千人的小國，國土面積為兩百九十八平方公里。但這擁有二十六個環礁的群島，共有一千一百九十二座珊瑚礁島嶼，靠近印度西南方，包含的廣大海域從北到南長達七百五十公里。馬爾地夫四散的島嶼提供了有利的戰略地點，可由此監視印度洋上重要的海運路線，因此它在中國的一帶一路倡議中也有重要地位。但由於馬爾地夫鄰近印度，這也表示比起印度洋上任何島嶼國家，它更踩在印度不希望中國跨過的那條戰略紅線上。

二〇一八年二月，兩個政治陣營間的衝突擴散到馬累街上。當時馬爾地夫最高法院提出釋放數名遭關押反對派議員的命令，因為認定這些人的審判過程與判刑都受到政治力量影響，但亞敏拒絕遵守，甚至更進一步對抗法院。他宣布國家進入緊急狀態，還下令逮捕審判長阿布杜拉・薩伊德（Abdulla Saeed）與法官阿里・哈米德（Ali Hameed），以及和他交惡並加入反對陣營的同父異母兄弟——前總統馬穆・阿布杜爾・葛尤姆（Maumoon Abdul Gayoom）。數千名抗爭者走上街頭，卻遭到警方驅離，此舉被人權觀察組織形容為「對民主的攻擊」。[2]隨之而來的是更多逮捕事件，街頭運動銷聲匿跡，亞敏或許因此認為情勢已在掌握之中。然而他嚴重誤判，正如九月的選舉結果所見。

曾經有近三十年的時間，馬爾地夫都由葛尤姆這個人統治。雖然一九七八年，他在一場相當自由公正的選舉中當選總統，掌權後卻轉變成無法容忍異己的獨裁者。他同時兼任國家與政府元首，更是國家軍隊統帥。葛尤姆多次在沒有反對的情況下再度當選，而且通常至少得到百分之九十五的選票。然而到了二〇〇八年十月，他允許進行第一場有競爭的總統選舉，結果獲得百分之四十五點七五的選票，而年輕的前政治犯穆罕默德・納西德（Mohamed Nasheed）則贏得百分之五十四點二五的選票。納西德在年輕人之間特別受歡迎。在葛尤姆治下的馬爾地夫，經濟狀況主要得益於觀光旅遊業而相當良好，但許多人對他的壓迫政策與行政機構貪腐感到十分不耐。十一月十一日，四十一歲的納西德宣誓就任馬爾地夫新總統時，心裡充滿許多想法，打算將自己的國家轉變為上軌道的民主國家。

新舊兩任總統的政治與個人風格確實差異懸殊。葛尤姆的父親謝克・阿布杜爾・葛尤姆・易卜拉欣（Sheikh Abdul Gayoom Ibrahim）是馬累當地的法官，有八名妻子與二十五個孩子。葛尤姆生於一九三七年，在家中排行第十一。他十歲的時候，和其他十五名馬爾地夫男孩被學校校長穆罕默德・阿敏・迪迪（Mohamed Amin Didi，後來成為馬爾地夫首任總統）送去埃及讀書。但由於埃及跟新宣布成立的以色列發生戰爭，這群男孩一九五〇年才抵達埃及。在那段時間，他們待在當時還稱為錫蘭（Ceylon）的斯里蘭卡，一開始進入加勒（Galle）的美景學院就讀，後來轉往可倫坡的皇家學院。到了埃及後，葛尤姆在加勒穆尼亞（Galamuniyaa）與阿茲哈爾（Al-Azhar）大學研讀阿拉伯文。一九六六年，他以第一名的榮譽資格畢業，[3]還獲得開羅美國大學的英文文憑。

在埃及期間，葛尤姆開始涉入政治。一九六六年，他與一群在開羅的馬爾地夫學生，寄信給當時的馬爾地夫首相易卜拉欣・納西爾（Ibrahim Nasir），要求他重新考慮跟以色列建立外交關係的想法。馬爾地夫是自治蘇丹國，從一八八七年起成為英國的保護國，之後在一九六五年七月二十六日成為完全獨立國家。納西爾對此抗議感到不滿，結果使葛尤姆失去馬爾地夫政府提供的財務支援，只好搬去奈及利亞。在穆斯林主導的北部城市札利亞（Zaria）的阿赫馬都・貝羅大學（Ahmadu Bello），他獲得伊斯蘭研究講師的教職。

一九七一年，葛尤姆返回馬爾地夫，在一間當地學校教英文、算術與伊斯蘭學。此時，有超過八百年歷史的蘇丹國遭到罷黜。一九六八年十一月十一日，馬爾地夫成為共和國，由納西爾出任總統。但他其實並非首任總統，因為馬爾地夫曾於一九五三年短暫成為共和國，由穆罕默德・阿敏・迪迪出任總統，之後蘇丹國復辟。不過馬爾地夫的獨立是在納西爾手上完成。他也帶領馬爾地夫進入聯合國，推動漁業現代化，而且首先將國家打造成觀光勝地。

然而納西爾採取的是獨裁風格，對於這個不尊重人權的政權，葛尤姆正是其中一位反對人士。一九七三年，葛尤姆被捕且遭到軟禁，接著被流放到哈達魯環礁（Haa Dhaalu

Atoll）的馬庫努都島（Makunudhoo），在那裡待了五個月。一九七三年十月獲得特赦後，他成為電訊部次長，卻再次因為批評納西爾而遭到逮捕。這次他在首都馬累的單人監獄中被關了五十天。獲釋後的他再度成為政府公務員；一九七五年還被派往紐約，成為馬爾地夫駐聯合國代表團成員。

一九七八年六月，納西爾宣布自己將要退休，不再尋求連任。在國會中經過好幾輪投票和一次普選後，葛尤姆於十一月十日成為馬爾地夫總統，開始其長達三十年的掌權。雖然馬爾地夫在納西爾治下已開展小規模的觀光業，但葛尤姆將這國家轉變為深受歡迎的旅遊勝地，不只吸引富裕名流，還有更多一般的遊客。他將群島中無人居住的小島轉成渡假村，以此解決觀光旅遊可能對馬爾地夫伊斯蘭價值帶來的影響。只有旅館工作人員可以待在這些島上，而觀光客僅有短暫的購物行程會進入馬累。

一九八〇年代有三次試圖推翻葛尤姆政權之舉，最嚴重的一次發生在一九八八年十一月，斯里蘭卡泰米爾之虎團體在當地商人支持下登陸島嶼。他們成功占領馬累之外的瑚湖爾島（Hulhule）機場（這些島嶼實在太小，因此一島只有一種功能），葛尤姆不得不從總統官邸出走。印度從兩千多公里外的阿格拉（Agra）派出空降傘兵團，解救了葛尤姆及其政府。政變者在幾個小時內遭到逮捕並解除武裝。在代號為「仙人掌行動」的任務裡，印度海軍也加入干預行列，確立了印度做為馬爾地夫安全守護者的角色。

葛尤姆絕非伊斯蘭主義者。他掌權期間允許酒吧與迪斯可舞廳營業，但是不能供酒。但他在埃及期間發現，只要自己能控制得宜，伊斯蘭教就是個強大的工具。或者正如馬爾地夫唯一獨立英文新聞媒體《小巴新聞》（*Minivan News*）的前主編羅賓森（J.J. Robinson）對島嶼政治的精采描述：「當獨裁者的傳統武器，包含祕密警察、收押刑求、流放等，在強烈改革呼籲面前開始崩解時，他『將統治以來一直視為現狀的事加以正式化』。一九九七年憲法讓國家元首葛尤姆成為『頒授伊斯蘭教旨的最高權威』。至少在紙上，他將自己變成了神。」[4]

但這樣做一點幫助也沒有，葛尤姆愈來愈不受歡迎。在二〇〇八年一月，他毫髮無傷躲過一次暗殺。當時一名年輕人出於不明原因，試圖以刀子刺殺他。接著在同年十月，葛尤姆不得不對漸增的反對派要求妥協，然而他還是在馬爾地夫第一場可謂真正民主的選舉中敗給納西德。

穆罕默德．納西德則來自截然不同的背景。一九六七年，他出生於馬累一個相當普通的中產階級家庭，在馬爾地夫及斯里蘭卡就學。一九八二年，他搬到英國，一開始就讀威爾夏郡的一間中學，隨後進入利物浦科技大學，並在一九八九年畢業。一九九〇年返回故鄉馬爾地夫後，他為當地政治雜誌《海螺》（*Sangu*）寫下一篇文章，其中列出政府內的種種貪腐，並且宣稱一九八九年選舉舞弊，結果立刻遭到逮捕，被單獨關押在離馬累不遠的杜尼度（Dhoonidhoo）羈押中心。

一九九二年四月八日，納西德因不願透露與南亞區域合作聯盟（South Asian Association for Regional Cooperation）馬累會議爆炸案的陰謀相關訊息，被判了三年徒刑。他堅稱對炸彈陰謀毫不知情，後來則說自己在杜尼度關押期間遭到刑求。國際特赦組織的馬爾地夫報告將他列為良心犯。[5]在坐牢期間，納西德研究馬爾地夫歷史，並且以英文及島上的迪維希語（Dhivehi）書寫了三本相關著作。[6]

納西德於一九九三年六月獲釋，而一九九四、一九九五年又再度遭捕，並於一九九六年因寫過關於馬爾地夫選舉舞弊的文章，被判了三年監禁。然而這些都無法阻擋這年輕人反對葛尤姆政權的決心，接著在一九九九年，他當選代表馬累的馬爾地夫國會議員。但好景不常，他因為遭指控偷竊而被迫辭去席次，而當時這被廣泛譴責是政治操作。[7]在國會以外，納西德跟其他異議人士試圖登記成立自己的政黨馬爾地夫民主黨（Maldivian Democratic Party），結果未能成功。

轉捩點出現於二〇〇三年九月。納西德要求一名醫生在簽下死亡證明前，先檢查十九歲的哈珊．伊凡．納希姆（Hassan Evan Naseem）的遺體；納希姆死在卡甫環礁（Kaafu Atoll）的馬甫希（Maafushi）監獄中，這位少年因持有毒品而被捕，卻在收押期間被刑求致死。在葛尤姆統治下的馬爾地夫，這種事並不罕見，但納希姆的母親卻採取不尋常的動作：在馬累市中心展示她兒子傷痕累累的屍體。[8]

馬甫希監獄內發生暴動，警衛因此射殺三名受刑人，並造成其他十七人受傷。抗議之聲從監獄傳到馬累，葛尤姆的特殊行動警察以暴力鎮壓示威抗議者。馬爾地夫首度宣布國家進入緊急狀態。國際特赦組織訪視及世界各地媒體對屠殺的報導接踵而至，正如羅賓森所指出：「過去只聽聞純淨沙灘與豪華渡假村的世界，現在被引入馬爾地夫政治。」[9]

國際壓力迫使葛尤姆對民主改革讓步。馬爾地夫民主黨合法成立，而從返回馬爾地夫後一直進出監獄的納西德，以及其他政治犯都獲得釋放。二〇〇八年總統大選的第一輪投票中，納西德輸給葛尤姆；但因沒有候選人獲得過半票數，因此又舉行了第二輪投票。納西德獲得第一輪中某些得到些許票數的候選人支持，因此贏過了葛尤姆，擊敗這個讓自己入獄至少二十年的人。

人民歡欣鼓舞，馬爾地夫終於成為民主國家。納西德成了國際媒體寵兒，一個有人氣的美國網站甚至封他為二〇一〇年「世界最熱門國家元首」第九名。[10]在前一年的十月二十日，他還舉行全球第一個水下內閣會議，凸顯全球暖化對馬爾地夫的威脅。內閣首長們穿上潛水裝備，潛入水下六公尺深的潟湖簽署一封信，並在同年十二月舉辦於哥本哈根的聯合國氣候變化大會之前，致交世界領袖。[11]馬爾地夫多數島嶼不過只高出海平面一公尺，納西德想傳遞的是，除非採取減碳行動，否則這國家將會完全消失在印度洋中。

然而，馬累政府面臨其他更迫切的問題。二〇〇八年驅逐葛尤姆聯盟中的幾名政治人物，開始疏遠馬爾地夫民主黨。聯盟中的主要政黨伊斯蘭正義黨（Islamic Adhaalath Party）跟馬爾地夫民主黨斷絕關係。最終，內閣成員全都來自馬爾地夫民主黨。這場危機導致街頭動盪，起初警方不願驅離反政府抗議者，甚至還支持他們。後來軍隊也開始反對納西德，他只能被迫辭職下台。二〇一二年二月七日，納西德發出聲明：「我若繼續擔任馬爾地夫總統，這國家的人民將持續受苦。因此我辭去馬爾地夫總統職位。我希望馬爾地夫的民主獲得鞏固、正義得以建立、人民獲得進步繁榮。」[12]

納西德下台後，直接由其副手穆罕默德．瓦希德．哈珊（Mohammed Waheed Hassan）繼任。有人指控瓦希德跟反對派合謀，不論此事真假，他都是有史以來最不受歡迎的總統。二〇一三年九月舉行總統大選時，瓦希德只獲得百分之五的選票；同時參選的納西德則獲得最多選票：百分之四十六點九三。然而在第二輪投票中，納西德卻以百分之四十八點六一的得票率，輸給葛尤姆同父異母兄弟阿布杜拉．亞敏，其全名為阿布杜拉．亞敏．阿布杜．葛尤姆。

二〇一五年二月，納西德再次被捕，並因其在總統任內逮捕阿布杜拉．穆罕默德（Abdulla Mohamed）法官而受審。當時阿布杜拉．穆罕默德法官被控妨礙警察執勤，拖延涉及反對人士的案件，並且阻止媒體參與和貪腐相關的審判。納西德在馬爾地夫反恐法下遭起訴，同年三月十三日，法院判他十三年監禁。國際特赦組織在一份聲明中表示：「這場審判從頭到尾充滿瑕疵，判決也站不住腳。」[13]

二〇一六年一月十六日，納西德獲准前往英國接受脊椎手術，條件是「在術後必須返回馬爾地夫服完刑期」。[14]但他決定不回馬爾地夫，並在同年六月獲得英國的政治庇護。他往來於英國與印度之間，最後落腳於斯里蘭卡，在當地組織反亞敏政府的反對派。他的努力終於有了回報，亞敏在二〇一八年九月的大選中落敗。

亞敏在黎巴嫩與美國接受教育，當同父異母的兄長葛尤姆擔任總統時，兩人曾親密共事。一九九〇至二〇〇五年，亞敏出任國家貿易組織（State Trading organisation，）的主席。期間涉入了馬爾地夫史上最大宗的貪腐醜聞之一。

二〇一〇年，新加坡的正大聯合會計師事務所（Grant Thornton）發現，在當時納西德政府的合約之下，亞敏透過國家貿易組織取得石油輸出國組織（Organisation of Petroleum Exporting Countries）的大量石油配額。由於石油輸出國組織對遜尼派穆斯林國家提供優惠待遇，馬爾地夫享有特別且廉價的石油配額。但新加坡出發的運油船從未前往馬爾地夫。反之，國家貿易組織透過黑市將這些油賣給國際買家，其中之一是緬甸軍政府。更具有爭議的發現是，緬甸軍政府在境內用來與新加坡進行交易的公司與個人，都在美國懲罰緬甸惡劣人權紀錄的制裁方案中。其中包括了羅秉忠及其亞洲世界公司，他是前鴉片軍閥羅星漢的兒子，也是中國在緬甸好幾個建設計畫的主要夥伴。[15]

二〇〇四年，在葛尤姆跟亞敏領導下，國家貿易組織跟馬來西亞的摩坎集團（Mocom Corporation）在新加坡登記設立合資公司，稱為摩坎貿易公司（Mocom Trading），而且也在此出售石油配額。正大聯合會計師事務所指出：「國家貿易組織的新加坡分公司與新加坡摩坎貿易公司，都有發出給緬甸的銷售請款單，上面載有油桶數量及單位價格。除了每桶價格外，請款單的內容非常類似。」[16]其詐騙規模達到八億美元之譜，與馬爾地夫當時的國民生產毛額十四億美元差別不大。[17]

這樁詐騙案是由調查記者蘇蒙・恰克拉巴提（Sumon K. Chakrabarti）在印度雜誌《周刊報導》（*The Week*）所揭發；他將亞敏描述為整起事件的「主謀」。[18]二〇一二年二月，瓦希德政府掌權後的第一個動作，就是解散當時主管正大聯合會計師事務所調查的總統直屬委員會，並且解除與該事務所的合約。[19]

身為總統，亞敏視新德里為背後支持納西德的主要外國勢力，因此採取堅決反印立場，讓馬爾地夫更靠向中國。這種關係並不新奇，但在亞敏治下卻好到讓印度感受到安全威脅。馬爾地夫與中國在一九七二年建立外交關係，一九八四年十月葛尤姆出訪北京時，雙方簽訂了經濟與技術合作協定。

一九九〇年代末，謠傳葛尤姆已經跟中國簽訂祕密防衛協定，中國將取得一整個島嶼做為潛艦基地，而代價是提供武器給馬爾地夫軍隊。[20]雖然這並未成真，但北京持續透過中國開發銀行提供馬爾地夫空白支票，更透過孔子學院進行所謂的「文化合作」。

在二〇一二年二月納西德下台之前，並未發生什麼大事，而他當總統時跟印度GMR基礎建設公司（GMR Infrastructure）簽訂的合約，於同年十一月無故遭到廢止，新合約則轉向中國國營企業。[21]接著是亞敏掌握政權，中國與馬爾地夫的關係蓬勃發展。二〇一四年九月，中國國家主席習近平前往馬爾地夫訪問時，兩國夥伴關係更往前邁進一大步。此行敲定了馬爾地夫國際機場提升計畫的交易，中國還將負責興建連接馬累與瑚湖爾島機場的兩公里橋梁。

習近平並未放過這機會，幻想起中國宣稱過去曾經存在，但現實從未出現過的「海上絲路」。這些歷史小細節自然無法阻止習近平說馬爾地夫「是古代海上絲路的重要一站」，同時根據中國官方媒體報導，他還歡迎「馬累積極參與中國的二十一世紀海上絲路計畫」。[22]在習近平出訪的兩個多月後，同年十二月馬爾地夫與北京簽訂支持一帶一路計畫的備忘錄，是首批簽署的國家之一。

亞敏在二〇一七年十二月訪問北京時，馬爾地夫與中國簽訂自由貿易協定。這是它的第一個自由貿易協定，也是繼巴基斯坦之後，南亞地區第二個跟中國簽訂這類條約的國家。根據中國政府的聲明，中國與馬爾地夫「將把超過百分之九十五的商品關稅降到零」，同時兩國將「致力於開放金融、醫療與觀光等服務業市場」。[23]中國投資者獲准在當地經營旅館與渡假村，馬爾地夫則獲得新的漁產品出口市場。

然而自貿協定簽訂的方式，卻遭到馬爾地夫民主黨與其他反對政黨的批評。馬爾地夫民主黨在新聞稿中表示：「雖然（反對派）國會議員提出要求，仍未能在通過協定前審閱文件內容。超過一千頁的文件，政府卻只給整個國會程序不到一小時的時間。」[24]亞敏對反對派的意見一點興趣也沒有，不過這是他從二〇一三年成為總統後一貫的領導風格。

連通馬累與機場的橋梁於二〇一八年八月三十日完工，在啟用通車典禮上，亞敏說這座橋是「馬爾地夫與中國長久關係的象徵」。[25]若說中國在這麼短的來往中達到如此成就很了不起，那可是一點也不為過。中國在馬爾地夫的公共建設上投資了數十億美元，包含更新維護機場與港口、住居建設，以及租用小島進行觀光發展。二〇一七年的一百三十九萬名遊客中，有三十萬六千人來自中國，遠超過其他國家；第二名是德國人，有十一萬兩千人；接著是英國的十萬三千人；八萬三千人來自印度；六萬兩千人來自俄羅斯；小規模人數則來自其他國家。[26]中國不只是遊客人數遠多於其他地方，二〇一七年十二月簽署的自貿協定，也給予中國商人在觀光旅遊業中勝過其他外國投資者的利基。

中國推動較具爭議性的建設計畫，是在二〇一八年宣布，將於馬爾地夫西北方的馬庫努都島建設一座聯合海洋觀察站。《印度時報》的特派員當時寫道，這項設施提案將「給予中國監控印度洋重要航運路線的制高點……（同時）有效開啟中國對抗印度的海上前線。」[27]

此說法是否為真，又或者中國只想密切關注重要航運通道，仍是各方猜測。不過馬爾地夫民主黨當時也暗示，這可能被用於軍事用途。二〇一八年九月二十五日，也就是馬爾地夫總統大選後兩天，中國否認此說，其外交部發言人耿爽痛斥當時流亡於斯里蘭卡的納西德，因其攻擊中國在馬爾地夫計畫的可行性。[28]納西德說許多中國計畫缺乏透明度，也未根據「民主程序」規劃或執行。[29]早前他曾指控中國「忙著買下馬爾地夫」。[30]耿爽痛斥納西德發表「不負責任的言論」，以不太有外交手腕的方式說中國不容「特定人士抹黑」。[31]

雖然亞敏輸了二〇一八年九月的大選，但不論接下來十年由誰當政，即使繼任者有心，也無法掙脫亞敏任內與中國簽訂的合約巨網。部分合約對象是中國大型國營企業，其他則是有中國關係或受其庇蔭的小公司。位於邦加羅爾（Bengaluru）的印度智庫塔克西拉中心（Takshashila Institution）的尼丁．派伊（Nitin Pai）在選後寫道：「馬爾地夫政府是否有重新談判所有合約的能力，這點我們並不清楚。馬來西亞、斯里蘭卡跟巴基斯坦都可以嘗試努力，馬爾地夫卻沒辦法。」[32]

中國半官方八卦小報《環球時報》在九月二十五日的評論中提到，「中國並未干涉馬爾地夫的內部事務，雙邊合作符合這個印度洋國家的利益。因此，無論由誰當總統，中國與馬爾地夫的友誼連結將會持續。」[33]社論繼續寫道，「亞敏政府為了馬爾地夫發展，為人民創造明確利益，因此選擇跟中國合作。」[34]

然而這樣的聲明正好顯示，中國政策制定者不了解馬爾地夫的政治多變且幾乎無法預測的本質。老獨裁者葛尤姆向對抗其同父異母兄弟亞敏的反對派靠攏，正是其中一例。二〇一八年九月大選後一週，葛尤姆獲得保釋出獄，而他女兒尤穆娜・毛穆（Yumna Maumoon）在推特上暗示，是她說服父親換邊站，「希望並祈求所有政治犯都能迅速獲得釋放。蒙真主允許，惡夢終於結束。感謝所有為了這一天而努力的人。」[35]這也可能是因為葛尤姆被捕時（二〇一八年二月）已高齡八十，他想在歷史上留下的形象是「引領馬爾地夫進入現代世界的領袖」，而非「殘暴貪腐獨裁者」。葛尤姆是以人權捍衛者的形象展開政治生涯，甚至成了納西德當政時被壓迫的受害者。

比起印度洋其他國家如模里西斯、塞席爾及葛摩群島，馬爾地夫的戰略重要性更高，因此中國更不願放棄在群島上的收穫。馬爾地夫的重要性實際上遠早於今日的地緣政治遊戲，早在數個世紀前就已展現，而這也是如今它成為穆斯林國家的原因。馬爾地夫位於早期埃及、美索不達米亞與印度河文明之間的海上交易通道，最早的定居者可能是來自今日斯里蘭卡及印度的佛教與印度教移民。阿拉伯貿易商在九世紀開始造訪馬爾地夫，並且對島上的生活與社會留下更長久的影響。幾個世紀下來，這裡在印度次大陸、阿拉伯世界與非洲的影響下，浮現了一個獨特的馬爾地夫民族。[36]阿拉伯人引入伊斯蘭教，據島上歷史記載是始於一一五三年，當時最後一任佛教國王改信伊斯蘭教，並且採用穆斯林頭銜與姓名，即穆罕默德·阿迪爾蘇丹（Sultan Muhammed al Adil）。[37]

馬爾地夫的名稱或許是來自泰米爾文的花環（maalai）與島嶼（theevu），抑或是梵文的maladvipa，同樣是「島嶼花環」的意思。[38]雖然還有其他理論，但多數都指向島嶼和花環，而且似乎也很貼切。伊斯蘭教雖然隨著阿拉伯貿易商前來，但島上所用的迪維希語卻和斯里蘭卡的僧迦羅語有關。迪維希語的書寫文字被稱為塔納（Thaana），類似阿拉伯文，卻有所差異。

阿拉伯及印度世界的影響力一直很強大，但與中國宣稱包含馬爾地夫的「海上絲路」不同的是，此地並沒有早期跟中國貿易往來的證據。鄭和雖然知道這些島嶼的存在，但對這些島的敘述都是其通譯暨記錄者馬歡所為，而且紀錄也很簡短，「不識米穀……國王、頭目、民庶皆是回回人……人多以漁為生，種椰子樹為業。」[39]這些中國訪客還注意到椰子、貝殼與乾鰹魚外銷到「別國」[40]，但並未暗示任何物品是送往中國，或者有中國商品在島嶼上販售。從鄭和一次出航的短暫停留後，直到現代之前，再沒有馬爾地夫與中國任何互動的紀錄。

最早在馬爾地夫立足的歐洲人是葡萄牙人，他們在一五五八年占領群島，並從印度西海岸的殖民地果亞進行統治。但葡萄牙的統治僅持續了十五年。一位名叫穆罕默德・塔庫魯凡（Muhammed Thakurufaan）的當地反抗戰士組織抗爭，於一五七三年將葡萄牙人趕了出去，並且自立為島上的蘇丹。馬爾地夫人尊其為國家英雄，如今他戰勝葡萄牙人的事蹟被紀念為國慶日。

荷蘭人在十七世紀中期抵達群島，同樣嘗試在此建立勢力，但也不太成功，而它在此地的發展於一七九六年完全告終。當時荷蘭人被逐出錫蘭（現在的斯里蘭卡），錫蘭成為英國殖民地，馬爾地夫則以保護國身分納入英國麾下，不過雙邊條約直到一八八七年才簽定，蘇丹接受英國在對外關係與國防上的影響力。英國持續透過錫蘭間接統治，唯一的干涉是在一九三二年，當時馬爾地夫通過第一憲法，限制蘇丹的絕對權力，並且建立首相職務。這個保護國除了一九五三年於穆罕默德・阿敏・迪迪治下短暫成為共和國外，蘇丹仍是正式的國家元首。

英國對馬爾地夫的政策，反映於殖民時期憲法第一條：「馬爾地夫在內政上是完全獨立國家，並依此原則治理……馬爾地夫群島仍持續受國王陛下保護；英國國王陛下的政府將時刻盡力採取任何必要行動，保護馬爾地夫群島免受敵襲。」[41]英國在馬爾地夫的唯一利益，就是避免其他列強奪取這位於戰略地位的島群，如此就不會威脅到自己在印度與錫蘭的殖民統治。

這裡就跟區域內許多其他地方相同，一切因為二戰而改變。一九四一年，英國皇家海軍在馬爾地夫最南方阿杜環礁的甘島（Gan）上建立軍事基地。此地蓋了一條跑道，以及連結甘島與環礁中其他島嶼的堤防道路。海岸砲台與防空機槍旁設置了儲油槽，阿杜環礁的深水環礁是海軍加油的理想地點。這個基地最棒之處，莫過於日本根本不知道其存在。[42]它藏身於印度洋的偏遠島嶼上，而且和其他區域內島嶼不同的是，這裡從未遭受日本轟炸機與潛艇攻擊。

即使到了二戰之後，甘島依舊是歐洲、新加坡、香港與澳洲之間飛機的中轉站。在整個一九五〇年代至一九六〇年代，甘島機場是英國維持印度洋基地鏈的重要一環。一九五七年，當英國皇家空軍（RAF）將錫蘭的各個基地轉交給該國空軍後，此地的重要性更被彰顯。阿杜環礁的軍事基地由英國皇家空軍接收，並被指定為英國皇家空軍甘島基地（RAF Gan）。

兩年後，阿杜環礁成了蘇瓦地夫聯合共和國脫離馬爾地夫的事件焦點，令英國感到難堪，因為它在維持基地的同時，也想跟馬爾地夫政府和平共處。為了安全起見，英國從新加坡派出一支軍團前往甘島加強巡邏，以免反抗軍跟被派到環礁外海的馬爾地夫軍艦發生軍事衝突。[43]最後暴力衝突並未發生，而蘇瓦地夫聯合共和國也在一九六三年解散，其反抗領袖阿布杜拉·阿非夫·迪迪被英國送到塞席爾群島，並於一九九三年在那裡過世。

然而在一九六七年七月，英國對印度洋的政策出現轉變，當時的首相哈洛德・威爾森（Harold Wilson）宣布，英國計畫將在一九七〇年代中期之前，撤出其在「蘇伊士運河以東」的防衛角色。[44] 但英國並不打算放下自己在「蘇伊士運河以東」的所有承諾。在威爾森做出決定的同時，英國正好建立了英屬印度洋領地（British Indian Ocean Territory）及迪亞哥・賈西亞軍事基地。之後，英國皇家空軍甘島基地失去了重要性，到了一九七六年，也就是馬爾地夫完全獨立的九年後，最後一支英軍從該基地撤出。

一九七〇年代，西方在冷戰時期的主要對手蘇聯，其船艦開始出現在印度洋海域。塞席爾及南葉門的親俄政權協助蘇聯在這區域立足，而這正是在甘島基地關閉前，英國皇家空軍曾與馬爾地夫政府進行強硬談判的原因。它希望確保蘇聯海軍無法在區域內成立類似迪亞哥・賈西亞島之類的基地。[45]

英國皇家空軍離開甘島後，留下的跑道幾乎未曾使用，直到二〇〇九年，納西德政府才成立了公營企業甘島機場公司，並於二〇一〇年一月接管了甘島國際機場的經營，這是馬爾地夫繼瑚湖爾島之後的第二座機場。它被整建成由阿杜島國際機場公司擁有及管理的民用機場，主要進出旅客是前往附近渡假村的中國遊客。中國南方航空從廣州經可倫坡降落於甘島機場。沒任何跡象顯示這機場會再次轉為軍事用途。

目前中國唯一出現在馬爾地夫的軍事蹤跡，是二〇一七年八月抵達馬累的三艘海軍護衛艦。馬爾地夫軍方形容這是「親善訪問」，同時表示中國將與馬爾地夫軍方進行「特別訓練」，並且「舉辦聯合體育活動以強化中馬雙方軍隊的友誼」。[46]中國也前往基利甫西島（Girifushi）軍事基地參訪。這次的交流是發生在亞敏政府於南海島礁爭議中表明支持中國後的六個月左右。[47]

印度安全分析師對這次的訪問感到沮喪不安。前印度外交部長暨中國專家夏姆．沙蘭（Shyam Saran）在雙周刊《今日印度》（*India Today*）上寫道：「這訊息強勁而清晰，中國決心要展現其再三聲明的主張——印度洋不是印度的海洋」。[48]在二〇一八年二月危機期間，納西德曾督促印度進行干預，甚至包含派兵進入馬爾地夫。對此，一名《環球時報》（反映北京官方政策的媒體）作者反駁道：「印度應當自制……中國不會介入馬爾地夫的內部事務，但這不表示新德里若破壞原則，北京會袖手旁觀。倘若印度片面派遣軍隊進入馬爾地夫，中國會採取行動阻止新德里。印度不應低估中國反對單方面軍事干預的意志。」[49]

籠罩在馬爾地夫上方的中國陰影，導致中印之間的苦澀敵對關係，並不是這群島目前面對的唯一爭議事件。國內半數以上人口都擠在馬累島六平方公里的區域內，讓此地成為全球人口最稠密的首都之一。其二〇一七年人均所得達到令人側目的一萬零五百三十五美元，低於塞席爾，大約與模里西斯相當，但遠高於斯里蘭卡的四千零六十五美元與印度的一千九百三十九美元。[50]然而馬爾地夫失業率非常高，尤其是年輕世代，而且毒品氾濫、幫派犯罪肆虐，治安情況比幾十年前更不安全。馬爾地夫人很少在渡假村工作，那些地方是由歐洲人跟澳洲人管理，主要僱用數萬名收入相當微薄的孟加拉人。[51]進入渡假村的當地人，看到穿著暴露的外國人花費自己夢想中大把鈔票的場景，可能會感到震驚。因此毫不意外，馬爾地夫成了伊斯蘭極端主義的肥沃溫床。

納西德在二〇一四年九月造訪倫敦時表示，高達兩百名馬爾地夫人前往伊拉克與敘利亞加入伊斯蘭國（Islamic State），而馬爾地夫總人口不過才四十一萬七千人。[52]相較之下，加入伊斯蘭國的印度戰士不過一百人左右，而印度的穆斯林人口超過一億九千萬人。[53]納西德警告這情況正在惡化，宣稱聖戰士團體與馬爾地夫軍警有聯繫管道。[54]他指出馬爾地夫社會變得愈來愈保守，因為沙烏地阿拉伯的金錢湧入，供應瓦哈比派（Wahhabi）①伊瑪目（imam）②與清真寺所需，「並且散布跟島嶼傳統相悖的極端保守伊斯蘭觀念」。[55]

二〇〇四年，印度洋海嘯重創斯里蘭卡、安達曼與尼科巴群島，以及震央蘇門答臘北方各地，但馬爾地夫沒受到嚴重影響；當時整個區域有十三萬人死於海嘯。馬累發生水

---

① 譯者注：十八世紀中期興起於阿拉伯半島內志地區的伊斯蘭遜尼派原教旨主義運動，以創立者穆罕默德．伊本．阿布杜．瓦哈比得名。此派在伊斯蘭教義解釋上極端保守，後來與阿拉伯半島的沙烏地家族結盟，促成了沙烏地阿拉伯建國，故成為沙烏地國教，沙烏地政府也在伊斯蘭世界各地出資推廣瓦哈比派信仰。

② 譯者注：伊斯蘭禮拜的導師，即伊斯蘭教集體禮拜時，站在眾人前方引領禮拜之人。

災，外圍比較低矮的環礁受創慘重，有八十二人死亡，二十四人回報失蹤並被推定死亡。海嘯後，主要由沙烏地阿拉伯資助的伊斯蘭傳教者抵達馬爾地夫，並開始與在地的傳教者合作，表面上似乎是要提供精神與其他賑災服務。都柏林國際衝突解決與重建研究所（International Institute of Conflict Resolution and Reconstruction）的馬爾地夫籍研究者阿茲拉．納西姆（Azra Naseem），在接受《愛爾蘭時報》（*Irish Times*）訪問時解釋當時發生的事：「那是基進化過程的轉捩點。在地的伊斯蘭主義者聰明利用這場悲劇，說服馬爾地夫人海嘯是真主的懲罰，因為他們並未奉行『正確的』伊斯蘭，也就是薩拉菲（Salafi）與其他原教旨主義者希望所有穆斯林轉向的『純潔派』伊斯蘭。」[56]

羅賓森注意到「幾乎一轉眼，馬爾地夫人就接受自己必須去海外學習『正確』伊斯蘭，許多人把握機會，前往巴基斯坦的伊斯蘭宗教學校（madrassa）與沙烏地阿拉伯大學免費接受『高等教育』。他們回國後自詡為『學者』，拿著可疑的文憑秀幾句阿拉伯語，就能贏得尊敬，並且說服周遭接受他們的宗教權威。」[57]直到一九九〇年代，馬爾地夫女性都很少戴面紗。如今阿拉伯式全罩面紗成了馬爾地夫常見的景觀。

二〇〇七年九月，一枚炸彈在馬累引爆，導致十二名外國遊客受傷：八位來自中國、兩位來自英國、兩位來自日本。很快就知道此事的幕後黑手是伊斯蘭原教旨主義者，政府派兩百名軍警前往喜曼都島（Himandhoo）尋找證據，而該島的集會之家（Dhar-al-khuir）

清真寺曾宣稱自己在宗教教義上不受政府指示。他們在碼頭上遭遇一小群拿著棍棒刀劍、頭戴紅色機車安全帽的島民。[58]在接下來發生的衝突中，一名警察被島民俘虜，另一位的手被砍斷。

就如同羅賓森所解釋，「不久後，有人在一個基地組織網路論壇上發現一部影片，內容是警察攻堅前沒多久，在集會之家清真寺內部拍攝的片段。」[59]根據外洩的美國外交電報，有三名馬爾地夫人被確認是基地組織成員，這足以顯示該恐怖團體滲透馬爾地夫的程度。電報也表示至少有兩名和基地組織有關的特工涉入爆炸案，「以此換取離開馬爾地夫的資格，並且安排去巴基斯坦宗教學校就讀。」[60]

伊斯蘭已成為不可忽視的政治勢力。納西德在二〇〇八年當選後不久，就被對手描繪成「反伊斯蘭者」，並捲起一陣要他下台的宗教狂熱。他被指控是受到西方影響、不尊重伊斯蘭價值的自由派。然而即使是亞敏，也成為最基進伊斯蘭原教旨主義者的攻擊對象。二〇一六年，馬爾地夫聖戰士在網站上傳一段影片，其中有包含亞敏在內最近三任總統的照片，它們被活埋並以AK-47步槍射擊。[61]

人們經常忘記，迪維希語中稱為「sariatu」的伊斯蘭教法（shariah），其實是馬爾地夫法律的基礎。伊斯蘭是正式的國教，二〇〇八年通過的馬爾地夫憲法第九條規定，非穆斯林不得為該國公民，馬爾地夫公民也不得信仰伊斯蘭以外的宗教。[62]然而至少直到最近，嚴格的伊斯蘭教法從未被執行過。二〇〇九年七月，一名十八歲女性因為被發現跟兩名男性發生性關係，被杖打一百下後而昏厥。由於當時這年輕女性已經懷孕，因此處罰延遲至她生產後才進行。相比之下，根據《獨立報》當時的報導，遭指控的男性無罪開釋，其中一人因為否認指控而逃過刑罰。[63]這是在納西德總統任內發生的事，由於他仰賴與伊斯蘭正義黨的脆弱聯盟，因此未能發聲。但伊斯蘭正義黨後來仍與馬爾地夫民主黨斷絕關係，進而導致納西德的政府崩潰。

另外一名女性也遭指控出軌，並且於二〇一五年被判石刑處死，不過她比較幸運，該刑罰是由在偏遠的葛瑪納甫希島（Gemanafushi）法庭判定，但遭到馬累最高法院推翻。政府也介入另一起案件，一位十五歲性侵受害者因婚前性行為而遭判一百下鞭刑，該判決後來被推翻。這位女孩多次被父親性侵，後來父親及其二十九歲的情人都被起訴並判處十年徒刑。[64]不過政府是因遭逢國際社會的反對聲浪才介入處理。

媒體也遭致基進分子的憤怒。二〇一四年，報導世俗主義與極端主義的知名馬爾地夫記者阿赫麥德・里爾萬・阿布杜拉（Ahmed Rilwan Abdulla）遭到綁架。同僚亞敏・拉希德（Yameen Rasheed）加入尋找阿布杜拉的行動，卻在自己的馬累公寓樓梯間被刺殺。拉希德是位資訊科技專業人員，利用閒暇之餘經營部落格，專注報導「未經過濾的真相、令人作嘔的事實、可怕的細節，以及因為在馬爾地夫而顯見的痛苦。」[65]

顯然，無論印度打算如何重建在馬爾地夫的影響力，都會遭遇來自中國及其地方代理人，以及伊斯蘭基進派的反抗。如今，印度在一九八八年發動的軍事干預已不可能再現。二〇一八年二月，當納西德要求印度進行這類干預時，警告不只來自中國，也發自馬爾地夫內部。二月十三日，馬爾地夫國防部在網站上以英文及迪維希語發出訊息，聲明該國政府「譴責所有將威脅國家獨立及國家安全的行動……此類行動……將令人質疑印度與馬爾地夫數十年來的絕佳關係。」[66]

因此，印度選擇邀請亞敏在二〇一八年七月前往新德里，跟馬爾地夫簽訂防衛協定。莫迪當場表示「印度了解自己在區域內單純扮演安全提供者的角色」。[67]據傳合作的主要內容包含港口發展、訓練、設備供應與整合海域監測。但此舉究竟是否太少又太晚，同時能否在印度與馬爾地夫之間促成任何實質合作，仍舊在未定之天。印度想要監測這片印度洋海域，很可能還是得仰賴新的拉克沙兌普基地。

即使印度這樣做，也不代表完全沒問題。拉克沙兌普群島最南方的迷你科伊環礁上的居民，其文化與語言都跟馬爾地夫密切相關，而且距離馬爾地夫最北的環礁僅有一百三十公里。一九八二年七月，一位馬爾地夫內閣部長阿布杜拉．哈米德（Abdulla Hameed，也是葛尤姆的兄弟之一）在公開演講中，宣稱迷你科伊環礁應屬於馬爾地夫。此舉自然引發與印度的外交危機，使得馬爾地夫政府不得不清楚表明，自己並不打算主張擁有迷你科伊。不過就如一個馬爾地夫網站所指出：「即使今日，許多馬爾地夫人私下懷抱的情感，仍跟一九八二年那場部長演講一樣。」[68]事實上，迷你科伊從未屬於馬爾地夫蘇丹。坎納諾爾（Cannanore）③的阿里國王（Ali Raja）於一九〇九年將此地割讓給英屬印度，印度獨立後則將此島納入一九五六年十一月一日新成立的島嶼聯邦領地，一九七三年更名為拉克沙兌普。

中國在馬爾地夫政治與經濟上的影響力，顯然沒有被納入討論。莫迪選了比較外交圓滑的手段，「亞敏總統跟我都意識到，南亞區域內跨邊界恐怖主義與基進化日益增長的危險。安全機構間的資訊交流，馬爾地夫軍警的訓練與能力建構，是我們安全合作的重要部分。」[69]兩國簽訂備忘錄，協助保存及修復馬爾地夫的古老清真寺與其他歷史紀念物，此舉被印度報紙稱為「去基進化行動」。[70]

自從二〇〇七年的馬累爆炸案後，馬爾地夫在全球恐攻地圖上占有一席之地，這也促使美國更注意這國家。當然，中國漸增的影響力也是美國涉入馬爾地夫事務的另一個因素。馬累距離迪亞哥．賈西亞島僅一千兩百七十五公里，馬爾地夫的發展逐漸成為華府真正關心的問題。美國機構在報告中指出，「馬爾地夫年輕人，特別是那些受刑罰者和其他社會邊緣人，有變得基進化的風險，而有些人已加入恐怖主義團體。」[71]

馬爾地夫加入美國國務院的反恐專案，主要是提升警方能力到達國際水準。二〇一三年，當時歐巴馬總統試圖讓瓦希德政府簽訂《軍隊地位協定》（Status of Forces Agreement），以此建立更緊密的合作。該協定將推動兩國軍事合作，可能包含美國在馬爾地夫半永久進駐。不過到了十一月，當選後的亞敏決定靠向中國，協商因此觸礁。[72]在二〇一八年九月大選前，一名美國國務院官員表示，華府憂慮馬爾地夫持續「民主倒退」，並要求其釋放所謂「被誣告」的政治犯時，美馬關係進一步惡化。亞敏的外交部長提出反駁，並且指控美國對選舉過程威嚇及「施加不必要的影響」。[73]

在葛尤姆於二〇〇六年創建馬爾地夫國民防衛隊（Maldives National Defence Force）之前，該國並沒有正常組織的軍隊。過去的蘇丹有私人安全衛隊參與王家典禮。中央政府擁有巡邏群島水域的船艦，以及一支警察部隊。國防與安全部在一九七九年成立，這是在中央指揮下建立實質軍事武力的第一步。二〇〇六年建軍後，由總統出任軍隊總指揮官。

---

③譯者注：今日稱為坎努爾（Kannur），古名為Kolathunadu，英國人稱為Cannanore。此地位於南印度喀拉拉邦北部，自十二世紀起就是次大陸西岸馬拉巴海岸上，連結波斯與阿拉伯半島的重要貿易港口。馬可孛羅與伊本·巴圖塔的遊記中都曾記錄此地。葡萄牙人抵達印度西海岸時，此地即為馬拉巴海岸四個主要強權之一。十八世紀末至十九世紀初，英屬東印度公司在全印度擴張勢力時，擊敗了南印度強權邁索爾國王提普蘇丹（Tipu Sultan）後，正式將馬拉巴海岸諸地納入馬德拉斯（今日清奈）總督府的範疇，此舉也造成馬拉巴海岸各貿易中心的沒落。

如今馬爾地夫國民防衛隊的軍力公認在三千五百人左右，包含海軍陸戰隊、海岸防衛隊，以及一支附屬飛行聯隊與特戰部隊。[74]

飛行聯隊中包含一架印度捐贈的北極星直升機（Dhruv）；二〇〇六年，印度海軍還提供馬爾地夫海岸防衛隊一艘特林卡特島級（Trinkat）快速攻擊艇。馬爾地夫軍隊使用的裝甲車主要是由土耳其奧圖卡爾車廠（Otokar）製造。以如此小的國家來說，馬爾地夫擁有相當強大的武力。由於軍隊聽命於總統，因此被用來鎮壓內部異議，就像二〇一八年二月時，身著鎮暴裝備的士兵們包圍國會，逮捕了兩名反對派國會議員。[75]

馬爾地夫國民防衛隊的特戰部隊是在二〇〇九年成立，是一支由訓練精良的精英士兵組成但人數不詳的特殊隊伍。根據馬爾地夫國民防衛隊的網站介紹，這群「精英中的精英」是「受過合格傘降訓練」，而且「自豪常與外國精英戰隊，如美國特戰隊、美國海軍海豹部隊、英國空勤特遣隊、印度國家安全衛隊，以及斯里蘭卡陸軍特遣隊等進行交換訓練。」[76]我們很難判斷這資訊的正確程度，不過任何特戰隊的訓練資訊都是機密。

中國不斷重申自己沒有在馬爾地夫建立軍事基地的計畫，並且稱這類說法為「無稽之談」。[77]除了二〇一七年八月抵達馬爾地夫的三艘護衛艦外，中國軍隊曾不只一次被目擊出現在馬爾地夫：二〇一四年十二月，中國以飛機與軍艦運送一千噸清水前往馬爾地夫，緩解該國因唯一的自來水與下水道處理廠失火導致的缺水問題。中國外交部稱北京是應馬爾地夫政府請求，提供「現金與飲用水」的緊急援助。[78]

不過納西德曾說中國正在「買下」馬爾地夫，從長遠來看，收購那些土地可能有其軍事用途。二〇一五年七月二十二日，馬爾地夫通過憲法修正案，允許投資至少十億美元的外國人，可以在永久業權的基礎上承租土地，前提是百分之七十的區域必須是海埔新生地。納西德宣稱這條新法律已導致群島內大約有十六座小島被租給中國利益相關人士，他們在島上建立港口與公共建設，「土地掠奪正在發生，受威脅的不只是馬爾地夫人民，還有整個區域的和平與穩定。一個崛起的大型強國正在買下馬爾地夫，買下我們的島嶼，買下我們的關鍵基礎設施，更有效買下我們的主權。」[79]

中國大量借款給馬爾地夫這類國家以支付公共建設計畫，也是另一個問題。華府智庫的全球發展中心（Centre for Global Development）估計中國提供馬爾地夫的貸款為十三億美元，超過該國現有國民生產毛額的四分之一。[80]兩間涵蓋馬爾地夫的信用評等公司惠譽國際（Fitch）及穆迪（Moody's），都將該國列為「次級投資等級」。世界銀行與國際貨幣基金則認為，若按照現階段的支出持續下去，馬爾地夫可能會陷入困境，到時就只能任由中國擺弄了。[81]

無論是由誰統治馬爾地夫，中國都已取得未來任何政府難以掙脫的主導權。倘若馬爾地夫決定要犧牲中國，重建與印度的緊密連結，北京將會運用它在世界其他地方施展的武器進行報復，即是將觀光業「武器化」。若中國像懲罰跟台灣維持關係的帛琉那樣，對馬爾地夫進行觀光杯葛，將會對其經濟造成重創。觀光業占馬爾地夫經濟規模的百分之二十八，更帶來超過百分之六十的外匯存底。百分之九十的政府收入來自關稅與觀光相關稅收。[82]

中國或許也會煽動馬爾地夫的政治動亂，而最可能的方式是透過代理人，並且運用跟當地政客（例如亞敏）之間的侍從關係。「古代海上絲路」也許是個迷思，但馬爾地夫在習近平一帶一路倡議中的戰略重要性卻顯而易見，中國將盡其所能持續掌控馬爾地夫。這是馬爾地夫必須面對的苦澀現實。

第八章　澳洲的海外小點

它們只是印度洋偏遠東緣上的小點，然而澳洲領地科科斯（基林）群島的西島上，卻有一條兩千四百四十公尺長的跑道，凸顯出這座人煙稀少環礁的戰略重要性。該地的一百多名居民主要是高加索人種；另有五百名馬來裔住在家島（Home Island），是群島中唯一有人居住的其他島嶼。此地距離伯斯（Perth）兩千九百三十五公里。在科科斯（基林）群島東北方有另一處澳洲外領地，也就是位於印尼爪哇島南方將近一千公里處的聖誕節島。此地有一千四百位居民，其中百分之七十為華裔，百分之二十為高加索人種，百分之十為馬來人。

這些島嶼在人口與資源上或許微不足道，例如聖誕節島曾有座磷酸鹽礦場，卻於一九八七年關閉，在一九九一年部分重啟，到了二〇一七年再度關閉。然而對包含美國在內的西方國家而言，這些澳洲的印度洋領地能提供在東印度洋上的戰略優勢。它們是澳洲的外圍防衛線，同時在西方與中國的潛在衝突中，美國海軍與盟友可阻斷中國從中東進口石油的路線。

目前在科科斯或聖誕節島上都沒有軍事基地。但正如澳洲防衛分析師羅斯・巴比吉（Ross Babbage）在一九八八年的領地研究中所言，在緊急情況下，這些島嶼「將延伸澳洲對附近區域的偵查及空中防衛，以及海上與陸地攻擊行動的範圍。事實上，這些島嶼可做為不會沉沒的航空母艦與補給船。」[1]這解釋了為何在科科斯群島西島上有布滿大型衛星天線的長跑道。島上另一地區則設有訊號偵測站。每週從科科斯到伯斯的航班只有兩班；但如果爆發衝突，機場可以容納戰鬥機、運輸機甚至轟炸機。不過目前科科斯群島的重要性，主要是做為電子偵測的基地。

直到最近之前，聖誕節島都是澳洲拘留非法移民與尋求庇護者的地方。拘留中心建於二〇〇一年，收容人數幾乎跟島上的永久居民差不多。大部分的人來自中東與斯里蘭卡，載運他們的船隻在爪哇島南方海域被截獲。由於澳洲政策不允許這些人在案件未審理前就進入澳洲本土。澳洲移民署懷疑多數人是經濟移民而非政治難民，因此將這島嶼當做擋箭牌，以這種方式遏止移民。太平洋的諾魯（Nauru）跟巴布亞紐幾內亞外海的馬努斯島（Manus）也有類似的拘留中心，並且持續運作中。但聖誕節島的拘留中心卻因為多次絕食抗議，以及拘留者和澳洲工作人員衝突鬥毆等事件，在二〇一七年關閉。

在磷酸鹽礦場與拘留中心都關閉之後，聖誕節島上一直沒什麼動靜。這些島從未發展過觀光業。幾乎沒有能讓遊客住宿的地方，飲食場所並不多，澳洲國防當局也希望維持如此。雖然科科斯群島與聖誕節島不像法國的凱爾蓋朗島那麼神祕，也沒禁止外人進入，但澳洲在這些印度洋領地上的角色，也是出於類似的戰略考量。此外，儘管沒人願意公開表明，但澳洲主要的顧慮還是中國在印度洋上的擴張。

科科斯群島與聖誕節島原本都是英國屬地，它們的重要性在二十世紀的兩次世界大戰中被彰顯。一戰最早的一場海上戰役，是一九一四年英德在科科斯群島附近發生衝突，結果德國巡洋艦「艾姆登號」（SMS Emden）被英國的「雪梨號」（HMAS Sydney）擊沉，而「艾姆登號」上的槍枝後來在雪梨跟坎培拉（Canberra）展出。二戰期間，日本也曾入侵聖誕節島，並且轟炸科科斯群島。

時至今日，德國與日本對澳洲自己並不構成威脅，但是中國參與緬甸、斯里蘭卡及巴基斯坦港口的升級計畫，讓印度洋權力平衡態勢發生傾斜。因此澳洲同樣升級自己在科科斯島上的訊號偵測站，並且與美國分享情報，這並不令人感到意外。連同美國的迪亞哥·賈西亞基地、法國在南印度洋的勢力、印度提升自己在安達曼與尼科巴群島的基地，一種模式正在浮現。不過戰線尚不明確，還沒有人想被認為是公開反中。

科科斯島跟聖誕節島本來都是無人居住的島嶼。最早發現科科斯島的歐洲人，是一六〇九年航行經過的英國東印度公司船長威廉・基林（William Keeling），不過他可能未曾上岸。他看到馬蹄形珊瑚環礁上的椰子樹，因此很自然將此地命名為椰子島（Cocos）。但為了跟其他椰子島區隔（例如今日屬於緬甸的可可群島及另一群在哥斯大黎加外海的島嶼），於是又加上「發現」這些島嶼的英國航海家姓名，成了科科斯（基林）群島。聖誕節島則由同是英國東印度公司船長的威廉・麥諾斯（William Mynors）命名，因為他在一六四三年十二月二十五日聖誕節當天抵達此島。

大英帝國在一八五七年兼併科科斯群島，之後在一八八八年兼併聖誕節島。它們被納入英國王室的直屬殖民地——海峽殖民地，其中還包含新加坡、麻六甲、檳城與婆羅洲西北海岸外的納閩島（Labuan）。到了一九五〇年代中期，隨著海峽殖民地與馬來亞即將獨立，英國人看中這些島嶼的戰略重要性，開始準備把它們轉給澳洲，就跟十年後將查哥斯列嶼從模里西斯分離出來的做法如出一轍。

科科斯群島在一九五五年被轉給澳洲，聖誕節島則是在一九五七年。當時英國政府付給新加坡兩百九十萬英鎊，做為估計領土轉移將造成其磷酸鹽礦損失的補償。轉移前的談判受到新加坡當地政治人物批評。其中一位是之後的領袖李光耀，他於一九五七年六月在新加坡議會中表示：「在我們接管前就送出所有新加坡的屬地，這完全是詐欺之舉。幾年前他們把科科斯群島給出去，現在則是聖誕節島。」[2]但是在聖誕節島歸入澳洲版圖後，新加坡並不像模里西斯想重新談判查哥斯列嶼交易，而是從未提起該島主權議題。澳洲首位行政官在一九五八年抵達聖誕節島，島民從此成為澳洲公民。

另一方面，科科斯群島仍舊在克魯尼斯—羅斯家族（Clunies-Ross）的封建統治下，這群莊園主來自謝特蘭群島（Shetland Islands）。後來被稱為「科科斯之王」朝代的創建者是約翰．克魯尼斯—羅斯（John Clunies-Ross），他是以「隆格維爾侯爵夫人號」（Baroness Longueville）捕鯨船三副暨魚鏢手身分來到東南亞海域。[3]當船返回英國時，克魯尼斯—羅斯決定留在荷屬東印度群島，也就是今日的印尼。一八二五年，他本來想探索聖誕節島是否能做為貿易站，但被強烈的季風往南吹，於十二月初抵達科科斯群島。他認為這些無人居住的小島更為合適，因為聖誕節島上並沒有天然港口，而科科斯群島的西島有一處遮蔽良好的潟湖，可供船隻停泊。

克魯尼斯—羅斯並非一八二〇年代唯一相中科科斯群島的人。曾與一群女人定居於麻六甲的亞歷山大．海爾（Alexander Hare）是倫敦鐘錶師傅之子，一八二六年，他跟克魯尼斯—羅斯搭同一艘船前往科科斯群島，也決定在此建立基地。後來在克魯尼斯—羅斯前往倫敦時，海爾率領手下及從爪哇島帶來的九十名奴隸搬到西島。一八二七年，克魯尼斯—羅斯從爪哇島引進一群成為契約奴工的罪犯。隨著他們種植更多的椰子樹，科科斯成了椰肉與椰油的重要供應地，產品主要運往巴達維亞（今日的雅加達）。羊、雞與其他家畜來自爪哇島，讓當地社區得以自給自足。食物來自島上農園，而附近海產相當豐富。克魯尼斯—羅斯協助科科斯島人建造捕魚用的木船，而那些船與謝特蘭群島船隻十分相似，這點雖然可以理解，但是與當地有些格格不入。

然而，科科斯群島並沒大到足以容下兩間這樣的企業，而且當海爾虐待工人時，許多人逃去替比較人道的克魯尼斯—羅斯工作。後來海爾被迫離開科科斯群島，而克魯尼斯—羅斯成了唯一的統治者。他搬到家島，試圖說服英國或荷蘭兼併群島，好讓它們被納入某種更高權威的保護，結果事與願違。此事雖未發生，但一八三九年英國船「小獵犬號」（Beagle）在此停靠，而達爾文就在這艘船上。他為這裡的動植物留下大量紀錄，並且首度對珊瑚環礁進行詳細的研究，結果發現它們是由海底火山造成。[4]達爾文也提到克魯尼斯—羅斯的馬來人勞工：「現在名義上是自由的，當然其個人待遇也是如此；但在多數其他場合，他們被視為奴隸。」[5]

一八五四年，克魯尼斯—羅斯逝世於科科斯群島，由其子約翰·喬治·克魯尼斯—羅斯（John George）繼任。他娶了一位馬來女子，開啟了這家族混血交融之始，並於此後一個多世紀統治著科科斯群島。在約翰·喬治「統治」期間，英國終於兼併了科科斯。一八五七年，由傅利曼托船長（R.N. Freemantle）指揮的英國軍艦「朱諾號」（HMS Juno）抵達此地，在升起聯合王國國旗及「朱諾號」施放皇家禮砲後，克魯尼斯—羅斯二世被任命為「女王陛下恩准之殖民地總督」。[6]

然而傅利曼托可能為英國王室取錯了島嶼，他以為自己抵達安達曼群島以北，今日屬於緬甸的可可群島。[7]不過木已成舟，科科斯（基林）群島就此納入海峽殖民地管轄，而來自新加坡的干涉幾近於零。克魯尼斯—羅斯二世於一八七二年過世後，其兒子喬治．克魯尼斯—羅斯繼任。一八八五年，首位海峽殖民地的監督官抵達此地，他或許是認為科科斯實在太小又太遠，難以從新加坡有效管理，因此賦予克魯尼斯—羅斯家族「永久」管理群島的權利。[8]

當時島上人口可能有五百人左右，或是略少於今日。雖然人數不多，但他們需要木料造船建屋，以及適合菜園的肥沃土壤，因此冒險前往當時無人居住的聖誕節島。一名蘇格蘭裔的加拿大人約翰．穆瑞（John Murray）在土壤中發現磷酸鹽，因此敦促英國兼併聖誕節島，保護具有價值的礦產資源。一八八八年，聖誕節島也被納入海峽殖民地，穆瑞與喬治．克魯尼斯—羅斯共同創立聖誕節島磷酸鹽公司。但之後兩人發生了齟齬，因為克魯尼斯—羅斯傾向跟自己的馬來工人待在科科斯島上的椰子莊園，因此穆瑞成了公司唯一的經理人。克魯尼斯—羅斯只對從礦藏獲取利潤有興趣。[9]

科科斯島上的勞動力全都是遜尼派穆斯林的馬來人。克魯尼斯—羅斯家族好幾名男性娶了馬來女性，卻從未改宗伊斯蘭。他們保持基督信仰，也繼續住在家島上，並且蓋了一間名為「大洋之家」的豪宅。他們是群島的最高統治者，卻沒有虐待工人的跡象。「科科斯島之王」妥善照顧工人及他們的家庭。每位年滿十四歲的男孩會列入家族僱員名單，並且獲得在莊園工作的機會；年滿十三歲的女孩則得到園藝、縫製船帆、清掃與修路的工作。[10]

克魯尼斯—羅斯家族的統治也許仁慈，但隨著兩次大戰將島嶼帶進現代世界後，這套治理模式就行不通了。科科斯群島上每個人的工作跟教育都仰賴克魯尼斯—羅斯家族，薪水則以當地貨幣科科斯盧比（Cocos Rupee）支付。科科斯盧比是由羊皮紙鈔組成，上面印有幣值；然而許多工人並不識字，因此紙鈔有不同的形狀與大小，以此幫助他們辨認幣值。[11]後來這些羊皮紙鈔被塑膠代幣取代。但重點在於，不論是羊皮或塑膠的科科斯盧比，都只能在由克魯尼斯—羅斯家族擁有及經營的商店使用。

二戰期間，科科斯群島的西島蓋了第一條簡便跑道，因此獲得戰略重要地位。由於日本占領了聖誕節島，科科斯群島的重要性不只是防衛島嶼本身，更是保護澳洲本土。三千名士兵被派往科科斯群島，飛機從西島出發去支援奪回新加坡與馬來亞的行動。西島還建立了電報站。等到戰爭一結束，英國就結束其服役任務，並且從環礁島嶼撤出所有軍事人員。在撤出過程中，科科斯群島從軍方轉向文官控制，新任命行政官的到來，象徵著克魯尼斯—羅斯家族統治的結束。

不過科科斯群島的重要性在一九五〇年代開始上升；一九五二至一九六七年間，澳洲航空（Qantas）與南非航空都以西島跑道做為澳洲到南非航線的加油站。二戰雖然結束了，但區域內爆發新衝突，特別是一九四〇年代末期，共產黨在英屬馬來亞起事。因此，科科斯群島再度成為重要戰略地點，部分軍方人員返回島上，興建民用與軍用的飛機加油站。

一九五九年，當新加坡殖民地獲得自治時，英國政府顯然不願意讓新加坡保留這些島嶼，而在一九五五年轉交給澳洲也確實正合時勢。當時印尼由強烈反對西方的獨裁者蘇卡諾統治，因此印尼領空對西方關閉。西島跑道變得愈來愈繁忙，不只有澳洲飛機，連英國跟紐西蘭的飛機也必須在此停留加油，因為它們前往新加坡的航線得繞過印尼領空。那時仍巡航印度洋的英國航空母艦也會到島上補給，食物跟其他必需品都是從澳洲本土空運而來。一九六六年，西島的跑道延伸到足以讓戰鬥機和其他大型飛行器起降。

但是到了一九七〇年代，科科斯群島成了澳洲尷尬困窘之地。一九七四年，聯合國二十四國委員會（負責監管前殖民地轉型完全獨立的特別單位）指出該群島居民對自己的政治權利毫無自覺，並且批評他們高度仰賴克魯尼斯—羅斯家族。[12]四年後，澳洲政府強迫最後的科科斯島之王約翰·賽西爾·克魯尼斯—羅斯接受協定，以六百二十五萬澳元（按當時匯率約五百八十九萬美元）買下了群島。[13]

但克魯尼斯—羅斯家族仍繼續住在大洋之家豪宅，生活並未受到干擾。直到一九八三年七月，澳洲領地部長湯姆．烏倫（Tom Uren）宣布將強制徵收包括大洋之家在內的最後五公頃土地，「目的是讓克魯尼斯—羅斯家族永遠離開此群島」。[14]新成立的科科斯群島議會支持烏倫，因為對這麼小的領土而言，獨立並不是務實的選項。在一九八四年四月六日由聯合國監管的公投中，它選擇成為澳洲的一部分。在兩百五十九張有效票中，兩百二十九票選擇加入澳洲，二十一票支持自由聯合，九票想要獨立。[15]克魯尼斯—羅斯家族的博弈就此告終。他們失去了「珊瑚礁王國」。[16]大洋之家仍矗立在原地，但已經空蕩無人。從克魯尼斯—羅斯家族離島前往澳洲本土後，再沒有人住進這棟豪宅。

科科斯群島現在擁有自己的警力，其中包含五名當地警官，負責照看西島的機場。一九八六年八月，在一場空降部隊的長程任務測試中，一百二十六名澳洲士兵連隊傘降於科科斯島。這是澳洲取得完全管轄權後，首次涉及科科斯群島的軍事行動。

聖誕節島則因為磷酸鹽礦而有完全不同的歷史軌跡。比起偏遠科科斯群島上的椰子莊園，管理磷酸鹽礦需要與新加坡有更密切的關係。數百名多數為華裔的工人從新加坡應聘而來；大量磷酸鹽也從新加坡轉售到澳洲與歐洲。穆瑞持續管理礦場運作，直到一九一四年死於機車事故為止。除了經商以外，他還是個植物學家，而且就是在探索森林密布的島嶼內陸時，因為從機車上摔下來而去世。

其他經理人接管公司，並在一處可停泊船隻的海灣興起飛魚灣（Flying Fish Cove）聚落。由於這裡並非正式港口，因此磷酸鹽必須透過小型船隻轉送至貨船。穆瑞去世的同一年，島上興建了將磷酸鹽從礦場運到岸邊的鐵路。飛魚灣開始出現商店，很快也擁有華人廟宇及馬來人清真寺，而一支由錫克教徒組成的印度警察部隊被派來島上維持秩序。

一九四二年初，日本急於取得這座礦場，並且掌控在爪哇島南方的重要戰略島嶼，因此進入了聖誕節島。一月二十一日，當挪威貨輪「艾德斯沃德號」（Eidsvold）停泊在飛魚灣外的海灣裝運磷酸鹽時，被一艘日本潛艇發射的魚雷擊沉，引起島上一片驚恐。五十名英國官員與工程師，加上一些亞洲工人，在二月時前往伯斯，因為新加坡在同一個月落入日本人手中，伯斯成了唯一可能的避難地。留在當地的錫克教警察聽聞蘇巴斯．強德拉．鮑斯的印度國民軍到來，也跟著起事反抗英國。結果有五名軍官遭到殺害，屍體被扔進海裡，大約有二十名其他歐洲人被關進英國在島上興建的小監獄。[17]除去一切阻力後，日本人於三月三十一日占領了聖誕節島，過程中沒遭遇任何抵抗。而日本巡洋艦中隊入侵島嶼的登陸隊伍，包括了四百五十名步兵、兩百名戰地工程師與兩百名砲兵，配備四架一百二十公釐野戰砲與四架八十公釐的高射砲。[18]

日本雖然掌控了礦場，但繞行島嶼的英國戰艦讓磷酸鹽幾乎無法出口，而食物也進不來，讓生存成了問題。一九四三年十一月，超過半數人口都被移到日本所占領荷屬東印度群島的泗水（Surabaya）戰俘營區。島上只剩下五百名華人與馬來人，以及十五名來自日本的管理者與一隊日本兵。

日本人試圖利用聖誕節島做為占領科科斯群島的基地，但實際上比預想困難許多。其中一個因素是聖誕節島占領軍過於虛弱，另一個因素是科科斯島上的兵變失敗。日本潛艇發動的轟炸並未造成太大的傷害；而一群從錫蘭來科科斯協防的士兵叛變時，英國迅速做出反應。雙方駁火後造成一名錫蘭士兵死亡，一名英國軍官受傷。島上倉促安排的審判決定將七名叛變者處死，最後有三人遭處決，另外四人減刑為無期徒刑。在二戰期間，只有這些士兵因為兵變而被英國以絞刑處決。[19]

隨著戰爭接近尾聲，聖誕節島上的日本兵士氣逐漸低落。英國於一九四五年十月重新占領島嶼，過程中並未遭遇任何實質抵抗。遭俘的日本人先是被送到新加坡，之後再送回日本；八名加入日軍的錫克教警察在爪哇島一處營地被發現，並遭判處無期徒刑。聖誕節島重現和平，許多工人從泗水附近的戰俘營返回島上，礦場也再次產出供應外銷的磷酸鹽。

澳洲在一九五七年接管聖誕節島後，並未對它或礦場運作帶來任何重大影響。島民生活如常，直到一九八七年，磷酸鹽礦幾乎枯竭，而當地薪資水準也漲到與澳洲本土相當，礦場因不再有利可圖而關閉。聖誕節島曾嘗試重啟礦場，結果並未成功，所以不得不尋求其他收入來源。島上的崎嶇岩岸並不適合發展沙灘觀光，但它在一九九三年找到另一個吸引外來遊客的解決方案。島上開了一間賭場，並且為吸引賭客而開闢往返雅加達的直航班機。然而在一九九七年的亞洲金融危機中，印尼受創程度遠超過區域內其他國家。很少人（包含有錢人）有足夠的金錢花用，因此賭場在一九九八年結束營業。非法移民拘留中心曾為島嶼帶來些許收入，但現在也已經關閉。因此聖誕節島將面對不可知的未來。

不過澳洲並不打算放棄這座島，無論地方經濟如何困難，島嶼的戰略價值依然存在。曾有人建議擴充聖誕節島上的機場，轉型成空軍基地。該島一度曾是主要太空站的可能地點，而擁有發射設備的太空站將由亞洲太平洋太空中心（Asia Pacific Space Centre）營運。然則計畫並未實現，原因也許是資金籌募困難。正如防衛分析師卡羅．科普（Carlo Kopp）所說：「這地點可以同時對赤道軌道與極地軌道進行發射。」[20]

長期以來，澳洲的威脅意識，至少就官方來說，是專注在可能來自印尼的入侵。由於印尼近在咫尺，加上在一九五〇至一九六〇年代初當權的前印尼領袖蘇卡諾，曾稱澳洲北部為「南伊利安」（Irian Selatan），這自然強化了北方近鄰可能入侵的論述。[21]但即使是最多疑的澳洲防衛分析師，至少私下會同意「印尼試圖入侵澳洲」這假設實在太過牽強。就算印尼懷抱這種想法，也沒有實行的軍事手段。

在澳洲國防部二〇一六年的國防白皮書中，羅列了指導其外交與軍事政策的三大戰略利益。首先是與美國的軍事同盟；其次為跟巴布亞紐幾內亞、東帝汶及其他太平洋島國軍隊的夥伴關係；第三則是穩定的印度—太平洋區域及應對中國軍力擴張的必要性。[22]白皮書指出：「中國軍事能力增長是區域軍隊現代化最重要的案例。」[23]也許是不想顯得太過挑釁，因此接著表示，「其他國家同時也推動大規模現代化計畫。」[24]

澳洲安全規劃者的兩難在於，與美國結盟是澳洲自二戰結束以來的國防戰略基石；但同時中國近年來也成為澳洲最大的貿易夥伴。一九五一年，澳洲和紐西蘭、美國簽訂《美澳紐安全條約》（*Australia, New Zealand and United States Security Treaty*）。一九五四年，澳洲與美國、英國、紐西蘭、菲律賓、泰國及巴基斯坦等國，一起創立東南亞條約組織（Southeast Asia Treaty Organisation）。

東南亞條約組織於一九七七年解散，但《美澳紐安全條約》仍舊存在，不過紐西蘭因為反核政策跟美國發生爭議，因此顯得意興闌珊，今日的《美澳紐安全條約》主要是美澳軍事同盟。過去這條約就跟東南亞條約組織一樣，目標是圍堵區域內共產主義擴散。今日其主要憂慮則是中國在區域內逐漸擴張的影響力。

整個一九六〇年代，甚至到一九七〇年代，中國的政策是對世界輸出革命，以及備受詬病的骨牌效應：倘若一國倒向共產主義，其他國家也會像排列的骨牌那樣跟著倒塌，實際上這是有些道理的。中國對緬甸共產黨的支持正是該政策的一部分，由中國的安全情報首長康生一手主導，他還負責聯繫區域內及世界各地的共產黨與其他革命組織。康生希望看到中國的影響力遍及區域各處，一直到澳洲。[25]

一旦緬甸共產黨接管緬甸，區域內下一個毛主義政黨就是泰國共產黨、馬來亞共產黨與北加里曼丹共產黨（Communist Party of North Kalimantan，馬來西亞共產黨認為馬來西亞是殖民產物，因此在馬來半島與婆羅洲的沙勞越及沙巴分別有一個共產黨）。東南亞更下方則有勢力強大的印尼共產黨。而康生認為在其區域共產黨名單上，終將取得勝利的還有澳洲共產黨（馬列主義）。

一九六四年，澳洲律師泰德．希爾（Ted Hill）與親蘇聯的澳洲共產黨主流分裂，領導成立了澳洲共產黨（馬列主義）。該黨採取的毛主義戰鬥立場確實得到部分澳洲基進學生的支持，也獲得雪梨建築工人聯盟與墨爾本街車工會的支持。但如果認為希爾的小共產黨將在澳洲掀起毛主義革命，或是該區域任何較強大的共產黨會勝出，未免過於可笑。而那就是康生的計畫，他深信中國共產黨及其代表的毛主義，具有無堅不摧的力量。[26]

並非只有康生抱持這種信念。中國總理周恩來也曾在一九七一年十二月的中共內部文件中宣布：「我國現階段總體策略是：推動戰爭與進一步革命。」[27]當時最嚴酷的戰役正在越南打得如火如荼，但中國不得不跟當時的主要對手蘇聯競爭在越南的影響力。緬甸共產黨、泰國共產黨、馬來亞共產黨、北加里曼丹共產黨、印尼共產黨與澳洲共產黨（馬列主義）等，都是忠於北京的真正毛主義政黨。

從美國與澳洲較現實的觀點來看，可能倒下的骨牌是越南。一九六二至一九七二年間，澳洲陸海空軍總計六萬名士兵，在越南和美軍並肩作戰。有五百二十一名澳洲士兵戰死沙場，另有三千名負傷返家。[28]然而國內並不支持澳洲參戰，所有主要城市都出現反戰抗爭。許多抗爭者支持越南南方民族解放陣線（Front National pour la Libération du Sud Viêt Nam）這支南越游擊隊，它也獲得北越、中國跟蘇聯的支持。

當澳洲士兵前往越南打仗時，美國大兵則離開戰場，來到澳洲休息與消遣。雪梨的國王十字區（Kings Cross）出現了充滿下流酒吧、脫衣舞場、妓院與夜店的紅燈區，這種發展讓澳洲參與越戰一事更加不得人心。東南亞金三角地區（緬甸、泰國與寮國國境交界處）的海洛因被引入雪梨，國王十字區的毒品交易也蓬勃發展。

澳洲士兵在一九七〇年十一月開始返家，而當時戰爭開始進入所謂的「越南化」。但直到一九七二年十二月，澳洲工黨（Australian Labor Party）的高夫·惠特蘭（Gough Whitlam）上台之後才召回所有士兵。惠特蘭也決定跟越南民主共和國（也就是北越）及中國建立外交關係，因此終結了前任政府對北京與河內的孤立敵視政策。一九七三年六月二十四日，中澳簽訂第一份貿易協議；同年十一月，惠特蘭成為第一位出訪中國的澳洲總理。他受到盛大的歡迎，沿路群眾歡呼，成排中國領袖迎接，並且與當時年邁的毛主席會面長達一小時。許多人感覺中澳關係將翻過新頁。[29]

惠特蘭在一九七四年連任成功，卻於一九七五年十一月因為爭議而被迫辭職。他失去了參議院多數席次，讓反對黨有機會在國會中通過投票，促使代表英國女王的澳洲總督（governor-general）約翰．克爾（John Kerr）解散其政府。在十二月舉行新選舉前，反對派領袖麥爾坎．弗萊瑟（Malcolm Fraser）被任命為過渡時期總理。最後，選舉由弗萊瑟的自由—國家黨聯盟（Liberal-Country Party Coalition）勝出。

通常被視為儀式性職位的總督介入政治，這情況極不尋常。當時廣泛的猜疑及報導認為美國中情局是幕後操縱者。[30]當時謠言盛傳惠特蘭打算關閉在澳洲的美軍基地，可能包含位於澳洲中部沙漠區愛麗絲泉附近松樹谷（Pine Gap）的重要訊號情報站。該站從一九六六年開始建設，在一九七〇年完工。美澳合作可以透過此情報站監測該區域內，從彈道飛彈發射到地方電話通信的一切訊號。[31]

一九七五年越戰結束，共產黨獲勝。最終除了印度支那外，並沒有骨牌倒下，但澳洲與美國仍必須保持警戒。它們在不同的時間點興建先進訊號監測設施，分別是澳洲北領地的淺灘灣（Shoal Bay）及西澳伯斯北方的傑洛德頓（Geraldton），其他訊號監測設施則位於首都坎培拉附近。根據前美國情報分析師愛德華．斯諾登（Edward Snowden）洩漏給媒體的文件可知，澳洲確實有跟美國分享情報資訊。[32]科科斯群島的監測能力可涵蓋印度洋大片海域，很可能也被列在名單上。

雖然區域恐怖主義網絡（特別是以印尼為基地的網絡）是監測的對象之一；但愈來愈強硬的中國無疑也是美澳防衛合作所認定的威脅與目標，雖然在二〇一六年的國防白皮書中，中國在優先事項僅列第三名。然而這也是金錢發揮效果之處。二〇一七年，中澳貿易價值高達一千兩百九十億美元，比前一年上升了百分之十六。[33]中國從澳洲進口大量鐵礦砂與其他金屬，供應本身快速擴張的工業需求，此外還有葡萄酒與大豆等農產品。若少了中國生意帶來的收入，澳洲人可能難以維持高品質的生活水準。二〇一五年與中國簽訂的自由貿易協定，強化了澳中兩國關係，後續的澳洲政府報告表示：「中國是澳洲的首要外銷市場、國際學生的最大來源國、最重要的觀光市場、外國直接投資的主要來源，以及我們農產品最大的市場。」[34]

在毛主義時代，康生及其革命盟友在戰場上未能達到的目標，新中國經濟沙皇卻透過貿易與經濟擴張完成了。他們同樣相信中國力量無堅不摧，卻是追隨鄧小平與他的「資本主義同路人」（這是他們在一九六〇年代文革時期被安上的名號）擘劃的路線。通向印度洋的緬甸廊道，原本是為了出口革命，在鄧小平時期則是為了強化中國的經濟與戰略影響力，如今也成為事實。澳洲經濟依賴中國的程度愈來愈深，導致坎培拉在制定外交政策時，十分看重如何跟北京維持順暢的關係。

澳洲的矛盾反映在兩派想法上。一派是澳洲國立大學戰略研究教授休・懷特（Hugh White），他在自己的著作《中國選擇：美國為何該分享權力》（*The China Choice: Why America Should Share Power*）及多篇論文中，主張澳洲並不需要在傳統的安全庇護（美國）及最大的貿易夥伴（中國）之間做選擇。因為若得在兩大超級強權的衝突選邊站，澳洲很可能被捲入戰爭，這是相當危險的事。[35]

懷特認為對各界相關人士而言，最佳解決方案是美國放棄唯一領導地位，跟中國達成妥協，兩國在印度—太平洋區域分享權力，成為戰略夥伴而非敵手。[36]懷特也相信，美中有可能達成北京願意遵守的交易。[37]懷特提出如何達成這目標的建議具高度爭議，其中一項是美國要「接受中國現行政府體制的合法性，包括接受中國共產黨的獨占權力。」[38]

其他安全分析師認為這類綏靖政策的成功率不高，因為中國並不打算跟美國達成妥協，而想要宰制與掌控。現職為安全顧問的約翰・葛諾（John Garnaut）曾在《雪梨晨鋒報》（*Sydney Morning Herald*）工作過，而其探討中澳關係的一篇論文，引述前新加坡外交高層比拉哈里・考西坎（Bilahari Kausikan）所言：「中國不只想要你遂其所願。更重要的是，它希望你是出於自願，無須中國吩咐就會按其意志行事。這是一種精神掌控。」[39]

倘若考西坎是對的，那麼幾乎沒什麼達成妥協的餘地，「美中兩國分享權力」這想法充其量只是一廂情願，最糟情況就跟一九三〇年代英國首相張伯倫對德國的政策類似，當時德國從未履行一九三八年跟英國簽訂的《慕尼黑條約》。中國已經表明，除非順其所好，否則不會尊重任何國際條約。所有其他條約都被視為「不平等條約」而無效。例如二〇一七年六月，中國外交部發言人陸慷曾說：「現在香港已經回歸祖國懷抱二十年，《中英聯合聲明》做為一個歷史文件，不具有任何現實意義。」這話震驚了香港人民及全世界。[40]

一九八四年十二月九日，當時中國總理趙紫陽與英國首相柴契爾夫人在北京共同簽訂《中英聯合聲明》，內容是在「一國兩制」的原則下，香港將維持自治，中國於一九九七年七月一日接管主權後，一切將維持不變五十年。[41]但就在中國接管香港的二十周年時，陸慷還說《聯合聲明》「對中國中央政府管理香港特區不具備任何約束力。英國對回歸後的香港沒有主權，沒有治權，也沒有監督權。希望上述人士認清現實。」[42]

澳洲關於中國漸增影響力辯論的背後，是有關中國干涉澳洲大學的指控，以及北京政府相關華裔商業人士大筆捐款資助選戰的報導。[43]二〇一五年，澳洲安全情報局（Australian Security Intelligence Organisation）甚至警告主要政黨，澳洲兩大選戰金主「跟中國共產黨過從甚密」，其「捐款可能有附加條件」。[44]

二〇一七年十二月，當澳洲工黨國會議員鄧森（Sam Dastyari）與黃向墨（跟北京有關的一位金主）的關係遭媒體披露後，他辭去澳洲參議員一職。[45]二〇一六年，鄧森在黃向墨的陪同下，於一場集會為北京的南海政策辯護，然而這並非其政黨澳洲工黨的政策。[46]二〇一七年十二月，黃向墨這位澳洲華裔億萬富翁暨玉湖集團（Yuhu Group）主席遭披露，曾與也想爭取捐款支持的澳洲工黨領袖比爾．肖頓（Bill Shorten）會面。[47]

黃向墨不只押寶澳洲工黨，也支持其主要對手澳洲自由黨（Liberal Party of Australia）。由於這項爭議及澳洲安全情報組織的警告，二〇一八年三月，黃向墨向兩黨要求返還過往數次合計兩百萬澳元的捐款，「我會很樂意將這些捐給慈善團體。」[48]黃向墨之所以發出這挑戰，是因為西澳國會議員安德魯．哈斯帝（Andrew Hastie）返還二〇一二年以來從他而來的所有捐款。當媒體與政治人物開始針對中國介入澳洲政治提出憂慮時，中共黨營小報《環球時報》在社論中寫道：「澳洲稱自己為文明國家。在經濟上仰賴中國，卻不知感恩。」[49]葛諾認為中國追求國際影響力，是依循他稱做「統戰」的模式，而且是在中共中央對外聯絡部（這單位實際上是個情報組織）的指揮之下。[50]葛諾指出：

> 統戰工作是一種利用敵方內部分化的工作方法與戰略框架。這種戰略包含和次要敵人組成戰術聯盟，以此孤立、「鬥爭」且擊潰主要敵人。歷史上，中共的主要幹員

都在蘇聯受訓，其制度與意識型態架構都直接從共產國際移植而來。這些架構充滿明確的傳統中國治國之道，並且不斷演變以迎接各種挑戰。中共與老祖宗蘇聯最大的制度性差異，就是在一九三〇及一九四〇年代漫長的抗日與內戰期間，它大規模擴張了「統戰」制度。這一開始是列寧提出的戰術，卻在中國官僚化而形成中央統戰部，對外機構則是中國人民政治協商會議。重點在於，今日在捍衛與擴大中共利益上，統戰工作發揮了重要作用。[51]

雖然此一政策顯然可追溯至毛澤東時代，而在獲取澳洲內部影響力上，卻比支持希爾的澳洲共產黨（馬列主義）更加有效。此外，讓澳洲政治人物從盟友金主的捐款中獲利，並不是唯一的方法。二〇〇五年叛逃澳洲的中國外交官陳用林認為，澳洲境內有超過千名的中國情報人員。[52]以中國在澳洲的巨大經濟利益來看，這其實相當合理。幹員專注於蒐集商業、技術與軍事資訊，並找出零時差網路攻擊的漏洞。根據《雪梨晨鋒報》的報導：「中國駭入的澳洲防衛相關計畫中，包含F－35聯合打擊戰鬥機計畫、P－8海神電子巡邏機，以及聯合直接打擊彈藥（讓炸彈變為可控裝置）。中國駭客也滲透聯邦政府部門單位，明顯為蒐集資料，對我方控制系統獲得更進一步的了解。」[53]

澳洲的一百三十萬華裔社群更是中國情報機構的工作目標，其中包含監視當地中國異議分子與藏人的活動情況。同時，中國學生也被迫回報其他中國學生的行動。領政府獎學金出國的中國學生特別容易受迫，因為他們被期待去監視同學及其他在澳洲遇到的華裔人士，以此「展現感激之意」，也可能受命進一步了解特定澳洲政治人物。二〇一八年七月，出於對中國間諜活動及涉入澳洲當地事務的擔憂，澳洲決定禁止讓外國大學生在國會議員辦公室擔任實習生。[54]二〇一八年澳洲教育機構有超過五十萬名的外國學生，其中百分之三十是來自中國。[55]

進一步動搖澳洲安全體制的是，二〇一七年七月有消息指出，警方正打算起訴前高階情報官員羅傑·尤倫（Roger Uren），因為澳洲安全情報局於二〇一五年底搜查他家時，發現了一份機密文件，[56]內容包含西方情治機關對中國情報行動的所知細節。該行動的起因是尤倫的妻子顏雪瑞，這位澳華社交圈的知名人物被指控是中國情報幹員。她被控將據稱是中國間諜的劉超英上校介紹給澳洲友人。因此，這位中國間諜和政治關係良好的墨爾本富商見了好幾次面。[57]

據懷疑，尤倫在二〇〇一年之前任職於總理情報分析機構的國家評估辦公室時，就取得了那些機密文件。搜查尤倫住家的澳洲安全情報局幹員與美國聯邦調查局緊密合作，二〇一五年十月，調查局在紐約以「賄賂前聯合國大會主席約翰·阿什（John Ashe）」的罪名逮捕顏雪瑞。顏雪瑞坦承涉入轉手二十萬美元的款項，該款項據傳是周澤榮①所擁有的公司捐贈，同時他也捐款給其他澳洲政治人物。[58]顏雪瑞入獄服刑，但她先生堅決否認自己或妻子曾擔任中國間諜。周澤榮並未被起訴，還控告一名記者誹謗。尤倫則堅稱他跟妻子相信付給阿什的錢是演講費用。[59]

無論澳洲承認與否，這國家已深陷於區域權力運作中，不可能保持休・懷特倡議的中立。澳洲國防部及軍隊的多數文件，都強調美澳之間持續合作的重要性。美國總統歐巴馬於二〇一一年十一月宣布，兩千五百名美軍將駐紮在澳洲北部的達爾文（Darwin），這是其強化美國在亞太地區影響力的一項政策。當時歐巴馬向北京保證，此舉並不是為了對抗中國在區域內漸增的影響力，卻沒能說服中國。[60]官媒《新華社》發布一篇聲明，表示「中國始終反對外國勢力涉入導致爭議更複雜的任何舉動，堅持雙邊對話是最好的選擇。」[61]

二〇〇三年，當美國總統小布希將澳洲形容為美國在區域內的「副警長」時，澳洲總理霍華德針對媒體追問這區域權力政治的新職責時，反應卻是躲躲藏藏、模稜兩可，以致澳洲在區域內的聲望受到重挫。[62]小布希的發言是在澳洲領導對東帝汶的干預行動後提出；當時東帝汶人民在聯合國監督的公投中支持從印尼獨立，導致傾印尼派民兵在境內大舉劫掠。馬來西亞政治家馬哈地・穆罕默德（Mahathir Mohamad）則立刻回擊表示：「澳洲已決定了自己究竟是亞洲或西方國家。若你接受美國副警長一職，就不可能被區域內其他國家接受。」[63]

由於澳洲不想被視為只是美國的盟友，也展開跟印度的防衛合作，不過此舉並不僅是為改善自己在區域內的形象。澳印兩國擁有共同的安全利益。從歷史角度來看澳印兩國的戰略合作，二〇一三年二月的新德里會議上，一名印度與會者提醒澳洲人，前述的德國「艾姆登號」在印度、東南亞與澳洲周圍海域遭到攻擊，最後在科科斯島群島附近被擊沉。[64]那次行動之所以成功，是因為區域內存在著從安達曼群島（當時英國設有基地）延伸到雪梨的情報網絡。

一百年後的今日，雖然澳洲是以伊莉莎白女王為國家元首的大英國協成員國，也確實

①譯者注：周澤榮是中國地產集團廣州僑鑫集團（Kingold Group）的董事長，二十一世紀初就已將業務擴展到澳洲。早在二〇〇九年，《雪梨晨鋒報》就已注意到周澤榮是澳洲「最大的海外政治獻金捐款人」，支持對象包含澳洲前後任總理霍華德、陸克文；前後任新南威爾士州州長卡爾（Bob Carr）和伊曼（Morris Iemma）；財長斯萬（Wayne Swan），外交部長史密斯（Stephen Smith）和農業部長柏克（Tony Burke）。二〇〇三年，周澤榮就以二十億身家在「中國大陸百富榜」中排行第二十四名，並在廣州開發了匯景新城、廣東外商活動中心、廣州國際貿易中心、廣州富星商貿大廈等計畫，同時也涉足媒體領域，投資經營廣州《新快報》，更早在二〇〇四年就跟廣州《羊城晚報》於雪梨合辦《澳洲新快報》（*New Express Daily*）。他還捐贈一千五百萬美元給雪梨科技大學（University of Technology Sydney），並以其名將新建築命名為「周澤榮博士大樓」。

是個主權國家，而安達曼群島基地則由獨立印度的軍隊控制，並且配上先進電子儀器設備來監測印度洋東半部。那位印度與會者指出，沉沒的德國凱撒級戰艦雖是歷史，此刻區域內卻面臨其他挑戰。[65]有鑑於此，印度與澳洲必須以一九一四年同樣的精神加強合作。

我們難以確定場上的澳洲與會者是否有受到感召，不過近年來印澳之間各階層的合作關係確實有所提升。在澳洲國防部二〇一六年的國防白皮書中，將印度視為區域內的重要夥伴，而且並未排除舊盟友美國。澳美同盟持續的同時，澳印合作也在提升。根據白皮書所述，印度扮演區域內的重要角色，並且表示：「除了在印太地區更強而有力的角色外，印度在經濟成長的支持下，很可能成為更積極且具影響力的全球強權。二〇三〇年之前，印度可能成為全球第三大經濟體。」[66]白皮書指出，在印度洋的發展是澳洲安全政策規劃的重要面向。過去有人曾建議讓印度海軍利用科科斯島加油與補給一事，必須放在這脈絡中思考。

然而澳印關係也非全無問題。印度可以公開挑戰中國，但是澳洲不行。澳洲雖也憂慮中國在印度洋區域逐漸擴張的角色，但坎培拉基本上不能與中國為敵。因此澳洲只參與部分（而非全部）的馬拉巴軍事演習，比較傾向跟印度、美國（有時還有日本）進行雙邊海軍操演。這些經常是以對抗海盜、協助天然災害救援等演習掩護進行。澳洲也跟新加坡及越南軍事合作，因此即使有各種託詞，它視中國為主要憂慮仍難逃眾人的注意。越南與中國是歷史敵國；而在競逐對海外華裔社群的影響力上，新加坡則是中國的對手。二〇一三年，當時的澳洲外交部長茱莉．畢夏普（Julie Bishop）譴責北京宣布在東海設立防空識別區時，遭到中國外交部長王毅的尖銳反駁。[67]王毅認為澳洲立場可能「危及兩國關係」。[68]二〇一七年三月中，畢夏普在新加坡一場會議中的演講進一步激怒中國，她說缺乏民主對中國經濟的全面發展是種限制。[69]同年三月底，中國總理李克強在出訪澳洲時，警告澳洲政府別「像冷戰時期那樣」，在南海爭議及其他區域衝突中選邊站。[70]他進而強調，[71]北京追求的是以「適合我國傳統之國家發展道路」為基礎的「獨立和平外交政策」。[72]

澳洲在衝突的鋼索上跳舞，或是以休．懷特的話來說：「我們的目標是說服華府相信『澳洲支持美國對抗中國』，同時也讓北京相信我們並非如此想。」[73]長遠來看這是站不住腳的。試著在衝突裡表現中立的澳洲政治人物與學者，早晚都得面對現實。然而這事對白宮新總統而言並不容易，他對這區域似乎沒前人那麼上心。川普在二〇一七年一月上任後，首度致電給澳洲總理騰博爾時卻全然無禮。騰博爾告訴川普，歐巴馬保證移出澳洲拘留在諾魯與馬努斯島的一千兩百五十名非法移民，川普則反駁這筆交易「笨拙」又「愚蠢」。[74]到了通話尾聲，川普告訴騰博爾：「我整天都在打這些電話，這是最不開心的一通。普丁那通很不錯，這通則相當離譜。」[75]

川普與騰博爾都試圖弭平差異，然而傷害已經造成，同時，川普顯然不具備政治家應有的特質，至少可以說，他對美國在印太地區傳統盟友的承諾並不穩固。不過美國的防衛計畫者可能比較聰明，了解想圍堵中國在區域內的影響力，必須仰賴更多利益相關國家組成夥伴關係。無論川普是否無禮，澳洲在這脈絡中的角色至關重要，此一事實不證自明。

澳洲計畫在未來十年內花費一千四百億美元建設軍事硬體，是其史上於承平時期最大規模提升軍力的計畫。[76]「為了確保國家安全，以及保護我國男女軍人，對此我無須道歉。」澳洲的國防產業部長克里斯多夫・潘恩（Christopher Pyne）在二〇一八年八月表示，「我們所在的區域比過去數十年都來得動盪……過去數年來區域內的一個情勢發展，是中華人民共和國在南海進行島嶼軍事化。」[77]北京推動軍隊現代化及進入印度洋的舉動，已激起區域內其他國家的回應，並且引發一場軍備競賽，也許目前我們所見只是個開端而已。即使坎培拉不願公開宣布自己的立場，對某些人來說，它試圖表現出中立態度，澳洲的安全規劃者顯然很清楚中國在印度洋影響力漸增的後果。戰爭也許不是必然，但張伯倫式的做法可能也毫無用處。

就此而言，澳洲的印度洋小島將在保護國家利益上扮演重要角色。二〇一六年的國防白皮書提出：「為了確保機場與相關設備能支援新的P8－A海上巡邏機隊運作，有必要進行科科斯（基林）群島的基礎公共建設。」[78]聖誕節島上同樣正在進行基礎公共建設，而且正如二〇一七年澳州政府文件所示：「澳洲印度洋領地的戰略地位為各個單位，特別是澳洲國防部及移民邊境保護部門，提供了一個保護澳洲政府區域利益的獨特站點。」[79]

根據同一份文件，印度洋領地的防衛能力與資產包含「有人與無人海上巡邏機、離岸巡邏船艦、驅逐艦、護衛艦、支援船艦、小型巡邏艇、水上飛機，以及海軍戰鬥直升機……同時印度洋領地本身在反潛戰爭中占有重要的地位。」[80]

除了聖誕節島與科科斯群島外，澳洲其實還有第三塊位於印度洋中的外圍領地，也就是赫德島與麥克唐納群島（Heard and McDonald Islands）。這些無人的冰封島嶼離凱爾蓋朗島不遠，位於伯斯西南方四千零九十九公里處，原本在一九一〇年被英國宣布擁有，一九四七年成為澳洲領地。科學家偶爾會造訪赫德島與麥克唐納群島，但並沒有任何跡象顯示，此地在澳洲的防衛計畫中扮演任何角色。儘管如此，聖誕節島與科科斯群島的重要性仍不容小覷。正如羅斯・巴比吉在三十年前所寫下，那些磷酸鹽礦工與「科科斯之王」活動的古老範圍，遲早變成不會沉沒的航空母艦與補給船。

第九章　不安定的未來

長久以來人們一直認為，涉及全球及區域強權的武裝衝突會從南中國海的斯普拉特利群島（南沙群島）展開，從中東而來的重要石油供應，會經由此地送往蓬勃發展的東亞經濟體，同時數個國家的領土主權在此重疊。中國已在爭議海域中建造人工島礁，中國和美國也各自派出軍艦，互相展現實力。二〇一六年七月，海牙的國際仲裁法院回應且支持菲律賓提出的指控，認定中國對所宣稱擁有的南中國海域（包含斯普拉特利群島多數地區）並無「歷史權利」。中國對此勃然大怒，並且拒絕接受判決，然而此爭議已增添了新的國際面向。

這也是為何南中國海成為全球密切觀察的區域之一。此地的一舉一動都逃不過各國間諜衛星的放大檢視，無論是軍艦移動、新的中國建設計畫，或者任何足以影響區域權力平衡的不尋常發展。雖然美國與其他國家抗議中國將水下暗礁與珊瑚礁（斯普拉特利群島多數由此組成）轉成具有港口與機場的實際島嶼，卻未曾採取太多行動，而且未來也不大可能有什麼動作。從許多方面來看，中國已經贏得斯普拉特利群島之戰，因為沒人想在南中國海掀起波瀾，引發立即的災難性後果。除了中國之外，美國及其他宣稱享有此區域領土主權的國家（菲律賓、越南、馬來西亞、汶萊與台灣）能做的事只有抗議。同時在實際層面上，美國與其盟友可以派遣艦隊和飛機以確保南中國海的航行自由。

即使試圖結成各種同盟，但在印度洋區域防衛的承諾上卻不那麼明朗，因此印度洋區域情勢更可能出現根本性的錯誤。馬爾地夫與葛摩群島貪腐情形嚴重，塞席爾群島仰賴所謂的金融服務，因此比起南中國海周圍國家，這些印度洋國家更容易受到外來勢力操弄，而且這些國家南轅北轍的歷史背景及多元族群組成，更是造成區域複雜性的其他因素。所有島嶼國家都有長期政治動盪的歷史，受到殖民者、海盜、傭兵、詐欺犯與騙子剝削。最近更在馬爾地夫看到伊斯蘭極端主義者的威脅。

此外，還有想捍衛自己領土與利益的西方勢力，然而並不確定誰才是自己的區域盟友。美國在迪亞哥·賈西亞島上擁有超大型軍事基地；法國人則擁有留尼旺、馬約特及凱爾蓋朗島；澳洲人正思考如何運用聖誕節島與科科斯（基林）群島。當然，印度也在安達曼與尼科巴群島上組建自己的海軍力量。二〇一八年十月底，法國總統馬克宏宣布，法國將派遣一艘航空母艦於二〇一九年去印度洋「捍衛航行自由」。[1]二〇一八年五月訪問澳洲時，馬克宏曾表示沒有任何國家可以宰制區域，法國、澳洲與印度都有責任保護區域免受「霸權」欺凌，以此暗指中國勢力在亞太持續武斷地擴張。[2]然而缺乏任何一致、統合的政策，加上不願將中國確定為主要敵手，讓印度洋的情況更加難以預料。因此，比起南中國海、東海及太平洋等全球其他強權利益衝突的海域，印度洋的潛在情勢更加變化莫測。

中國一帶一路計畫背後的意圖也並不完全清晰。究竟這計畫是如批評所說，屬於向世界多數發展中地區擴張中國霸權的精心安排與規畫，抑或是如中國本身的主張，只是單純想以多極秩序取代美國宰制世界的企圖，好讓每個人都能受益於更有效分配的資源及市場整合？[3]而中國所謂高達數兆美元的計畫，是否會使其過度擴張？

該計畫最初稱為「一帶一路倡議」，簡稱為OBOR，是習近平在二〇一三年九月及十月訪問哈薩克與印尼時首度揭櫫。一開始這令人好奇的名稱，指向開放陸上「絲路經濟帶」，也就是透過中亞連結中國與歐洲，以及宣稱那條古代就橫跨印度洋的「海上絲路」。但此名稱在二〇一六年更改為BRI，因為中國政府認為強調「一」可能會造成誤解。[4]《彭博社》的洪源遠認為，一帶一路倡議的運作模式「是中國常見模式，中央政府經常發出大方向指引，期待下層官員想方設法去實現。」[5]她說這類共產主義式群眾運動的標誌，就是「每個人帶著狂熱投入，缺乏統合。動員大規模資源與人力資本朝向單一目標。全國的銀行、企業與官員全都一股腦兒投入參與，而不是區分責任。地方政府爭相迎合他們認定的上級喜好。」[6]

在更廣大的脈絡中，一帶一路倡議也被視為中國的「第三次革命」。[7]第一次革命發生在一九四九年十月一日，當時毛澤東與共產黨贏得中國內戰，宣布中華人民共和國成立，從此中國如共產黨人所宣稱，不再受到外國強權「奴役」；同時毛澤東透過占領西藏（中國雖長期宣稱擁有西藏，但藏人對主權問題有相當不同的想法）、納入主要為穆斯林區域的新疆（當時由地方軍閥統治），以及擊敗國內其他軍閥，將國家統一起來。第二次革命則發生在一九七六年，毛澤東去世之後，主張改革路線的「走資派」鄧小平掌握大權，引進自由市場改革，使中國轉為工業強國。如今則輪到習近平，他的夢想是鞏固中國做為世界強權的地位。

一九五三年七月十五日，中國內戰（或是共產黨人所稱的革命）結束四年後，習近平生於陝西省富平縣，其父親習仲勳隨著毛澤東對抗日本人，以及後來的國民黨軍隊。老習曾是中共中央委員，一九五〇年代一度在周恩來底下擔任副總理，但他於一九六〇年代的文化大革命遭到清算逮捕，而習近平則被送到延安的小村落進行「再教育」。[8]在延安鄉村地區，習近平多數時間似乎都在鏟屎，並且跟農民上級爭論不休；其同父異母的姊姊也在當地，卻因受不了虐待而上吊自殺。習近平逃出延安，在北京躲藏了一陣子，之後遭到逮捕送進勞改營。但這次他表現應該十分良好，因此在一九七五年獲得准許，前往知名的北京清華大學研讀化學工程。

毛澤東在一九七六年過世後，鄧小平重掌大權，習仲勳獲得平反，習近平也開始在政治階層中攀升。一九八五年，他加入赴美研讀農業的中國代表團，住在愛荷華州的農家裡，這是他首度體驗到中國以外的生活。[9] 一九九七年，他成為中共中央委員會候補委員。在人文社科學校及清華大學階段，習近平雖曾研讀馬克思—列寧—毛澤東思想，但他的榜樣是務實改革者鄧小平，而非瘋狂革命家毛澤東。二〇〇〇年出任福建省長時，習近平鼓勵台灣企業家投資福建；之後於二〇〇二年離開福建去擔任浙江省委書記，並且督導該省驚人的經濟成長。這段期間，他支持當地企業家中的明日之星，包含創立阿里巴巴集團（之後成長為足以抗衡亞馬遜的全球企業）的馬雲。[10]

此後，習近平的擢升更加快速，很快就在二〇〇七年達到中國政治階層的頂峰。當時中國國家主席胡錦濤想打擊上海的貪腐情形，因此任命習近平為上海市委書記來清理亂局，而他也以極高效率完成任務。同年，習近平獲拔擢為中央政治局常委會成員，預定未來五年將領導中國。

之後習近平開始造訪中國以外的地方。二〇〇九年訪問墨西哥時，他會見一群海外華人，向他們解釋中國為何未受全球金融危機影響，並表示中國對人類整體最大的貢獻，是讓十三億中國人免於飢餓。他進一步抨擊所謂好管閒事的外國人：「有些外國人吃飽撐著，就喜歡對我們的事情指指點點。首先，中國並未輸出革命；其次，也未輸出貧窮與飢餓；第三，也沒對他們造成不必要的困擾。此外還有什麼好說的？」[11]

二〇一二年十一月十五日，習近平當選中共中央總書記。在造訪中國故宮博物院時，他提起中國「復興」的主題，稱之為「中華民族在現代歷史中最偉大的夢想」。[12]中國研究學者易明（Elizabeth C. Economy）在其有關習近平與第三次革命的著作中寫道：

> 習近平選在故宮進行演說並非偶然。當中國多數歷史都充滿革命、政治社會動盪，以及領導人與政治意識型態的不連續性時，故宮卻歌頌中國歷史的理想延續。習近平引述毛澤東和中國古代詩人，以故宮做為背景，清楚彰顯帝制中國與共產黨領導的中國之間的連結。[13]

接著在二〇一三年三月，習近平成為中國國家主席，並於同年稍晚推出一帶一路倡議，意欲在世界舞台上展現中國的偉大。此概念並非全然新創，因為中緬邊境姐告鎮那意味深長的紀念碑，是在一九九〇年代初期設立，展現中國肯定起碼有計畫要將其經濟影響力延伸至印度洋。然而習近平賦予其新意義，將貿易擴張的計畫轉成宰制世界的偉大戰略。

然而一如往常，在倡議發動的五年後，仍沒有任何中國部會負責計畫或監控野心勃勃的一帶一路倡議，甚至沒有擘劃未來專案的計畫。或者正如洪源遠在其一帶一路倡議的研究中指出：「高層官員尚未定義一帶一路計畫的內容，或者誰有資格參與倡議。因此每一筆投資計畫，無論是公部門或私部門、賺錢或不賺錢、誠實與否，都可以宣稱自己是這輛花車的一部分。」[14]二〇一八年八月一日，《紐約時報》報導各種中國試圖用來拉攏人心的宏大計畫，其中包含在澳洲黃金海岸沙灘附近打造室內滑雪場；在捷克建造中藥水療中心；在菲律賓、印尼、越南、義大利、匈牙利及塞爾維亞建立各種文化中心與遊樂場。[15]

二〇一六年，四川成都大學的中國學者楊明洪試圖在其文章中指出，二戰後美國重建歐洲的馬歇爾計畫和中國一帶一路倡議有何不同。他認為馬歇爾計畫「與冷戰密切相關」，讓美國「得以透過經濟援助與發展，將政治意識型態滲入歐洲」。[16]無人質疑馬歇爾計畫確實是在冷戰初期發起，其中一項目標也是鞏固西歐對蘇維埃東方集團的抵抗。但宣稱美國試圖將民主制度強加於歐洲民主國家或德國（在極權政權掌控前也是民主國家），則是全然荒謬。楊明洪宣稱，一帶一路倡議反而是溫和的國際援助計畫，「不會推動冷戰模式的發展」，而是「透過顧及各方利益來共同發展」。[17]

然而中國的問題是，在東南亞與印度洋區域中，並非所有人都如此看待一帶一路倡議。少有東南亞領袖敢公開反對中國，然而馬來西亞首相馬哈地．穆罕默德卻毫無懸念。二〇一八年八月，在即將結束五天中國之旅的北京記者會上，站在中國總理李克強身邊的馬哈地說話毫不掩飾。他發出震驚地主國的聲明，「我們並不想見到新型態的殖民主義出現。窮國無法與富國競爭，因此我們需要公平貿易。」[18]他特別提及馬來西亞許多一帶一路相關的公共建設，並且宣布將取消由中國支持、價值數十億美元的計畫，「因為湧入太多資金，我們承擔不起也無法償還，而且馬來西亞此刻並不需要這些計畫。」[19]馬哈地在北京記者會中如此告訴聽眾。

馬哈地不只取消公共建設計畫，同時還喊停在新加坡附近海埔新生地的建設計畫，也就是高達七十萬戶、價值數十億美元的「森林城市」（Forest City）。根據馬哈地的說法，這是「為外國人建造，而不是為了馬來西亞人。」[20]馬哈地顯然認為這是一個在馬來西亞的中國城，並且宣布外國人不得在當地購買住宅，因此實質終結了這項計畫。[21]

當時已高齡九十三歲的馬哈地，在那年五月的馬來西亞大選中驚人回歸。他曾於一九八一至二〇〇三年間擔任首相，當時曾帶領國家從依賴錫礦與橡膠的中等發展國家，轉變為新興工業化、多部門發展的市場經濟。但他對異議人士毫不寬容，是壓制言論自由的真正威權統治者，並且毫不猶豫將批評者（包括其副手安華）送進監獄。在多數中立觀察者看來，這些指控都是捏造。

然而納吉·拉薩（Najib Razak）首相領導的政府過於腐敗，馬哈地對此難以忍受，故轉而對付自己過去領導的馬來民族統一機構（United Malays National Organisation，巫統），跟其老對手安華合作，最終讓納吉在二〇一八年五月的大選中敗北。納吉曾在二〇一六年末造訪中國，簽署了好幾宗交易（即是馬哈地後來取消的計畫）。不過納吉之所以倒台，主因是其涉及一宗盜取馬來西亞主權基金的重大醜聞，並且接受沙烏地阿拉伯七億美元的大筆金錢「贈予」。納吉宣稱這筆錢是為了感謝自己對抗伊斯蘭國，然而他並沒有涉入這類對抗的紀錄，而且這筆錢是進入其私人銀行帳戶。[22]

馬哈地與馬爾地夫的葛尤姆之間有驚人的相似之處，葛尤姆這位年長政治人物也是從退休狀態加入反對陣營，因為政府已腐敗到失去人民的支持。馬哈地也跟葛尤姆同樣有一位比較自由派的女兒，影響他為更高的道德原則挺身而出。馬哈地還有一點與葛尤姆相仿，兩人都是從異議分子展開政治生涯。他的第一本書《馬來人的困境》（*The Malay Dilemma*）出版於一九七〇年，強烈批評大馬當時的首相東姑·阿布都拉曼（Abdul Rahman），同時傳達出強烈的民族主義訊息。[23]

馬哈地主張實施優惠差別待遇，讓馬來土著能打破當地華裔移民後代在國家經濟中的主導地位。《馬來人的困境》遭到當局禁止，等到他在一九八〇年代初期成為首相後，這本書才又重新在馬來西亞書店上架。馬哈地反對國內華裔的經濟壟斷，很可能促成他二〇一八年八月在北京的肺腑之言。然而不論其言行背後的理由，話語中反映的憂慮在區域內並不少見。

二〇一八年，亞洲開發銀行的中尾武彥與國際貨幣基金的勒加德（Christine Lagarde）發出有關債務陷阱的警告，獲得區域內社會運動人士、經濟學家、其他學者甚至是政府的重視。斯里蘭卡的漢班托特港與機場被視為完全失控的案例：該國向中國大幅舉債卻無能還款，結果失去一切。巴基斯坦雖然是中國的長期盟友，在二〇一八年十月也不得不轉向國際貨幣基金尋求紓困，因為該國外匯儲備已降至八十億美元，只夠支付兩個月的進口量。[24]即使如此，中國同時仍宣布價值六百億的中巴經濟廊道計畫將進行更多開發，打開中國新疆地區通往瓜達爾與阿拉伯海其他港口的陸上貿易路線。中國外交部發言人陸慷表示，在七月剛勝選的巴基斯坦新任總理、前板球明星選手伊姆朗．汗的治理下，中巴關係將往前邁進。[25]

由於漢班托特與瓜達爾港的教訓，使得緬甸在二〇一八年九月縮減中國支持的皎漂深水港規模，從一開始預計的造價七十三億美元，下修到較切合實際的十三億美元，中國的合資股份也從百分之八十五下修到百分之七十。[26]緬甸高度仰賴中國不言而喻，十月八日，緬甸軍隊三軍總司令敏昂萊將軍在向緬甸國防學院學生演講時提到：「緬甸是個獨立主權國家……倘若一國接受另一國的影響與干涉時，它就不算是主權國家。」[27]

當中國推動連結雲南至泰國東海岸、全長八百七十三公里的高速鐵路建設時，泰國軍政府雖然沒有拒絕，卻也想方設法阻礙計畫進行。通過寮國的鐵路正在建設，但若沒有連結泰國，中國將無法跟東南亞其他地區串聯，更不用說南下至新加坡這個一帶一路倡議中明確的區域目標。[28]泰國似乎偏好跟日本合作，因為日本的公共工程品質更好，同時在今日的地緣戰略脈絡中，也比較不具爭議。

中國也注意到一帶一路倡議將面臨的危機，卻是全然不同的內容。中國學者暨前外交官王義桅在其宣導一帶一路倡議的英文書籍中，列出了五大潛在危機。[29]前兩項是天然與環境危機，建築在山區的道路可能受山崩等天然災害威脅；開放偏遠地區大規模採礦將導致河川汙染，可能會影響環境。雖然王義桅並未提及，不過馬爾地夫等低窪島嶼附近的海平面上升，也是屬於這類危機。

王義桅的第三項潛在危機，是所謂「極端主義勢力」的威脅。他舉出伊斯蘭國及未指名的「東南亞地區武裝團體」，都是可能對「一帶一路建設造成威脅」的勢力。[30]他認為由於一帶一路倡議「宗旨是達成區域繁榮與財富共享，而各極端主義團體的目標是攻擊既有政府並實現其獨裁統治」，因此「一帶一路倡議必然會遭到極端武力攻擊」。[31]

東南亞地區僅存的武裝反抗團體是緬甸的民族反抗軍、菲律賓的穆斯林與共產黨武力，以及泰國南方的穆斯林分離主義者。在這些組織中，緬甸團體值得特別考量，因為他們的活動範圍就在具經濟重要性的「緬甸廊道」上，這也能解釋為何中國積極參與緬甸的和平進程。中國可能已幾乎完全掌控了聯合佤邦軍，但對克欽獨立軍及其他少數民族反抗軍可能沒那麼有力。這些團體大概不會造成威脅，因為大多數都是聯合佤邦軍的盟友，不過羅興亞反抗軍的部分活動與孟加拉、巴基斯坦及沙烏地阿拉伯的伊斯蘭武裝團體有關，這自然吸引了中國維安單位的注意。

其中的主要團體阿拉坎羅興亞救世軍（Arakan Rohingya Salvation Army）在二〇一六與二〇一七年發起攻擊，結果遭致緬甸軍隊大規模暴力回應，這當然也逃不過北京的眼目。二〇一八年三月，緬甸北部由聯合佤邦軍領導的一位少數民族反抗軍聯盟領袖不具名表示：「阿拉坎羅興亞救世軍跟新疆維吾爾自治區的維吾爾穆斯林恐怖主義者有關。因此中國對北方聯盟發出警告，別跟阿拉坎羅興亞救世軍合作。」[32]由於維吾爾反抗者活躍於中巴經濟廊道起點的新疆地區，阿拉坎羅興亞救世軍則是在皎漂以北的叢林山區活動，中國很有理由擔憂王義桅提到的極端主義攻擊。

王義桅的第四項潛在危機是「非政府組織的威脅」。根據王義桅所言，「一帶一路倡議的建設階段，很可能受到主要為西方非政府組織動員的群眾抗議。中國的善意之舉很可能在『中國威脅』論下，被不同的西方非政府組織扭曲為區域宰制建設。」[33]（原文如此）他繼續主張，「中國很有可能會被這些非政府組織指控為掠奪相關國家資源，破壞生態環境。以這些指控為藉口，各種非政府組織就可以動員群眾進行杯葛。」[34]

王義桅繼續說明對抗這種威脅的方法，「以包容的態度歡迎當地人大量參與一帶一路……並且讓當地人，特別是年輕人，了解他們的中國朋友為何在此，以及為何提出一帶一路倡議，讓一帶一路成為他們自己追求的道路。」[35]但其他人則是認為，緬甸「群眾」不用聽任何外國非政府組織的邪惡宣傳，也能知道將吞沒七百六十六平方公里處女林地的密松大壩，會對環境造成怎樣的危害。

第五項，也是王義桅名單上最後一項潛在危機，則是「海上安全風險」。為了最小化海上威脅，王義桅表示，「我們應該建立有效的監測機制，並且解決船艦上的安全武裝人員問題。」[36]他提到索馬利亞外海的海盜是主要問題，但那也不過只是個藉口。中國在印度洋的海軍力量主要是潛艦，對於在這區域追逐海盜並沒有太大的用處。二〇一八年十月，印度洋上目擊一艘有救援艦陪同的039A型元級柴電動力攻擊潛艦，而地點是在印度洋東側，離索馬利亞還有一大段距離。[37]

而在王義桅的分析之外，還有第六項潛在危機。在面對舉行民主選舉的國家時，中國的應對稱不上精明，因此，這些國家容易受政治風向轉變的影響。在馬來西亞、馬爾地夫、斯里蘭卡甚至緬甸等國，都可以看到中國將賭注押寶在單一統治集團上，但它們後來被另一群想法大不相同者取代。這當然是因為中國一黨獨大，雖然統治精英鬥爭並不少見，但權力始終獨攬在精英手中，不會受選舉或公共意見威脅。

一帶一路雖然混亂且不協調，而且就像洪源遠所說的缺乏計畫，但中國進軍印度洋的地緣戰略重要性仍不容小覷。王義桅提出可能破壞一帶一路倡議的第五項潛在危機，正是中國利益和印度、日本及西方利益衝突之處。中國之所以在吉布地建立軍事基地，而且派遣潛艦進入印度洋，並不是因為擔憂海盜。至少在澳洲分析師大衛・布魯斯特看來，在中國打算於印度洋區域打造的軍事基地網絡中，吉布地的設施只是第一處。他提出經常被提及的瓜達爾、漢班托特，以及馬爾地夫一處小島，轉變成中國海軍及空軍站點的可能性。[38]

布魯斯特也提到皎漂港，「在這裡建立中國海軍基地，將足以威脅印度在孟加拉灣的海軍優勢，並且保護（或威脅）穿越孟加拉灣與麻六甲海峽的航道。」[39]然而，中國將非商業用途的海軍設施納入皎漂港計畫的舉動，必定會被強大的緬甸軍方抵制。二〇〇八年，在軍方主持下起草的緬甸憲法第四十一條，也聲明「外國軍隊不得進入聯邦領土」。[40]不過這一條當然沒阻止中國透過可可群島和其他地方的監聽站，獲取緬甸軍隊可能得到的訊號情報資訊，或者是讓中國海軍船艦於包含皎漂在內的緬甸港口停泊補給。

無論何時，每當傳出中國在區域內建造更多軍事基地的謠言時，北京一概否認。這當然也沒錯，正如中國專家湯姆・米勒（Tom Miller）在其著作《中國的亞洲夢》（*China's Asia Dream*）中的主張，北京對取得能源輸入的替代路線及保護海上航道的興趣，高過打造新帝國。[41]中國當然對印度洋有軍事興趣，但也很清楚自己並無法挑戰美、印、日、澳海軍的聯合力量。米勒認為四國海軍的運作比過往更加緊密。[42]

然而若希望保護重要的供應線，就需要透過軍事力量來保護這些海上航路。即使這些友好國家的海軍運作，確實比十或二十年前更加緊密，但它們所屬的聯盟卻非常不正式，不可等同於正式的區域軍事合作條約。對於華府在區域內的角色，印度有其獨立自由意志，自認是擁有外交政策優先事項的平等夥伴，而非屈居於美國之下的盟友。而美國在謎樣新總統川普的領導下，對防衛印度洋區域的承諾也模糊不清。

澳洲的立場又是如何呢？它仍在掙扎，究竟該保護自己的基本民主價值與主權？還是在經濟上高度依賴中國，任其影響自己的外交政策選項？二〇一八年十月，官媒《中國日報》刊登一篇社論痛罵澳洲，指坎培拉走在美中之間的「鋼索」上[43]，「為了遮掩其加入美國圍堵中國陣營的真實意圖，」社論繼續寫道，「東京與坎培拉指責中國所謂的海上強橫作為……對於東海與南中國海的情勢表達關切……坎培拉與東京不應放任冷戰偏執再現……對於追求對抗策略的美國，他們應該（提防）被牽著鼻子走。」[44]社論總結區域內的「脆弱和平」，「一旦失足就可能粉身碎骨」。[45]正是這種「失足」因素使得印度洋局勢不穩，而且比高度警戒及觀察的南中國海更加危險。此外還有數個情勢動盪的印度洋小島國，導致了一點小事件（或意外）就可能引發廣泛衝突的局面。

王義桅在其一帶一路倡議潛在風險清單中，清楚指出西方是敵人，雖然只是提到邪惡非政府組織透過謊稱中國追求區域霸權來煽動問題。然而中國的發言人講得比他更明確。二〇一五年五月二十九日，官方新聞通訊社《新華社》刊出的社論指控美國：「（抓緊）每個機會談論『中國威脅』……（同時）忽視中國對於和平發展的努力，美國的亞太地區戰略平衡，也就是圍堵中國這類崛起國家的美稱，只是華府為了在區域內擴張政治軍事力量的意圖。」[46]這聽起來並沒有太多休·懷特想像中「分享權力協議」的空間。[47]不論是正在崛起的中國，或者是川普及其繼承人領導的美國，都對這種不切實際且不可行的交易毫無興趣。

其他澳洲分析師認為，澳洲將必須在中國與美國「之間」做出選擇。前澳洲政府官員、北京顧問公司中國政策（China Policy）的班傑明·赫斯科維奇（Benjamin Herscovitch）於二〇一五年寫道：「隨著高風險政策問題持續浮現，澳洲基本上不能避免在中美之間選邊站……比起幻想澳洲總能同時跟中美深化關係，坎培拉現在必須開始面對這困難的任務，精確決定何時要跟美國站在一邊，何時又必須追隨北京的腳步，如此才能符合國家的最佳利益。」[48]

不用說，這並非官方政策，但他的看法不應在辯論中缺席，尤其是許多澳洲人可能會同意他的想法。另一方面，在二〇一六年的國防白皮書中，澳洲已十分清楚展現其防衛決心。二〇一八年，當媒體報導中國在萬那杜的埃斯皮里圖桑托島（Espiritu Santo）建設新碼頭時，坎培拉的警鐘立刻大響。對埃斯皮里圖桑托島上四萬位居民及偶爾造訪的觀光客商業需求來說，這座碼頭太大了。這座在中國財務支持下興建的港口，是南太平洋最大的港口之一，可同時容納三艘貨輪與兩艘郵輪。[49] 萬那杜否認有允許中國使用此地做為軍事基地，然而澳洲也警告這個太平洋島國，反對任何讓中國軍事力量在區域內擴張的行動。[50]

萬那杜離澳洲近到令其不安，因此也難怪坎培拉做出如此公開的回應。然而在中國協助提升印度洋國家港口，未來可做為海軍使用時，澳洲並未對此發出類似警告。中國在印度洋的軍事存在可以被輕描淡寫帶過，畢竟比起印度跟美國，它仍算次要，就連法國派駐印度洋區域的軍力都多過中國。正因為中國進入印度洋區域是全新的發展，也很可能是趨勢的開端，因此無疑造成了地緣戰略利益的嚴重衝突，進而激起區域內的軍備競賽。澳洲對這議題仍無法置之不理。

因此，澳洲也開始推動海軍力量現代化，二〇一六年的國防白皮書表示這是為了回應中國崛起。澳洲本土及科科斯（基林）群島、聖誕節島的防衛設施此刻正在升級與更新。雖然印度最終並未獲得塞席爾群島的海軍基地，卻也持續提升海軍素質並強化海軍武力。二〇一八年八月，印度首度以核子動力潛艇群領航的殲敵者號（INS Arihant）發射三枚潛射彈道飛彈K－15海洋飛彈（K-15 Sagarika）。試射是在印度海軍東方指揮部的總部維薩卡帕特南（Visakhapatnam）外海十公里進行。[51]這種近程飛彈可以攜帶一千公斤的負載，重達十公噸。同樣是抗衡中國政策的一部分，印度也在東北方阿魯納恰爾邦的中國邊界，沿線駐紮俄製蘇愷三〇戰鬥機、間諜無人機與飛彈。[52]

與此同時，正如鄭艾米（Amy Cheng）二〇一八年七月在《外交政策》（*Foreign Policy*）期刊所述，中國在吉布地的兩百平方英畝基地包含至少十個軍營、一處軍火庫，以及一處直升機坪。[53]四層保護圍欄圍繞著基地；兩層內側圍欄有八到十公尺高，並且布滿崗哨。這裡本應是救援任務與反海盜行動的後備支援基地，如今看來更像是一處堡壘。其範疇足以容納數千名士兵，而且還沒包含超過兩千五百名駐紮在南蘇丹、賴比瑞亞、馬利的中國維和人員。

除了借錢給吉布地，讓它得以支付在阿迪斯阿貝巴—吉布地新鐵路線計畫中的股份外，中國還出資或承諾支持建設新機場、一個新港口、一處石油卸載碼頭及新道路。為了這些屬於一帶一路倡議的新計畫，中國必須付出將近十四億美元，相當於吉布地全體國民生產毛額的百分之七十五。[54]雖然吉布地是全非洲人口最少的國家之一，但它在二〇一五年成為中國信貸的第五大借貸國。[55]

今日，吉布地已是非洲大陸上中國債務陷阱外交的受害國之一。倘若衣索比亞成功透過厄利垂亞與索馬利蘭找到另一處出海口，吉布地轉運交通收入的損失將迫使其進一步依賴中國。北京握有吉布地的重大把柄，將影響它與其他國家的安全關係，最終可能導致其他軍事基地所有者離開這紅海入口的戰略要地。[56]

卡內基歐洲中心的資深研究員暨葡萄牙政治學者布魯諾．瑪薩艾斯認為，隨著新強權崛起，以及前西方霸權失去相對權力，世界將在人類歷史上首度進入現代科技與混亂國際情勢並存的時代。在此局勢中，任何單一行動者或團體都無法強加秩序。他認為所有外國軍事基地緊密並存的吉布地，正是衝突可能爆發的地方。[57]

其實瑪薩艾斯所形容的，正是所謂的「修昔底德陷阱」（Thucydides's Trap），這是由哈佛學者格雷厄姆．艾利森提出的理論。他提出新興強權與既有強權之間，幾乎無法避免戰爭；又或者就如修昔底德在《伯羅奔尼薩戰爭史》所寫，斯巴達對雅典興起的恐懼，使得雙方的戰爭無可避免。[58]這歷史比喻乍看之下似乎有些牽強，但艾利森列出十六個從十五世紀至今的類似歷史案例，其中有十二個都走向戰爭。

他引述的近期案例包括：一九〇四至一九〇五年爭奪東亞陸海勢力的日俄戰爭；一戰時法國及俄國支持英國對抗德國；二戰時美國與日本爭奪亞太地區的影響力。[59]四個未走向戰爭的案例，則是二十世紀初，英國與美國在西半球競逐全球經濟支配地位與海軍霸權，以及二戰後蘇聯與美國競逐全球勢力。

在經過謹慎的準備後，新興工業國家日本於一九〇四年對俄國開戰，之後贏得戰爭，掌握了遼東半島的控制權，並且從沒落的俄羅斯帝國手中奪取旅順港、南滿鐵路與半個庫頁島。當時日本已從中國手中奪下台灣，正在占領朝鮮的過程中。東京在一九三三年宣稱「亞洲是亞洲人的亞洲」，並表示此後日本將負責維持東亞的和平秩序，隨後入侵大半個中國。因此，日本跟一九四一年前仍置身於二戰之外的美國關係惡化，艾利森認為破釜沉舟的日本透過計畫，對珍珠港施以先發制人的「致命一擊」。[60]

至於一戰的起因，可追溯至一九一四年六月二十八日，當時奧匈帝國王位繼承人法蘭茲．斐迪南大公（Archduke Franz Ferdinand）在賽拉耶佛被刺殺，行刺者屬於塞爾維亞革命團體，追求奧匈帝國的斯拉夫省獨立。然而這可能被視為「失足因素」（借用王義桅的話來形容這種引發更大衝突的事件），結果造成了全世界的戰爭。當時和新興強權德國結盟的奧匈帝國發動了戰爭；而實際上沒涉入巴爾幹衝突的英國，也自認有必要維持全球海軍霸權；沒落的俄羅斯帝國則與英國和法國一起對抗德國，而俄國與德國政治家因為這些情勢，視戰爭為阻止國家覆滅的選項。一九一七年，由於德國潛艇開始攻擊美國船艦，導致美國加入戰局，最終超越盟友英國成了世界強權。戰爭的起火點是奧匈帝國決定懲罰塞爾維亞涉入法蘭茲．斐迪南的暗殺事件，結果演變成更大範圍的衝突，卻以一度盛大的奧匈帝國解體告終，扣掉失去的領土後，只剩下兩個小很多的國家：奧地利與匈牙利。

不過問題在於，這些跟美中之間的新冷戰有什麼關係？艾利森的修昔底德陷阱理論是否足以解釋，今天在南中國海，還有尤其是印度洋區域的對峙？艾利森論點的要旨在於「崛起強權症候群」對上「既有強權症候群」，這自然符合今日在印度洋與其他區域發生的現象：正在崛起且自信的強權開始挑戰舊強權的霸權，因為後者似乎無法維持順其所好、以其為尊的世界秩序。

川普的口號「讓美國再次偉大」（Make America Great Again）有更強力且具國際重要性的對等口號，那就是習近平的「讓中國再次偉大」（Make China Great Again）。根據艾利森的說法，這表示要讓中國回到西方殖民強權出現前，它在亞洲曾有過的主導地位。重新控制「大中國」領土，不只是香港、澳門自治區，還有台灣；重建歷史上沿著邊界伸入鄰國的影響力，讓這些國家向中國表現出對大國應有的尊敬與順服；並且贏得世界其他強權的敬重。[61]

習近平同時開始活化中國共產黨，清理貪腐、推動經濟成長，以及同樣重要的復興中華民族主義，並灌輸身為中國人的驕傲。他也承諾要重新整建中國軍隊，能如他所言「戰之必勝」。[62]習近平想像中的國家，比任何古代中國王朝都更加強盛。他相信中國必將取代美國成為世界上的經濟、政治與軍事主要強權，並且期望這能發生在他仍擔任國家領導時。二〇一八年三月，中國的國會全國人民大會投票取消憲法限制國家主席、副主席兩次五年任期的限制，讓習近平的任期得以無限延續。在將近三千名代表中，只有兩票反對、三票棄權。[63]而美國面對中國漸增的亞太地區影響力，卻沒有實質的抗衡戰略，也鼓舞習近平持續掌權到中國成為世界第一強權的野心。川普唯一的興趣似乎是向中國發動貿易戰，對進入美國的中國貨物施加關稅。

不過習近平讓中國再次偉大的夢想，還有另外一面。他將小島礁與岩石轉變為南中國海上的主權領土島嶼，在吉布地建立中國首座海外軍事基地，花費數百億美元在防衛研究與採購上，目標在於打造世界級軍隊，實現讓中國成為亞太地區主要強權的渴望。此外還有昂貴的一帶一路倡議，它建立在提供給弱勢國家的貸款與信貸上，然而它們若無法償付借款，往好處想，中國可能就多了更多海外資產。這本身將是一個重要的戰略收穫，儘管金錢將付諸流水。

由於北京試圖以擴大支出脫離二〇〇八年經濟危機，結果已深陷於巨大的債務問題。[64]當時在全球不景氣的情況下，北京以銀行大規模放款給地方政府，成功讓經濟持續成長。而地方政府將錢花在公共建設上的計畫可能有用，也可能沒啥用處。[65]雖然此舉讓國民生產毛額成長維持在驚人水準，卻也為國家留下巨大的內部債務問題。近期美國對中國貨品施加關稅，也有損出口帶動經濟成長的模式。

此外還有人口問題。由於一胎化政策與人口老化問題，預計到了二〇五〇年，中國將有四億八千七百萬老年人口，大約占總人口的百分之三十五，必須由逐漸下滑的勞動人口來支撐。[66]中國缺乏應對這議題的適當計畫，無論如何這都是即將到來的經濟災難。

中國存在過度使用資源的風險，即使習近平也未能逃避一個事實：好幾個國家對一帶一路倡議的抵制情緒正在增強，雖然它們理應受益於中國的慷慨捐助。根據中國治理研究專家裴敏欣的觀點，國家領導人並未適當地意識到，必須避免所謂的「帝國過度擴張」。[67]裴敏欣主張：「雖然一帶一路倡議的早期徵兆，還有過去蘇聯的經驗，應該讓中共先停下腳步，但中國似乎決心繼續推進一帶一路倡議，國家領導人已視其為新的『大戰略』支柱。」[68]

二〇一八年十月，日本在東京與東南亞五國領袖會面時，也提出了有別於中國一帶一路倡議的另一個途徑。日本在東南亞區域領導的公共建設發展計畫，其實早於一帶一路倡議，日本政府將具有競爭力的提案重新包裝為「高品質公共建設」，這種說法毫不遮掩，意指中國有時候建設品質低落的計畫。[69]日本首相安倍晉三與緬甸、泰國、越南、寮國及柬埔寨領袖的會議，明顯是為了重建區域內失去的勢力。近年來中國的支票簿外交及公共工程貸款與補助，已經掌控了這區域。而東京的「高品質」建設，同時也暗指中國提供的援助經常累積成債務陷阱，當借款國（如斯里蘭卡）無法償還時，就可以做為侵蝕其主權的條件。

比起中國，日本在東南亞區域內建造道路、橋梁與機場的歷史則更悠久，但部分是出於二戰時在東南亞的爭議歷史。日本對計畫採取相對低調的處理態度，不同於中國大膽且充滿想像的一帶一路倡議。日本沒有跟西方國家一樣，批評緬甸政府處理穆斯林羅興亞人的方式，也沒有重新施加部分制裁，它很清楚這類處罰手段只會將緬甸推回中國懷抱，因此採取較細膩的手法：提供金錢協助解決危機，重新安置在孟加拉難民營中憔悴度日的數十萬名羅興亞人。

跟中國比起來，日本的夥伴關係「相對乾淨」。中國經常在緬甸之類的國家，使用有問題的當地包工與中間商做為中介。由聲名狼藉已故毒梟軍閥之子經營的亞洲世界公司，不僅參與克欽邦的密松水電計畫與皎漂港計畫，也涉入新加坡的石油詐欺案，而他不過只是其中一個案例。在緬甸與國內許多少數民族反抗團體持續進行的和談過程中，中國偏好的地方夥伴是華裔的魏學剛，他是聯合佤邦軍的領袖之一，也是惡名昭彰的毒梟大亨。一九九三年，紐約聯邦法院在魏學剛未出庭的情況下，以海洛因走私罪名將他起訴定讞；二〇〇五年再度以安非他命生產網絡首腦罪名定讞；泰國法院也以同樣罪名判魏學剛死刑，而他依然未出庭。為了逮捕魏學剛，美國懸賞兩百萬美元徵求相關資訊，但他卻安然無恙躲在聯合佤邦軍位於中國邊界的邦康（Panghsang）總部。他使用緬名「吳盛溫」（U Sein Win），與中國情報官合作，並指揮跟政府進行和平對談的佤邦代表團。[70]

日本同時尋求跟印度及東南亞國家更緊密的經濟合作。它承諾協助新德里提升破敗的大規模鐵路網；當印度總理莫迪於二〇一六年十一月出訪東京時，在與安倍晉三簽訂協助興建六座核子反應爐的合約時，獲得了更多協助的承諾。這是日本首度同意跟未簽訂《核武禁止擴散條約》（*Nuclear Non-Proliferation Treaty*）的國家進行此類交易。[71]從二〇〇八年十月簽訂《印日安全合作聯合宣言》以來，日本在馬拉巴軍演中的參與一直相當醒目。儘管當時雙方的總理與首相不同（印度為辛格，日本則是麻生太郎），但訊息相當明確。印日同意針對「亞太地區區域事務及長期戰略與全球事務」分享資訊及統合政策。[72]

此外，日本更承諾協助推動莫迪的「東進政策」。該政策主要為了抗衡中國對緬甸的影響力，因此打算開通印度東北地區至緬甸北方城鎮的新貿易路線。印度堅定拒絕支持中國的一帶一路倡議，並視其為試圖包圍印度之舉。一側是中巴經濟廊道，另一側則是緬甸廊道，印度的恐懼並非毫無道理；追求新貿易路線與獲取政治戰略影響力確實密不可分。

原始的絲路引發地緣政治對手爭相控制有價值的貿易路線，這是無可避免的情況。此競爭在十九世紀所謂的「大博弈」中達到頂峰，讓英俄帝國彼此對抗，競逐對中亞的控制權，其中也包含俄羅斯想獲取的印度洋暖水港口。今日的中國不只是陸地上的參與者，更重要的是海上（特別是印度洋）的競逐。十九世紀的大博弈並未引發英俄之間公開的軍事衝突；那是一場雙方以滲透地方統治者來強化己方利益的間諜戰。從這角度來看，舊大博弈與新冷戰之間有其相似之處，然而差異也很明顯。此刻，所有涉及印度洋權力與影響力爭奪的國家，都擁有現代科技與先進武器，而常駐軍事基地分布在廣闊的區域中。

戰爭可以避免，但不是透過休．懷特那種烏托邦式的「權力分享協議」，也許是透過類似冷戰的恐怖平衡，就像當時西方與蘇聯理解到軍事衝突代價可能太高，而且有損雙方利益。根據艾利森的說法，習近平了解到這一點，也同意中國人民解放軍戰略支援部隊的另一項提案，「運用雷射、電子與動力武器，使危機區域上空的美國軍事衛星被破壞或失去作用，並以網路攻擊癱瘓美國在亞太地區的指揮控制系統。目標是緩和衝突：習近平希望美國會因震驚而退縮。」[73]

然而這聽起來反倒像可疑的戰爭宣言。這將對迪亞哥．賈西亞島之類的美軍基地有何影響？對印度的軍事基地跟強大海軍又會如何？只關注全球與區域強權的作為是不夠的。對區域的未來而言，印度洋小島國的內部發展也同樣重要。若說由於一個「失足」或精心策劃的挑釁就會引起武裝衝突，那很可能是發生在印度洋區域，因為此地的航運路線控制權遠比其他地區更重要：這裡有不同的利益競逐交疊，更是中國區域霸權野心的極盛之處。對大英帝國來說，印度有如掌上明珠；對習近平來說，印度洋則是他為茁壯的中國帝國爭取的珍珠，而且不計一切代價。

注釋

導論

1. 見Lintner, Bertil, 'Burma: China's New Gateway', *Far Eastern Economic Review*, cover story, December 22, 1994。這是國際媒體首度聚焦一九九〇年代初期將發生在中緬邊境的改變。無線上版本。
2. 一開始稱為「一帶一路倡議」（One Road, One Belt Initiative），簡稱OBOR。此倡議是由習近平在二〇一三年九月及十月首先揭露，分別稱為「絲路經濟帶」與「海上絲路」。到了二〇一六年中，英文名稱改為Belt and Road Initiative，簡稱BRI，以此強調範圍包含不只一「帶」跟一「路」，而是整個區域內的公共建設專案迷宮。見https://www.slideshare.net/aung3/one-belt-one-road-greater-mekongsubregioneconomic-corridors-and-myanmar（二〇一八年四月一日版本）。另見Shepard, Wade, 'Beijing To The World: Don't Call The Belt and Road Initiative OBOR', https://www.forbes.com/sites/wadeshepard/2017/08/01/beijing-to-the-world-please-stop-sayingobor/#5940638f17d4（二〇一八年四月五日版本）。

3. Pan Qi, 'Opening to the Southwest: an Expert Opinion', *Beijing Review*, September 2, 1985, http://beijingreview.sinoperi.com/en198535/665498.jhtml（二〇一八年三月二十日版本）。
4. 同上。
5. 見Tian Jinchen, 'One Belt and One Road': Connecting China and the World', paper prepared for McKinsey and Company, April 19,2017, https://www.mckinsey.com/industries/capital-projects-andinfrastructure/our-insights/one-belt-and-one-road-connecting-chinaand-the-world（二〇一八年三月二十日版本）。Tian Jinchen提到張騫「協助建立絲路」，卻未提及他試圖前往印度。
6. 關於「七十個國家」，見前文；關於一至八兆美元，見Hillman, Jonathan E., 'How Big is China's Belt and Road?' paper prepared for the Center for Strategic and International Studies, Washington, April 3, 2018, https://www.csis.org/analysis/how-bigchinas-belt-and-road（二〇一八年四月五日版本）。
7. 'Planned Indian Military base stirs Seychelles controversy', *Agence France-Presse*, March 3, 2018, https://timesofindia.indiatimes.com/india/planned-indian-military-base-stirs-seychelles-controversy/articleshow/63146127.cms（二〇一八年三月二十日版本）。
8. 'Indian, French Forces to Access Each Other's Naval Facilities in Indian Ocean', *The Wire*, March 11, 2018, https://thewire.in/231531/india-and-france-sign-14-agreements-in-a-move-towards-maritimecooperation/（二〇一八年四月二日版本）。
9. 同上。

第一章　新卡薩布蘭加

1. Allison, Simon, 'Djibouti's greatest threat may come from within', *Mail and Guardian*, March 2, 2018,

https://mg.co.za/article/2018-03-02-00-djiboutis-greatest-threat-may-come-from-within（二〇一八年四月五日版本）。

2. Dahir, Abdi Latif, 'Scramble for Djibouti: How a tiny African country became the world's key military base, *Quartz: Africa*, August 18, 2017, https://qz.com/1056257/how-a-tiny-african-country-became-theworlds-key-military-base/（二〇一八年四月五日版本）。Oladipo, Tomi, 'Why are there so many military bases in Djibouti?' *BBC News*, June 16, 2015, http://www.bbc.com/news/world-africa-33115502（二〇一八年四月五日版本），與Lintner, Bertil, Djibouti: the Casablanca of a new Cold War, *Asia Times*, November 28, 2018, http://www.atimes.com/article/djibouti-the-casablanca-of-a-new-coldwar/?fbclid=IwAR0Q01Q7o9jh1T46uV-JZUX2DwPNkup39WvlXJEWnAUYM4DbKlciZ5Nsdo（二〇一八年十一月二十八日版本）。

3. 'Djibouti welcomes Saudi Arabia plan to build a military base', *Memo Middle East Monitor*, November 28, 2017, https://www.middleeastmonitor.com/20171128-djibouti-welcomes-saudi-arabiaplan-to-build-a-military-base/（二〇一八年四月五日版本）。

4. Maçaes, Bruno, 'The Coming Wars', *Politico*, January 15, 2018, https://www.politico.eu/blogs/the-coming-wars/2018/01/the-mostvaluable-military-real-estate-in-the-world/（二〇一八年五月十日版本）。

5. 同上。

6. 'Chinese-built Ethiopia-Djibouti railway begins commercial operations,' *Xinhua*, January 1, 2018, http://xinhuanet.com/english/2018-01/01/c_136865306.htm（二〇一八年五月四日版本）。

7. *Tafsa News*, 'Why Djibouti Is the Loser of Ethiopia-Eritrea New Peace Deal', July 12, 2018, https://www.tesfanews.net/djibouti-loserethiopia-eritrea-new-peace-deal/（二〇一八年八月十五日版本）。

8. 參見注釋二。

9. 'Why China's First Overseas Military base in Djibouti is "Only the Beginning",' *Sputnik International*, July

13, 2017, https://sputniknews.com/politics/201707131055515150-china-military-overseas/（二〇一八年四月三日版本）。

10. Lintner, Bertil, 'China advances, West frets in South Pacific', *Asia Times*, April 25, 2018, http://www.atimes.com/article/china-advanceswest-frets-in-south-pacific/（二〇一八年四月二十五日版本）。

11. 'Chinese Foreign Ministry: Djibouti', *China.org.cn.*, October 10, 2006, http://www.china.org.cn/english/features/focac/183543.htm（二〇一八年四月三日版本）。

12. Smith, Jeff M., *Cold Peace: China-India Rivalry in the Twenty-first Century*, Lanham, Maryland: Lexington Books, 2014, p. 236.

13. 同上，頁二三六。

14. 同上，頁二三七至二三八。

15. 參見例如 'Critics silenced ahead of China's move to end presidency term limits,' *ABC News*, March 11, 2018, http://www.abc.net.au/news/2018-03-11/critics-silenced-ahead-of-china27s-moveto-end-xi-term-limits/9536274（二〇一八年三月二十日版本）及Bodeen, Christopher, Associated Press, March 11, 2018, http://www.businessinsider.com/china-voted-xi-jinping-to-rule-for-life-2018-3（二〇一八年三月二十日版本）。

16. *China.org.cn.*, October 10, 2006.

17. 同上。

18. Pehrson, Christopher J., *String of Pearls: Meeting the Challenge of China's Rising Power Across the Asian Littoral*, Carlisle, Pennsylvania: The Strategic Studies Institute of the US Army War College, July 2006, http://www.strategicstudiesinstitute.army.mil/pdffiles/PUB721.pdf（二〇一八年四月十日版本）。

19. 同上，頁二一。

20. 同上，頁二一。

21. 同上，頁二三。
22. Tea, Billy, 'Unstringing China's strategic pearls', *Asia Times*, March 11, 2011, http://www.atimes.com/atimes/China/MC11Ad02.html（二〇一八年一月十五日版本）。
23. Hillman, Jonathan, *How Big Is China's Belt and Road?*, Washington: the Centre for Strategic and International Studies, 2018, p. 1.
24. 同上，頁二。
25. 中文：http://world.people.com.cn/n1/2017/0514/c1002-29273764.html（二〇一八年五月二十日版本），同時英文翻譯也引述在Thorne, Devin and Ben Spevack, *Harboured Ambitions: How China's Port Investments Are Strategically Reshaping the Indo-Pacific*, Washington: Centre for Advanced Defence Studies, 2017, p. 12, https://daisukybiendong.files.wordpress.com/2018/04/devin-thorne-benspevack-2018-harbored-ambitions-how-chinas-port-investments-arestrategically-reshaping-the-indo-pacific.pdf。
26. 同上，頁一。
27. 同上，頁一。
28. 'China Industrial Park in India Launched.' *Global Times*, June 21, 2016, http://www.globaltimes.cn/content/989639.shtml（二〇一八年三月二十五日版本）。
29. Mitra, Devirupa, 'India Sounds Alarm on Chinese Infra Projects in Neighbourhood', *The Wire*, March 14, 2018, https://thewire.in/diplomacy/china-making-headway-in-infra-projects-in-indiasneighbourhood-foreign-secretary-gokhale-to-panel（二〇一八年四月十五日版本）。
30. 同上。
31. 同上。
32. 同上。

33. 二〇一七年十二月二十一日，在仰光採訪緬甸政府財政顧問。
34. Lintner, Bertil, 'Little Laos risks losing it all to China', *Asia Times*, May 13, 2018, http://www.atimes.com/article/little-laos-risks-losing-itall-to-china/.
35. Clover, Charles, 'IMF's Lagarde warns China on Belt and Road debt', *The Financial Times*, April 12, 2018, https://www.ft.com/content/8e6d98e2-3ded-11e8-b7e0-52972418fec4（二〇一八年五月十五日版本）。
36. Blau, Rosie, 'Did China discover America?' *The Economist*, May 21, 2015, https://www.1843magazine.com/travel/cartophilia/didchina-discover-america（二〇一八年五月五日版本）。
37. 'Indonesia's Balancing Act: A Road With China, a Port With India,' *The Wire*, May 18, 2018, https://thewire.in/diplomacy/indonesia-chinaindia-modi-belt-and-road（二〇一八年五月二十日版本）。
38. 馬歡，《瀛涯勝覽》英譯本（*Ying-hai Sheng-lan: The Overall Survey of the Ocean's Shores*），Bangkok: White Lotus, 1997。此為一九三五年中國學者馮承鈞校注的版本。
39. Seidel, Jamie, 'New quest for Chinese navigator Zheng He's ancient fleet an ominous bid for validation of China's expansionist claims', *news.com.au*, March 1, 2018, http://www.news.com.au/technology/science/archaeology/new-quest-for-chinese-navigator-zheng-hes-ancient-fleetan-ominous-bid-for-validation-of-chinas-expansionist-claims/news-story/0ed1e754cd927a78569129bf83770478（二〇一八年五月二十日版本）。
40. Yamada, Go, 'Is China's Belt and Road working? A progress report from eight countries', *Nikkei Asian Review*, March 28, 2018, https://asia.nikkei.com/Spotlight/Cover-Story/Is-China-s-Belt-and-Road-working-Aprogress-report-from-eight-countries（二〇一八年四月五日版本）。
41. 訪問引述於前引之Go著作。
42. Kaplan, Robert D., 'China's Port in Pakistan?' *Foreign Policy,* May 27, 2011, http://foreignpolicy.com/2011/05/27/chinas-port-inpakistan/（二〇一八年一月十二日版本）。

43. 'Two policemen killed as gunmen attack Chinese consulate in Karachi,' *Agence France-Presse*, November 23, 2018, https://www.afp.com/en/news/15/two-policemen-killed-gunmen-attack-chineseconsulate-karachi-doc-1b176m4（二〇一八年十一月二十八日版本）。
44. Panda, Ankit, 'Armed Insurgents Attack Chinese Consulate in Karachi', *The Diplomat,* November 24, 2018, https://thediplomat.com/2018/11/armed-insurgents-attack-chinese-consulate-inkarachi/（二〇一八年十一月二十八日版本）。
45. 'Karachi attack not to affect China-Pakistan Economic Corridor: Chinese Foreign Ministry spokesman,' *Wionews*, November 23, 2018, http://www.wionews.com/south-asia/watch-karachi-attack-not-to-affectchina-pakistan-economic-corridor-construction-spokesman-179026（二〇一八年十一月二十八日版本）。
46. Mangaldas, Leeza, 'Trump's Twitter Attack On Pakistan Is Met With Both Anger And Support in South Asia,' *Forbes*, January 2, 2018, https://www.forbes.com/sites/leezamangaldas/2018/01/02/trump-bringsin-the-new-year-with-polarizing-pakistan-tweet/#7460426f2b35（二〇一八年一月五日版本）。
47. Azia, Saba, 'Pakistan-US war of words over Donald Trump's tweet', *Al Jazeera*, January 3, 2018, https://www.aljazeera.com/news/2018/01/pakistan-war-words-donald-trump-tweet-180102055709366.html（二〇一八年一月五日版本）。
48. 'China warns of imminent attacks by "terrorists" in Pakistan,' *Reuters*, December 8, 2017, https://www.reuters.com/article/us-chinasilkroad-pakistan/china-warns-of-imminent-attacks-by-terrorists-inpakistan-idUSKBN1E216N（二〇一七年十二月十日版本）。
49. Khani, Omer Farooq, 'China halts funding CPEC-related projects under shadow of corruption,' *The Times of India*, December 5, 2017, https://timesofindia.indiatimes.com/world/china/china-halts-funding-cpecrelated-projects-under-shadow-of-corruption/articleshow/61936975.cms（二〇一七年十二月十日版本）。

50. Small, Andrew, *The China-Pakistan Axis: Asia's New Geopolitics*, London: Hurst, 2015, p. 180.
51. Notezai, Muhammed Akbar, 'Islamist Discontent Over China's Treatment of Uighurs,' *The Diplomat*, https://thediplomat.com/2016/06/islamist-discontent-over-chinas-treatment-of-uighurs/（二〇一八年五月十日版本）。
52. 'China urges Pakistan to expel Uighur Islamic militants,' *BBC*, May 31, 2012, http://www.bbc.com/news/world-asia-18276864（二〇一八年五月十五日版本）。
53. *China 2017/2018*, Amnesty International, https://www.amnesty.org/en/countries/asia-and-the-pacific/china/report-china/（二〇一八年五月二十一日版本）。
54. *China: Big Data Fuels Crackdown in Minority Region*, Human Rights Watch, February 16, 2018, https://www.hrw.org/news/2018/02/26/chinabig-data-fuels-crackdown-minority-region（二〇一八年五月五日版本）。
55. Shih, Gerry and Dake Kang, 'Muslims forced to drink alcohol and eat pork in China's "re-education" camps, former inmate claims,' *The Independent*, May 18, 2018, https://www.independent.co.uk/news/world/asia/china-re-education-muslims-ramadan-xinjiang-eat-porkalcohol-communist-xi-jinping-a8357966.html（二〇一八年五月二十二日版本）。
56. Gady, Franz-Stefan, 'China-Pakistan Military Relations', *The Diplomat*, June 15, 2017, https://thediplomat.com/tag/china-pakistan-militaryrelations/（二〇一八年四月十二日版本）。
57. Gertz, Bill, 'China eyes Pakistan port', *Washington Times*, October 18, 2017, https://www.washingtontimes.com/news/2017/oct/18/inside-the-ring-china-eyes-pakistan-port/（二〇一八年五月二十二日版本）。
58. 同上。
59. Sharma, Mihir, 'View: China's proving to be an expensive date for Pakistan,' *The Economic Times*, May 23, 2018, https://economictimes.indiatimes.com/news/international/world-news/view-chinasproving-to-be-

expensive-date-for-pakistan/articleshow/64285439.cms（二〇一八年五月二十五日版本）。

60. 同上。

61. Safi, Michael and Amantha Perera, 'The biggest game change in 100 years: Chinese money gushes into Sri Lanka,' *The Guardian*, March 26, 2018, https://www.theguardian.com/world/2018/mar/26/thebiggest-game-changer-in-100-years-chinese-money-gushes-into-srilanka（二〇一八年五月二十日版本）。

62. Abeywickrema, Mandana Ismail, 'Concern Over Mattala Performance', *The Sunday Leader*, May 12, 2013, http://www.thesundayleader.lk/2013/05/12/concerns-over-mattala-performance/（二〇一八年五月二十二日版本）。

63. Brewster, David, 'Why India is buying the world's emptiest airport,' *The Lowy Interpreter.* December 4, 2017, https://www.lowyinstitute.org/the-interpreter/why-india-buying-world-s-emptiest-airport（二〇一八年五月五日版本）。

64. 同上。

65. 同上。

66. 同上。

67. 同上。

68. 'How Beijing won Sri Lanka's civil war,' *The Independent*, May 22, 2010, https://www.independent.co.uk/news/world/asia/how-beijingwon-sri-lankas-civil-war-1980492.html（二〇一八年五月二十日版本）。

69. 'China to develop Bangladesh industrial zone as part of South Asia push,' *Reuters*, April 4, 2018, https://www.hindustantimes.com/worldnews/china-to-develop-bangladesh-industrial-zone-as-part-of-southasia-push/story-EJstVJcCGBzTSKfdhzWsCI.html（二〇一八年五月二十日版本）。

70. 前引之Go著作。

71. 'War Chest: US Dominates World Military Spending in 2017,' *Sputnik News*, May 2, 2018, https://sputniknews.com/military/201805021064098631-World-Military-Spending-Riyadh-SurpassesMoscow/（二〇一八年五月十日版本）。
72. 前引之Maçaes著作。
73. 同上。
74. Johnson, Reuben F., 'US warns pilots of laser attacks in Djibouti,' *Jane's Defence Weekly*, April 27, 2018, http://www.janes.com/article/79630/us-warns-pilots-of-laser-attacks-in-djibouti（二〇一八年五月二十三日版本）。
75. 同上。
76. Connor, Neil, 'Pentagon accuses China of using lasers against US pilots in Djibouti,' *The Telegraph*, May 4, 2018, https://www.telegraph.co.uk/news/2018/05/04/pentagon-accuses-china-using-lasers-against-uspilots-djibouti/（二〇一八年五月十日版本）。
77. 前引之Johnson著作。
78. 同上。
79. 前引之Allison著作。
80. 同上。
81. 同上。
82. 'Djibouti', *Freedom House*, 2011, https://freedomhouse.org/report/freedom-world/2011/djibouti（二〇一八年五月十日版本）。另見Lintner, Bertil, 'Risks bubbling beneath Djibouti's foreign bases,' Asia Times, November 28, 2018, http://www.atimes.com/article/risksbubbling-beneath-djiboutis-foreign-bases/?fbclid=IwAR1yluJiHHr11Gv33I2V_OYXsCO9FRBtG-n2672OM8UDlxki7YcRYcdHb1c（二〇一八年十一月二十

九日版本）。

83. 'Djibouti', *Freedom House*, 2012, https://freedomhouse.org/report/freedom-world/2012/djibouti（二〇一八年五月十日版本）。
84. 同上。
85. 前引之Allison著作。
86. 同上。

第二章　緬甸廊道

1. Fuller, Thomas, 'Myanmar Backs Down, Suspending Dam Project',' *New York Times*, September 30, 2011, https://www.nytimes.com/2011/10/01/world/asia/myanmar-suspends-construction-ofcontroversial-dam.html（二〇一八年一月八日版本）。
2. Lintner, Bertil. 'The Busy Border,' *Far Eastern Economic Review*, June 8, 1989.
3. 完整引文，見Myanmar Press Summary, *Working People's Daily* (Rangoon), Vol. III, No, 10, October 1989, p. 14, http://www.ibiblio.org/obl/docs3/BPS89-10.pdf（二〇一八年五月二十三日版本）。
4. 送進緬甸的中國武器完整清單，見Lintner, Bertil: 'Lock and Load,' *Far Eastern Economic Review*, September 13, 1990, 'Oiling the Iron Fist,' *Far Eastern Economic Review*, December 6, 1990, and 'Hidden Reserves,' *Far Eastern Economic Review*, June 6, 1991。
5. 同上。
6. Ott, Marvin, 'Don't Push Myanmar Into China's Orbit,' *The Los Angeles Times*, June 9, 1997, http://articles.latimes.com/1997-06-09/local/me-1645_1_southeast-asia（二〇一八年一月十五日版本）。

7. 關於「路線藍圖」的綜論，見Arnott, David, *Burma/Myanmar: How to Read the Generals "Roadmap – A Brief Guide With Links to the Literature*, http://www.ibiblio.org/obl/docs/how10.html 及Khin Maung Win, address at a Myanmar Institute of Strategic and International Studies seminar in Rangoon, January 27-28, 2004, http://burmatoday.net/burmatoday2003/2004/02/040218_khinmgwin.htm（皆為二〇一八年一月十五日版本）。

8. 作者手中持有這份機密報告。

9. 引言直接出自機密文件。

10. 參見例如二〇一二年二月秦暉在《經濟觀察報》上，一系列以〈密松的迷思〉為題的文章。這些文章的英文翻譯為作者所有。

11. Lintner, Bertil, 'The Core Issues Not Addressed,' *The Irrawaddy*, May 5, 2015：「關於在地實際情況的洞見，向來並非外國和平調解者的強項。『軍工複合體』一詞將常用來形容美國個人、機構與不同政府單位間國防合約、金流與資源流動的網絡。目前看來，緬甸的大量外國非政府組織似乎也有其『和平—工業複合體』，在歐盟、挪威、瑞士與加拿大政府的大筆補助款支持下，加上聯合國與區域、國際組織代表的參與。」參見https://www.irrawaddy.com/features/the-core-issuesnot-addressed.html（二〇一八年三月五日版本）。

12. Wee, Sui-lee, 'Myanmar official accuses China of meddling in rebel peace talks,' *Reuters*, October 8, 2015, https://www.reuters.com/article/us-myanmar-china/myanmar-official-accuses-china-of-meddling-inrebel-peace-talks-idUSKCN0S22VT20151008（二〇一八年二月五日版本）。

13. Quoted in Lintner, Bertil, 'Same Game, Different Tactics: The Myanmar Corridor,' *The Irrawaddy*, July 2015, https://www.irrawaddy.com/news/burma/same-game-different-tactics-chinas-myanmar-corridor.html（二〇一八年三月十二日版本）。《簡氏》原始報告僅限訂閱戶。

14. 同上。
15. See Kyaw Phyo Tha, "Fear of China Keeps Copper Mine Open: Aung Min', *The Irrawaddy*, November 26, 2012, http://www.irrawaddy.com/news/burma/fear-of-china-keeps-copper-mine-open-aung-min.html（二〇一八年一月十日版本）。
16. Sun, Yun, 'The Conflict in Northern Myanmar: Another American AntiChina Conspiracy,' *Asia Pacific Bulletin*, February 20, 2015, https://www.stimson.org/content/conflict-northern-myanmar-anotheramerican-anti-china-conspiracy（二〇一八年一月十日版本）。
17. Quoted in Kyaw Kha, 'Meeting Minutes Reveal Insight into Chinese approach to Burma's [Myanmar's] Peace Process,' *The Irrawaddy*, February 22, 2017, at https://www.irrawaddy.com/news/burma/meeting-minutes-reveal-insights-chinese-approach-burmas-peaceprocess.html（二〇一七年八月十七日版本）。
18. Lintner, Bertil, 'Wa rebel group torpedoes Suu Kyi's peace drive,' *Asia Times*, February 28, 2017, http://www.atimes.com/article/wa-rebelgroup-torpedoes-suu-kyis-peace-drive/（二〇一八年一月十日版本）。
19. Lun Min Mang, 'Armed ethnic groups congratulate China's Xi on reelection,' *The Myanmar Times*, March 21, 2018, https://www.mmtimes.com/news/armed-ethnic-groups-congratulate-chinas-xi-re-election.html（二〇一八年三月二十五日版本）。
20. 另見Lintner, Bertil, "China uses carrot and stick in Myanmar,' *Asia Times*, February 28, 2017, http://www.atimes.com/article/chinauses-carrot-stick-myanmar/（二〇一八年一月十五日版本）。
21. Htet Naing Zaw, 'Impossible to Remove Tatmadaw from Politics: Army Colonel,' *The Irrawaddy,* August 14, 2017, https://www.irrawaddy.com/news/burma/impossible-remove-tatmadaw-politics-armycolonel.html（二〇一八年一月十七日版本）。
22. Dickey, William C. and Nay Yan Oo, 'Myanmar's military holds key to further reform,' *Nikkei Asian Review*,

August 18, 2017, https://asia.nikkei.com/Viewpoints/William-C.-Dickey-and-Nay-Yan-Oo/Myanmar-smilitary-holds-key-to-further-reform（二〇一八年一月十九日版本）。

23. 完整清單，見 Kalam, Zaid, 'Suu Kyi's lost honours,' *The Daily Star*, March 8, 2018, https://www.thedailystar.net/rohingya-crisis/myanmar-refugee-aung-san-suu-kyi-lost-honours-nobel-peace-prizeoxford-elie-wiesel-ethnic-cleansing-bangladesh-1545265（二〇一八年三月十日版本）。

24. Harris, Kathleen, 'Senate votes to strip Aung San Suu Kyi of honorary Canadian citizenship,' *CBC*, October 2, 2018, https://www.cbc.ca/news/politics/suu-kyi-honorary-canadian-citizenship-1.4847568（二〇一八年十月十日版本）。

25. 'Amnesty International withdraws human rights award from Aung San Suu Kyi,' Amnesty International, November 12, 2018, https://www.amnesty.org/en/latest/news/2018/11/amnesty-withdraws-awardfrom-aung-san-suu-kyi/（二〇一八年十一月二十九日版本）。

26. 'UN human rights chief points to "textbook example of "ethnic cleansing" in Myanmar', *UN News*, September 11, 2017, https://news.un.org/en/story/2017/09/564622-un-human-rights-chief-points-textbookexample-ethnic-cleansing-myanmar（二〇一八年九月十三日版本）。

27. Kuhn, Anthony, 'Now a Politician, Aung San Suu Kyi is The Object of Protesters,' *National Public Radio*, March 16, 2013, https://www.npr.org/sections/thetwo-way/2013/03/16/174431490/now-apolitician-aung-san-suu-kyi-is-the-object-of-protesters（二〇一八年四月五日版本）。

28. 'Suu Kyi promises Compensation for Copper Mine Villagers,' *Radio Free Asia*, March 14, 2013, https://www.rfa.org/english/news/myanmar/copper-mine-03142013183726.html（二〇一八年四月五日版本）。

29. 'China's Xi discussed Rohingya crisis with Myanmar army chief,' *Reuters*, November 24, 2017, https://www.reuters.com/article/us-myanmarrohingya-china/chinas-xi-discusses-rohingya-crisis-with-

myanmararmy-chief-idUSKBN1DO1SK（二〇一八年十一月二十七日版本）。

30. 同上。

31. 'Myanmar, having warmed to the West, turns to China again,' *Associated Press*, May 27, 2017, https://wtop.com/dc/2017/05/myanmarhaving-warmed-to-the-west-turns-to-china-again/（二〇一八年四月十日版本）。

32. Aung Zaw, 'Big Brother to the Rescue,' *The Irrawaddy*, November 24, 2017, https://www.irrawaddy.com/opinion/commentary/bigbrother-rescue.html（二〇一八年三月二十日版本）。

33. 這些文件為作者所有。

34. 'Kyaukpyu: Connecting China to the Indian Ocean,' *CSIS Briefs*, April 2, 2018, https://www.csis.org/analysis/kyaukpyu-connecting-chinaindian-ocean（二〇一八年四月五日版本）。

35. See Lee, Yimou and Thu Thu Aung, 'China to take a 70 per cent stake in strategic port in Myanmar,' *Reuters*, October 17, 2017, https://www.reuters.com/article/china-silkroad-myanmar-port/china-to-take-70-percent-stake-in-strategic-port-in-myanmar-official-idUSL4N1MS3UB（二〇一八年四月十日版本）。

36. '$20 billion Sino-Burmese railroad abruptly cancelled,' *Go Kunming*, July 22, 2014, https://www.gokunming.com/en/blog/item/3278/20_billion_sino_burmese_railroad_abruptly_cancelled（二〇一八年四月五日版本）。

37. 同上。

38. Bai Tiantian, 'China needs roads, rail to link Yunnan to Myanmar's Kyaukpyu: NPC delegates,' *Global Times*, March 7, 2017, http://www.globaltimes.cn/content/1036494.shtml（二〇一八年四月五日版本）。

39. 同上。

40. 同上。

41. Smyth, Michael, 'Notorious tycoon from Burma with alleged drug ties welcomed by feds, B.C.' *The*

Province, June 24, 2014, http://www.theprovince.com/life/smyth+notorious+tycoon+from+burma+ with+alleged+drug+ties+welcomed+feds/9974934/story.html（二〇一八年四月十日版本）。另見Fuller, Thomas, 'Profits of Drug Trade Drive Economic Boom in Myanmar,' *New York Times*, June 5, 2015, https://www.nytimes.com/2015/06/06/world/asia/profitsfrom-illicit-drug-trade-at-root-of-myanmars-boom.html（二〇一八年十一月二十九日版本）。

42. 二〇一八年三月，作者前往昆明、芒市與瑞麗時的觀察。
43. Fan Hongwei, 'China's "Look South": China-Myanmar Transport Corridor,' *Ritsumeikan International Affairs*, Vol. 10, 2011, pp. 49-50, http://www.ritsumei.ac.jp/acd/re/k-rsc/ras/04_publications/ria_en/10_04.pdf（二〇一八年一月十五日版本）。

第三章　印度島嶼

1. Zehmisch, Philipp, *Mini-India: The Politics of Migration and Subalternity in the Andaman Islands*, New Delhi: Oxford University Press, 2017.
2. 參見例如Lintner, Bertil, 'Arms for Eyes: Military sales raise China's profile in Bay of Bengal,' *Far Eastern Economic Review*, December 16, 1993。
3. 同上。
4. Chellaney, Brahma, 'Promoting Political Freedoms in Burma: International Policy Options,' in Lagerkvist, Johan (ed,), *Between Isolation and Internationalisation: The State of Burma*, Stockholm: Swedish Institute of International Affairs, 2008, p. 167.
5. 關於可可群島簡史，見Selth, Andrew, *Burma's Coco Islands: Rumours and Realities in the Indian*

Ocean, Hong Kong: City University, South-east Asia Research centre, 2008, http://www.cityu.edu.hk/searc/Resources/Paper/WP101_08_ASelth.pdf（二〇一八年一月十日版本）。

6. 同上，頁六。

7 Selth, Andrew, *Chinese Military Bases in Burma: The Explosion of a Myth*, Nathan, Queensland: The Griffith Asia Institute, Regional Outlook Paper No. 10. 2007, p. 16.

8. Ramachandran, Suda, 'India Bids to Rule the Waves: From the Bay of Bengal to the Malacca Strait, *Asia Times Online*, October 19, 2005, http://www.atimes.com/atimes/South_Asia/GJ19Df03.html（二〇一八年五月五日版本）。

9. Chandramohan, Balaji, 'US Courts India in the Indian Ocean,' *Asia Times Online*, May 6, 2010, http://www.atimes.com/atimes/South_Asia/LE06Df02.html（二〇一八年五月五日版本）。

10. Dasgupta, Saibal, 'China Gets First-Ever Chance to Enter Indian Ocean for Exploration,' *Times of India*, August 2, 2011, http://articles.timesofindia.indiatimes.com/2011-08-02/china/29842183_1_oredeposit-mineral-exploration-cnpc（二〇一八年五月五日版本）。

11. 同上。

12. 關於這故事的敘述與駁斥，見P. Mathur, *History of the Andaman and Nicobar Islands*, Delhi: Sterling Publishers, 1968, pp. 13-14。

13. 'India police watch tribal island after killing of American,' *Agence France-Presse*, November 23, 2018, in The Daily Mail, November 23, 2018, https://www.dailymail.co.uk/wires/afp/article-6420573/India-police-watch-tribal-island-killing-American.html（二〇一八年十一月二十九日版本）。

14. 在此網站中提及：http://www.esa.int/esaEO/SEMQ8L2IU7E_index_0.html（二〇一八年五月五日版本）。

15. 前引之Mathur著作，頁二七二至二七三。

16. 同上，頁二七二至二七三。在最早的丹麥傳教士後，接著抵達的是摩拉維亞基督徒。
17. 關於羅斯小島多采多姿的描述，見Bera, Tilak Ranjan, *Andamans: The Emerald Necklace of India*. New Delhi: UBS Publishers, 2007, pp. 31-41。
18. 前引之Mathur著作，頁二二一至二二二。關於安達曼群島上的監獄，見Phaley, Baban, *The Land of Martyrs: Andaman & Nicobar Islands*. Nagpur: Sarswati Prakashan, 2009。
19. 前引之Phaley著作，頁六〇至六一。
20. 'With Chinese Submarines Spotted Near Andamans, India Turns to US,' *NDTV*, May 2, 2016, https://www.ndtv.com/india-news/waryof-chinas-indian-ocean-activities-us-india-discuss-anti-submarinewarfare-1401595（二〇一八年五月六日版本）。
21. 同上。
22. Gurung, Shaurya Karanbir, '14 Chinese navy ships spotted in Indian Ocean, Indian Navy monitoring locations,' *The Economic Times*, December 1, 2017, https://economictimes.indiatimes.com/news/defence/14-chinese-navy-ships-spotted-in-indian-ocean-indian-navy-monitoringlocations/articleshow/61882634.cms（二〇一八年五月二十日版本）。
23. 同上。
24. 直到二〇一三年為止的聯合軍演列表，見Smith, Jeff M., *Cold Peace: China-India Rivalry in the Twenty-first Century*, Lanham, Maryland: Lexington Books, 2014, pp. 184-185。
25. 前引之Smith著作，頁一八一。
26. Green, Michael J., 'Japan, India, and the Strategic Triangle with China,' *Strategic Asia 2011-2012*, http://www.nbr.org/publications/element.aspx?id=529\9（二〇一八年五月五日版本）。
27. *Japan-India Relations*, Ministry of Foreign Affairs, Japan, https://www.mofa.go.jp/region/asia-paci/india/

data.html，https://www.mofa.go.jp/region/asia-paci/india/pmv0810/joint_s.html及https://www.mofa.go.jp/region/asia-paci/india/pmv0810/joint_d.html（二〇一八年五月二日版本）。

28. Nagao, Satoru, 'Japan-India Military Partnership: India is the New Hope for Asia,' *Claws Journal*, Winter 2013, p. 69, http://www.claws.in/images/journals_doc/1589692164_SatoruNagao.pdf（二〇一八年一月二十日版本）。

29. 前引之Smith著作，頁一八一。

30. Sing, Anup, 'The Dragons Adventure in the Indian Ocean,' in Bajwa, Lt-Gen. J.S. (ed.), *China: Threat or Challenge?*, New Delhi: Lancer Publishers, 2017, p. 165。

31. 前引之Nagao著作，頁七二。

32. 維基百科列出印度海軍非常詳細的資料，見https://en.wikipedia.org/wiki/Indian_Navy（二〇一八年五月十日版本），及印度海軍官方網站：https://www.indiannavy.nic.in/（二〇一八年五月二十日版本）。

33. 見https://web.archive.org/web/20120322012643/http://mod.nic.in/reports/cap3.pdf（二〇一八年五月二十日版本）。

34. 'INS Jalashwa joins Eastern Fleet,' *The Hindu*, September 14, 2007, http://www.hindu.com/2007/09/14/stories/2007091454111600.htm（二〇一八年五月二十日版本）。

35. Chaudhuri, Pramit Pal, 'Indonesia gives India access to strategic port of Sabang,' *Hindustan Times*, May 17, 2018, https://www.hindustantimes.com/india-news/indonesia-gives-india-access-to-strategic-port-ofsabang/story-KPXWKy7PGAHFUi0jCL26yJ.html（二〇一八年五月二十日版本）。

36. 同上。

37. Bhaskar, C. Uday, 'Rising Together,' *Himal*, September 2010。

38. 關於緬甸之印度社群的精采記述，見Chakravarti, Nalini Ranjan Chakravarti, *The Indian Minority in*

Burma: The Rise and Fall of an Immigrant Community, London: Oxford University Press, 1971。

39. Quoted in Lintner, Bertil, 'Different Strokes,' *Far Eastern Economic Review*, February 23, 1989, http://www.burmalibrary.org/reg.burma/archives/199701/msg00063.html（二〇一八年五月十五日版本）。

40. Lintner, Bertil, 'The Islamabad Link,' *India Today*, September 30, 198.

41. Kuppuswamy, C.S. 'Myanmar-India Cooperation,' *South Asia Analysis Group*, February 3, 2003, http://www.southasiaanalysis.org/%5Cpapers6%5Cpaper596.html（二〇一八年一月十日版本）。

42. Rana, Vijay, 'China and India's Mutual Distrust,' *BBC News*, April 21, 2003, http://news.bbc.co.uk/2/hi/south_asia/2964195.stm（二〇一八年五月五日版本）。

43. Kumar, Dinesh, 'Weapons Seized were for North-East Militants,"' *The Times of India*, February 13, 1998, http://www.burmalibrary.org/reg.burma/archives/199802/msg00355.html（二〇一八年一月十日版本）。

44. Haksar, Nandita, *Rogue Agent: How India's Military Intelligence Betrayed the Burmese Resistance*. New Delhi: Penguin Books, 2009, p. 19。Haksar的著作包含許多關於這些事件的有用細節，但緬甸歷史的部分則有錯誤。關於「水蛭行動」更好的敘述，見Subir Bhaumik, 'Blood and Sand,' *Sunday*, May 31, 1998。

45. 前引之Haksar著作，頁六三。另見Lintner, Bertil, *Great Game East: India, China, and the Struggle for Asia's Most Volatile Frontier*, New Haven: Yale University Press, 2015, pp. 204-206。二〇〇九年在新德里巧遇格瑞瓦爾上校本人後，確認了作者版本的正確性。

46. 關於南迪的簡歷，可參考http://en.wikipedia.org/wiki/Bibhuti_Bhusan_Nandy。前引之Haksar著作中也提到南迪，頁一四一。

47. 關於政策轉變的綜觀，見Lintner, Bertil, 'China and South Asia's East,' *Himal*, October 2002及'India Stands by Myanmar Status Quo,' *Asia Times Online*, November 14, 2007, http://www.atimes.com/atimes/

South_Asia/IK14Df02.html（二〇一八年四月十日版本）。

48. 前引之Haksar著作，頁一四一。

49. 關於二〇〇〇年貌埃訪問西隆與新德里，見'Maung Aye's Itinerary in India,' *Mizzima News Group*, November 15, 2000, http://www.ibiblio.org/obl/reg.burma/archives/200011/msg00071.html（二〇一八年一月十日版本）。

50. Lintner, Bertil, 'India Stays by Myanmar Status Quo,' *Asia Times Online*, November 14, 2007, http://www.atimes.com/atimes/South_Asia/IK14Df02.html（二〇一八年一月十日版本）。

51. 同上。

52. 'India, Myanmar sets $1 bn trade target in 2006-2007,' *The Economic Times*, February 15, 2007, http://economictimes.indiatimes.com/articleshow/1619338.cms（二〇一八年一月十日版本）。

53. Rajan, Amitav, 'Myanmar Burning, MEA Told Deora: We Need to Visit But Keep it Low-key,' *Indian Express*, September 28, 2007, http://www.indianexpress.com/news/myanmar-burning-mea-told-deorawe-need-to/222028/（二〇一八年一月十日版本）。

54. 'ASEAN Diplomats Confident Of Trade Boom, *Manipur Online*, September 19, 2010, http://manipuronline.com/headlines/aseandiplomats-confident-of-trade-boom/2010/09/19（二〇一八年一月十日版本）。

55. Lintner, Bertil, 'Mysterious Motives: India's Raids on the Burma border,' *The Irrawaddy*, June 30, 2015, https://www.irrawaddy.com/news/ethnic-issues/mysterious-motives-indias-raids-on-the-burma-border.html（二〇一八年五月五日版本）。

56. 二〇一八年三月，作者訪問瑞麗時的觀察。

第四章　模里西斯

1. 關於經濟成長與人均國民生產毛額，見 https://www.ceicdata.com/en/indicator/mauritius/gdp-per-capita（二〇一八年八月二十六日版本）；世界銀行資料見 https://data.worldbank.org/indicator/NY.GDP.PCAP.CD?locations=ZG（二〇一八年八月二十五日版本）。
2. 關於識字率統計資料，見 https://www.ceicdata.com/en/indicator/mauritius/gdp-per-capita（二〇一八年八月二十六日版本）。
3. 關於觀光客統計資料，見 https://www.statista.com/statistics/801358/tourist-arrivals-mauritius/（二〇一八年八月二十六日版本）。
4. 'Chinese firm helps establish smart city in Mauritius as economic ties blossom,' *Xinhua*, July 27, 2018, http://www.xinhuanet.com/english/2018-07/27/c_137352761.htm（二〇一八年八月二十五日版本）及 'Mauritius airport doubles capacity with new terminal,' *Aviation Media*, September 2, 2013, http://www.airport-world.com/news/general-news/2975-mauritius-airport-doubles-capacity-withnew-terminal.html（二〇一八年八月二十五日版本）。
5. 'China-Mauritius to Explore new Strategic Partnership,' Republic of Mauritius, April 21, 2017, http://www.govmu.org/English/News/Pages/China-Mauritius-to-Explore-new-Strategic-Partnership.aspx（二〇一八年五月二十五日版本）。
6. 同上。
7. Roche. Elizabeth, 'India woos Mauritius with $500-mn line of credit, maritime security pact,' *Mint,* May 28, 2017, https://www.livemint.com/Politics/KIayyTloo4jsAKpJuF6l5M/India-woos-Mauritius-with-500mn-line-of-credit-maritime-s.html（二〇一八年八月二十五日版本）。

8. 同上。
9. Metz, Helen Chapin (ed.,), *Indian Ocean: Five Island Countries*, Washington: Federal Research Division, Library of Congress, 1995, p. 99.
10. Teelock, Vijayalakshmi, Sooryakanti Nirsimloo-Gayan, Marc Serge Rivière and Geoffrey Summers (eds), *Angaje: Explorations into the History, Society and Culture of Indentured Immigrants and their Descendants in Mauritius, Volume 1: Early Years*, Port Louis, Aapravasi Ghat Fund, 2012, p. 124.
11. 同上，頁一二四。
12. 同上，頁一二八。
13. Teelock, Vijayalakshmi, Sooryakanti Nirsimloo-Gayan, Marc Serge Rivière and Geoffrey Summers (eds), *Angaje: Explorations into the History, Society and Culture of Indentured Immigrants and their Descendants in Mauritius, Volume 2: The Impact of Indenture*, Port Louis, Aapravasi Ghat Fund, 2012, p. 54.
14. 同上，頁五五。
15. 數字來自*Indenture: A Brief History of Indentured in Mauritius and in the World*, Port Louis: Aapravasi Ghat Trust Fund, 2007, pp. 11-17。
16. 詳細統計資料，見http://statsmauritius.govmu.org/English/StatsbySubj/Documents/archive%20esi/External%20Trade/Report/1.%20POPULATION%20CENSUS/REPT%200392/REPT_0392_0001.pdf（二〇一八年九月五日版本）及Metz, p. 101。
17. Quoted in Wright, Carol, *Mauritius*, Harrisburg: Stackpole Books, 1974, p. 29.
18. 關於華裔模里西斯人的精采描述，見Pan, Lynn (ed.), *The Encyclopedia of the Chinese Overseas*, Singapore: Editions Didier Millet and the Chinese Heritage Centre, second edn, 2006, pp. 351-355。
19. Stoddard, Theodore L., William K. Carr, Daniel L. Spencer, Nancy E. Walstrom and Audrey R. Whiteley,

Area Handbook for The Indian Ocean Territories, Washington: The American University by the Institute for Cross-Cultural Research, 1971, p. 74.

20. Vine, David, *Island of Shame*, Princeton: Princeton University Press, 2009, p. 7.
21. 同上，頁四。
22. 同上，頁五。
23. 同上，頁八。
24. Early Day Motion 1680: September 16, 2004, Alan Meale, https://www.parliament.uk/edm/2003-04/1680（二〇一八年八月三十日版本）。
25. 前引之Vine著作，頁九。
26. Quoted in Doward, Jamie, 'Diego Garcia guards its secrets even as the truth on CIA torture emerges,' *The Guardian*, December 13, 2014, https://www.theguardian.com/world/2014/dec/13/diego-garciacia-us-torture-rendition（二〇一八年九月十日版本）。
27. Doward, Jamie, 'British island used by US for rendition,' *The Guardian*, March 2, 2008, https://www.theguardian.com/world/2008/mar/02/ciarendition.unitednations（二〇一八年九月六日版本）。
28. Doward, December 13, 2014.
29. 'Mauritius claim to disputed islands concerns Chagos community in Seychelles,' *Seychelles News Agency*, September 7, 2018, http://www.seychellesnewsagency.com/articles/9706/Mauritius+claim+to+disputed+islands+concerns+Chagos+community+in+Seychelles（二〇一八年九月六日版本）。
30. 前引之Vine著作，頁一七五及Penketh, Anne, 'Exiled islanders set for emotional return to their homeland,' *The Independent*, March 30, 2006, https://www.independent.co.uk/news/world/asia/exiled-islandersset-for-emotional-return-to-their-homeland-6105199.html（二〇一八年九月八日版本）。

31. 'Re-opening old wounds: Chagossians in Seychelles tell of a trip to home islands,' *Seychelles News Agency*, March 30, 2015, http://www.seychellesnewsagency.com/articles/3041/Re-opening+old+wounds+Chagossians+in+Seychelles+tell+of+trip+to+visit+home+islands（二〇一八年九月八日版本）。

32. Zephaniah, Benjamin, 'Britain's shameful treatment of Chagos islanders must end,' *The Guardian*, January 16, 2018, https://www.theguardian.com/commentisfree/2018/jan/16/britains-shameful-treatmentchagos-islanders-must-end（二〇一八年九月五日版本）；關於法庭文件，見http://www.bailii.org/ew/cases/EWHC/Admin/2006/1038.html（二〇一八年九月五日版本）。

33. Bowcott, Owen, 'Chagos Islanders dispute: court to rule on UK sovereignty claim,' *The Guardian*, April 21, 2014, https://www.theguardian.com/world/2014/apr/21/chagos-islands-diego-garciabase-court-ruling（二〇一八年九月六日版本）。

34. Moyo, Monica, 'Permanent Court of Arbitration finds UK in Violation of Convention of the Law of the Sea in Chago (sic) Archipelago Case,' *Asil Blogs*, March 18, 2015, https://www.asil.org/blogs/permanentcourt-arbitration-finds-uk-violation-convention-law-sea-chagoarchipelago-case-march（二〇一八年九月八日版本）。

35. 見https://wikileaks.org/plusd/cables/09LONDON1156a.html（二〇一八年九月五日版本）及Backford, Martin, 'UK government officials to be cross-examined over WikiLeaks cable,' *The Telegraph*, July 26, 2012, https://www.telegraph.co.uk/news/worldnews/wikileaks/9427615/UK-government-officials-to-becross-examined-over-WikiLeaks-cable.html（二〇一八年九月五日版本）。

36. 見Rosen, Mark E., 'Is Diego Garcia at Risk of Slipping from Washington's Grasp?', *The National Interest*, September 19, 2017, https://nationalinterest.org/feature/diego-garcia-risk-slippingwashingtons-grasp-22381（二〇一八年九月五日版本）。

37. 'Extended US lease blocks Chagossians' return home,' *Financial Times*, November 16, 2016（二〇一八年九月五日版本）及Bowcott, Owen, 'Chagos Islanders cannot return home, UK Foreign Office confirms,' *The Guardian*, November 16, 2016, https://www.theguardian.com/world/2016/nov/16/chagos-islanders-cannot-return-home-ukforeign-office-confirms（二〇一八年九月五日版本）。

38. 前引之Rosen著作。

39. Chaudhury, Dipanjan Roy, 'India backs Mauritius claim on Chagos Archipelago at International Court of Justice,' *The Economic Times*, September 6, 2018, https://economictimes.indiatimes.com/news/defence/india-backs-mauritius-claim-on-chagos-archipelago-atinternational-court-of-justice/articleshow/65694774.cms（二〇一八年九月十日版本）。

40. Fatovich, Laura, 'Indian and Chinese Strategic Interest in the Indian Ocean Benefit Mauritius,' *Future Directions International*, June 7, 2017, http://www.futuredirections.org.au/publication/indian-chinesestrategic-interests-indian-ocean-benefit-mauritius/（二〇一八年八月二十五日版本）。

41. 前引之Wright著作，頁一五六至一五八。

42. 'Mauritius Eyes Place on Maritime Silk Road,' *Fitch Solutions*, July 11,2017, https://www.fitchsolutions.com/country-risk-sovereigns/economics/mauritius-eyes-place-maritime-silk-road-11-07-2017（二〇一八年九月十日版本）。

43. Cotterill, Joseph, 'Is Mauritius big enough for China and India?', *Financial Times*, October 5, 2017, https://www.ft.com/content/bb658580-8434-11e7-94e2-c5b903247afd（二〇一八年九月五日版本）。

44. Servansingh, Rajiv, 'Economic Diplomacy at Work: Xi Jinping's official visit,' *The Mauritius Times*, July 30, 2018, http://www.mauritiustimes.com/mt/economic-diplomacy-at-work/（二〇一八年九月五日版本）。

45. Li Feng, 'China, Mauritius to turn bilateral friendship into a new page,' *The People's Daily*, July 30, 2018,

http://en.people.cn/n3/2018/0730/c90000-9486016.html（二〇一八年九月十日版本）。

46. ‘China’s Belt and Road stirs up local anxieties,’ *Nikkei Asian Review*, July 24, 2018, https://asia.nikkei.com/Spotlight/Belt-and-Road/Chinas-Belt-and-Road-stirs-up-local-anxieties（二〇一八年九月十日版本）。

47. 同上。

第五章　法國人

1. 數字來自*France and Security in the Asia-Pacific*. Paris: Directorate General for International Relations and Strategy, Ministry of Defence, 2015, p. 12。

2. 此為作者進行的訪問，刊登在一九九五年十一月十八日的《簡氏防衛周刊》上。本文雖提到凱爾蓋朗島，但實際訪問是在大溪地的芭貝蒂島（Papeete）進行。于威特中將更著重凱爾蓋朗島的戰略重要性，例如軍需供應是從凱爾蓋朗島送進波斯灣。

3. 關於留尼旺島的早期歷史，見Aldrich, Robert and John Connell, *France’s Overseas Frontier: Départements et Territoires d’Outre-Mer*, Cambridge: Cambridge University Press, 1992, pp. 29-33。

4. 見Doshi, Vidhi, ‘”I felt abandoned”: children stolen by France try to find their past, 50 years on,’ *The Guardian*, October 23, 2016, https://www.theguardian.com/world/2016/oct/22/reunion-france-stolenchildren-try-to-find-their-past及Penketh, Anne, ‘France faces up to scandal of Réunion’s stolen children,’ *The Guardian*, February 16, 2014, https://www.theguardian.com/world/2014/feb/16/france-reunionstolen-children（二〇一八年六月五日版本）。

5. *France 24*, February 24, 2012, http://observers.france24.com/en/20120224-three-nights-riots-reunion-island-cauldron-boilingover-saint-denis-high-cost-of-living-gas-prices-protest（二〇一八年六月五日版本）。

6. Sutter, Karl, 'Kerguelen: A French Mystery', *Newsletter of the Antarctic Society of Australia*, No. 16 (March 1989), pp. 5-20.
7. 同上，頁七。
8. Kauffmann, Jean-Paul, *The Arch of Kerguelen: Voyage to the Island of Desolation,* New York/London: Four Walls Eights Windows, 1993, p. 132.
9. Metz, Helen C. (ed.), *Indian Ocean: Five Island Countries*, Washington: Federal Research Division, Library of Congress, 1995, p. 152.
10. 同上，頁一五四。
11. 同上，頁一六一。
12. 同上，頁一六二。
13. 'France's 's dog of war spared jail,' *BBC News*, June 20, 2006, http://news.bbc.co.uk/2/hi/europe/5097618.stm（二〇一八年六月十日版本）。
14. 'Why is China investing in the Comoros?' *CBS News*, November 12, 2014, https://www.cbsnews.com/news/why-china-is-investing-incomoros/（二〇一八年五月二十日版本）。
15. 同上。
16. 'Xi urges China, Comoros to enhance economic cooperation,' *China Daily*, December 4, 2015, http://www.chinadaily.com.cn/business/2015-12/05/content_22634841.htm（二〇一八年五月二十日版本）。
17. 'Madagascar: Mining, Minerals and Fuel Resources,' *AZO Mining*, August 23, 2012（二〇一八年八月二十日版本）。
18. 同上。
19. 前引之Metz著作，頁三二一。

20. 關於此發展，見前引之Metz著作，頁一二至一三。

21. 同上，頁一四。

22. 同上，頁一九。

23. 關於這個時代發展的精采記述，見Dewar, Bob, Simon Massey, and Bruce Baker, *Madagascar: Time to Make a Fresh Start*, London: Chatham House, January 2013, https://www.chathamhouse.org/sites/default/files/public/Research/Africa/0113pp_madagascar.pdf（二〇一八年九月五日版本）。

24. Fisher, Daniel, 'The World's Worst Economies,' *Forbes*, July 5, 2011, https://www.forbes.com/sites/danielfisher/2011/07/05/theworlds-worst-economies/#a9f42895e960（二〇一八年九月五日版本）。

25. Pellerin, Mathieu, *The Recent Blossoming in Relations between China and Madagascar*, Paris: The Institut Français des relations internationales, 2012, p. 10, https://www.ifri.org/en/publications/enotes/notesde-lifri/recent-blossoming-relations-between-china-and-madagascar（二〇一八年八月二十六日版本）。

26. 'Dominance of Chinese firms in Madagascar sparks social backlash,' *The Straits Times*, December 19, 2016, https://www.straitstimes.com/world/dominance-of-chinese-firms-in-madagascar-sparks-socialbacklash（二〇一八年五月二十五日版本）。

27. 同上。

28. 見香港貿易發展署報告：http://china-trade-research.hktdc.com/business-news/article/The-Belt-and-Road-Initiative/Madagascar-Market-Profile/obor/en/1/1X000000/1X0ADLFU.html（二〇一八年九月五日版本）。

29. 見http://www.worldstopexports.com/madagascars-top-importpartners/。

30. 維基百科援引多種資料來源，建立了全面性的海外華人列表：https://en.wikipedia.org/wiki/Overseas_Chinese#cite_note-temporarychinese-86（二〇一八年五月二十五日版本）。

31. 見‘South Africa’ in Pan, Lynn (ed.), *The Encyclopedia of the Chinese Overseas, Singapore: Editions Didier Millet and the Chinese Heritage Centre*, second edition, 2006, p. 361。

32. 前引之Pellerin著作，頁四，以及Pan著作，頁三四七。

33. 前引之Pellerin著作，頁七。

34. 同上，頁七。

35. 同上，頁八。

36. ‘President of Madagascar: Belt and Road Initiative a “visionary strategy”,’ *Xinhuanet*, March 28, 2017, http://www.xinhuanet.com/english/china/2017-03/29/c_136168310.htm（二〇一八年五月十五日版本）。

37. ‘China welcomes Madagascar to join Belt and Road construction,’ *Xinhua*, April 6, 2017, http://www.chinadaily.com.cn/beltandroadinitiative/2017-04/06/content_28814293.htm（二〇一八年九月十日版本）。

38. 同上。

39. ‘Madagascar’, International Monetary Fund, 2017, http://www.imf.org/external/pubs/ft/weo/2017/01/weodata/weorept.aspx?pr.x=62&pr.y=9&sy=2017&ey=2021&scsm=1&ssd=1&sort=country&ds=.&br=1&c=674&s=NGDPD%2CNGDPDPC% 2CPPPGDP%2CPPPPC%2CLP&grp=0&a=（二〇一八年九月十日版本）。

40. Scimia, Emanuele, ‘China isn’t our target, says French Pacific commander,’ *Asia Times*, August 25, 2018, http://www.atimes.com/article/china-isnt-our-target-says-french-pacific-naval-commander/（二〇一八年八月二十五日版本）。

41. 同上。

42. ‘Emmanuel Macron warns over China dominance in Indo-Pacific,’ *Agence France-Presse* in *The Straits Times*, May 3, 2018, https://www.straitstimes.com/asia/australianz/macron-warns-over-china-dominance-in-

indopacific（二〇一八年九月五日版本）。

第六章 塞席爾群島

1. Quoted in Mockler, Anthony, *The New Mercenaries: The History of the Hired Soldier from the Congo to the Seychelles*, New York: Paragon Publishers, 1987, p. 259.
2. Prokop, Andrew, 'The Secret Seychelles Meeting Robert Mueller is Zeroing in on, explained,' *Vox*, April 10. 2018, https://www.vox.com/2018/3/7/17088908/erik-prince-trump-russia-seychellesmueller（二〇一八年九月十八日版本）。
3. Ecott, Tim, *The Story of Seychelles*, Victoria: Outer Island Books, 2015, p. 8.
4. 同上，頁九。
5. 同上，頁十一。
6. 同上，頁十三。
7. 同上，頁十六。
8. 同上，頁一一八至一一九。
9. 同上，頁二五。
10. Metz, Helen Chapin (ed.), *Indian Ocean: Five Island Countries*, Washington: Federal Research Division, Library of Congress, 1995, p. 209.
11. 'The Life of Seychelles' Founding President, James Mancham,' *The Seychelles News Agency*, January 9, 2017, http://www.seychellesnewsagency.com/articles/6578/The+life+of+Seychelles%27+founding+president% 2C+James+Mancham（二〇一八年九月五日版本）；另見Mancham, James R., *Seychelles Global*

Citizen: The Autobiography of the Founding President of the Republic of Seychelles, St. Paul, Minnesota: Paragon House, 2009。

12. 前引之Mancham著作，頁十二至十三。
13. 同上，頁三七。
14. 前引之Ecott著作，頁六三。
15. 同上，頁五五至五六。
16. 同上，頁五七。
17. 同上，頁七九。
18. Hoare, Michael, *The Seychelles Affair*, New York: Bantam Press, 1986, p. 18.
19. 前引之Mancham著作，頁一四八至一四九。
20. *Soldiers of Fortune: Mercenary Wars*, https://www.mercenary-wars.net/biography/mike-hoare.html（二〇一八年九月五日版本）。
21. 前引之Hoare著作，頁二三及二五。
22. 同上，頁二七。
23. 關於啤酒鬼試圖政變的過程，擁有好幾份不同紀錄，除了*The Seychelles Affair*中豪爾本人的版本外，還有Brooks, Aubrey, *Death Row in Paradise: The Untold Story of the Mercenary Invasion of the Seychelles, 1981-1983*, Solihull, West Midlands: Helion & Company, 2013。前引之Mockler著作中也有一章關於試圖政變的紀錄，頁二八四至三一四。另見前引之Mancham著作，頁一九二至一九三。
24. Labuschagne, Riaan, *On South Africa's Secret Service: An Undercover Agent's Story*, Alberton, South Africa: Galago, 2002, p. 56及Shaer, Matthew, Michael Hudson, Margot Williams, 'Sun and Shadows: How an Island Paradise Became a Haven for Dirty Money,' *International Consortium of Investigative Journalists*,

June 3, 2014, https://www.icij.org/investigations/offshore/sun-and-shadows-how-island-paradisebecame-haven-dirty-money/（二〇一八年八月五日版本）。

25. 前引之Mancham著作，頁一九二。
26. 前引之Hoare著作，頁二七至二八。
27. Quoted in Lelyveld, Joseph, 'Pretoria Jails Famed Soldier After Failed Seychelles Coup,' *The New York Times*, November 30, 1981, https://www.nytimes.com/1981/11/30/world/pretoria-jails-famedsoldier-after-failed-seychelles-coup.html（二〇一八年九月十日版本）。
28. Bermudez, James S., *Terrorism: The North Korean Connection*, New York: Crane Russak, 1990, p. 125。
29. 前引之Mancham著作，頁一五一至一五二。
30. 同上。
31. 前引之Ecott著作，頁九一。Ecott稱拉吉夫．甘地為「印度總統」，實際上他是印度總理。
32. 'Exiled Seychelles Leader Is Shot Dead in London,' *The New York Times*, November 30, 1985, https://www.nytimes.com/1985/11/30/world/around-the-world-exiled-seychelles-leader-is-shot-dead-inlondon.html（二〇一八年九月十五日版本）。
33. 前引之Mancham著作，頁一四九。
34. 前引之Metz著作，頁二三四。
35. 前引之Ecott著作，頁一五七。
36. 同上，頁一五七。
37. Grant, Euan, 'TheRussian Mafia and organised crime: How can this global force be tamed?', *Open Democracy*, October 12, 2012, https://www.opendemocracy.net/od-russia/euan-grant/russian-mafia-andorganised-crime-how-can-this-global-force-be-tamed（二〇一八年九月五日版本）。

38. Ellis, Stephen, 'Africa and International Corruption: The Strange Case of South Africa and Seychelles,' *African Affairs*, (1996), issue 95, p. 169, http://francegenocidetutsi.org/EllisStephenStrangeCase.pdf（二〇一八年九月五日版本）。
39. 同上，頁一六九。
40. 同上，頁一七〇。
41. 同上，頁一七〇。
42. 同上，頁一七〇及'Seychelles Past: The Dark History,' *Seychelles Voice*, October 9, 2016, http://seychellesvoice.blogspot.com/2016/10/seychelles-past-dark-history.html（二〇一八年九月五日版本）。Seychelles Voice文章中使用馬爾他騎士團（The Order of the Knights Hospitalers of Malta）的名稱，但Ellis所用的名稱才正確。
43. 前引之Ellis著作，頁一七六。
44. 同上，頁一七六。
45. 同上，頁一七八。
46. 同上，頁一七八。
47. Thayer, Nate, 'Arms deal on seized weapons,' *The Phnom Penh Post*, February 24, 1995, https://www.phnompenhpost.com/national/arms-deal-seized-weapons（二〇一八年八月二十日版本）。
48. 此為作者於一九九〇年代中期在金邊蒐集到的資訊。
49. 見http://foip.saha.org.za/uploads/images/CaseNo5598_16_FA_20160217.pdf（二〇一八年九月五日版本）。
50. 前引之Mancham著作，頁一五一。
51. 'Seychelles former President launches James Michel Foundation to continue promoting the blue economy,'

Seychelles News Agency, February 10, 2017, http://www.seychellesnewsagency.com/articles/6752/Seychelles+former+President+launches+James+Michel+Foundation+to+continue+promoting+the+blue+economy（二〇一八年九月五日版本）。

52. 前引之Shaer, Hudson and Williams著作。他們為國際調查記者聯盟所撰寫的報導，是網路上唯一可見關於塞席爾境外金融產業，最詳細也最全面性的報導。
53. 同上。
54. 同上。
55. 同上。
56. 同上。
57. 同上。
58. 同上。
59. Willacy, Mark, 'Kiribati, Seychelles accused of giving North Koreans passports,' *ABC News*, December 5, 2012, http://www.abc.net.au/news/2012-12-05/an-kiribati-seychelles-accused-of-giving-northkoreans-passports/4409832（二〇一八年八月二十日版本）。
60. 前引之Shaer, Hudson and Williams著作。
61. 同上。
62. 同上。
63. 同上。
64. 二〇一七年的人均國民生產毛額為一萬三千九百九十七美元，一九六一年則為兩千兩百一十六美元。見*Trading Economics*, https://tradingeconomics.com/seychelles/gdp-per-capita（二〇一八年九月十五日版本）；世界銀行的二〇一六年數字則為一萬五千零七十五美元，https://wits.worldbank.org/

countryprofile/en/country/SYC/startyear/2012/endyear/2016/indicator/NY-GDP-PCAP-CD（二〇一八年九月十日版本）。

65. Chapling, Liam, Hansel Confiance and Marie-Therese Purvis, *Social Policies in Seychelles*, London: Commonwealth Secretariat and United Nations Research Institute for Social Development, 2011, p. 94.

66. Entous, Adam, Greg Miller, Kevin Sieff and Karen DeYoung, Blackwater founder held secret Seychelles meeting to establish Trump Putin back channel,' *Washington Post*, April 3, 2017, https://www.washingtonpost.com/world/national-security/blackwater-founderheld-secret-seychelles-meeting-to-establish-trump-putin-backchannel/2017/04/03/95908a08-1648-11e7-ada0-1489b735b3a3_story.html?utm_term=.4e9c177f4fa0（二〇一八年八月二十五日版本）。

67. 'Seychelles to Boost Military Cooperation with China,' State House: Office of the President of the Republic of Seychelles,' http://www.statehouse.gov.sc/news.php?news_id=3200（二〇一八年八月二十五日版本）。

68. Bennett, Jody Ray, 'Seychelles: An Invitation from China,' *Geopolitical Monitor*, December 27, 2011, https://www.geopoliticalmonitor.com/seychelles-an-invitation-for-china-4567/（二〇一八年九月二十五日版本）。

69. 'Special Representative of the Chinese Government on African Affairs, Xu Jinghu Visited Seychelles,' *Embassy of the People's Republic of China in the Republic of Seychelles*, June 18, 2017, http://sc.china-embassy.org/eng/zsgx/t1488133.htm（二〇一八年八月二十五日版本）。

70. 'Seychelles, India looking for more areas of cooperation,' *Seychelles News Agency*, October 10, 2017, http://www.seychellesnewsagency.com/articles/8039/Seychelles%2C+India+looking+for+more+areas+of+cooperation（二〇一八年八月二十五日版本）。

71. Lintner, Bertil, 'China-India vie for a strategic slice of paradise,' *Asia Times*, November 23, 2017, http://

www.atimes.com/article/chinaindia-vie-strategic-slice-paradise/（二〇一八年八月二十五日版本）。

72. Saravalle, Edoardo, 'Tourism: China's People Power Tool,' *The Diplomat*.

73. Seidel, Jamie, 'China "weaponises tourism: How Palau may be the model of things to come,' *Reuters*, https://www.news.com.au/travel/travelupdates/china-weaponiss-tourism-how-palau-may-be-the-model-ofthings-to-come/news-story/4617b1a1e4657d1434d992031eb58098（二〇一八年九月二十日版本）。

74. Simpson, Peter and Dan Nelson, 'China considers Seychelles military base plan,' *The Telegraph*, December 13, 2011, https://www.telegraph.co.uk/news/worldnews/africaandindianocean/seychelles/8953319/China-considers-Seychelles-military-base-plan.html（二〇一八年八月二十五日版本）。

75. 同上。

76. Bedi, Rahul, 'India to set up overseas military base on Seychelles,' *Jane's*, January 29, 2018, https://www.janes.com/article/77431/india-to-setup-overseas-military-base-on-seychelles（二〇一八年八月二十五日版本）。

77. Thande, George, 'Seychelles parliament blocks planned Indian naval base on remote island,' *Reuters*, June 22, 2018, https://www.reuters.com/article/us-seychelles-india/seychelles-parliament-blocks-plannedindian-naval-base-on-remote-island-idUSKBN1JI0UL（二〇一八年九月二十日版本）。

78. 參見例如Shubham, 'Is China behind Seychelles' decision to scrap India's military base project?' *One India*, June 18, 2018, https://www.oneindia.com/international/is-china-behind-seychelles-decision-toscrap-indias-military-base-project-2717719.html（二〇一八年八月二十五日版本）。

79. 'Seychelles opposition boycotts opening of Chinese-built National Assembly building,' *US embassy cable from Mauritius*, December 9, 2009, https://wikileaks.org/plusd/cables/09PORTLOUIS403_a.html（二〇一八年九月五日版本）。

80. 同上。
81. 'Truck drivers protest in Seychelles' capital over exclusion from Chinese project,' *Seychelles News Agency*, February 13, 2018, http://www.seychellesnewsagency.com/articles/8677/Truck+drivers+protest+in+Seychelles%27+capital+over+exclusion+from+Chinese+project（二〇一八年九月十日版本）。
82. Hu Qing, 'Sri Lanka, Mauritius, Seychelles routes revived,' *China Daily*, May 22, 2015, http://www.chinadaily.com.cn/m/qingdao/2015-05/22/content_20789485.htm（二〇一八年九月五日版本）。
83. 同上。

第七章　馬爾地夫

1. Rasheed, Zaheena, 'Ibrahim Mohamed Solih sworn in as new Maldives president,' *Al Jazeera*, November 17, 2018, https://www.aljazeera.com/news/2018/11/ibrahim-mohamed-solih-sworn-maldivespresident-181117111139762.html（二〇一八年十一月二十九日版本）。
2. 'An All-Out Assault on Democracy: Crushing Dissent in the Maldives,' *Human Rights Watch*, August 16, 2018, https://www.hrw.org/report/2018/08/16/all-out-assault-democracy/crushing-dissentmaldives（二〇一八年十月六日版本）。
3. 關於葛尤姆的正式傳記，見 https://wn.com/maumoon_foundationge_ihuya_program_03_raeese_maumoon_speech_part_01/politician（二〇一八年十月五日版本）。
4. J.J. Robinson, *The Maldives: Islamic Republic, Tropical Autocracy*, London: Hurst, 2015, pp. 138-139.
5. 'Republic of Maldives: Prisoners of Conscience and Unfair Trial Concerns 1990-1993,' *Amnesty International*, May 31, 1993, p. 6. https://www.amnesty.org/download/Documents/192000/asa290011993en.pdf.

6. Lang, Olivia, '"Anni" heralds new era in Maldives,' *BBC*, October 29, 2008. http://news.bbc.co.uk/2/hi/south_asia/7697283.stm（二〇一八年十月八日版本）。
7. 同上。
8. 前引之Robinson著作，頁二一。
9. 同上，頁二一。
10. https://hottestheadsofstate.com/2010/05/mohamed-nasheed/（二〇一八年十月四日版本）。
11. 'Maldives government highlights the impact of climate change…by meeting underwater,' *The Mail Online*, October 20, 2009. https://www.dailymail.co.uk/news/article-1221021/Maldives-underwatercabinet-meeting-held-highlight-impact-climate-change.html（二〇一八年十月六日版本）。
12. 'Maldives president quits after protests,' *Al Jazeera*, February 7, 2012, https://www.aljazeera.com/news/asia/2012/02/20122765334806442.html（二〇一八年十月七日版本）。
13. 'Maldives: 13 year sentence for former president "a travesty of justice",' *Amnesty International*, March 13, 2015, https://www.amnesty.org/en/latest/news/2015/03/maldives-mohamed-nasheed-convictedterrorism/（二〇一八年十月五日版本）。
14. 'Nasheed to travel to UK for surgery,' *Maldives Independent*, January 16, 2016, https://maldivesindependent.com/politics/nasheed-to-travelto-uk-for-surgery-121409（二〇一八年十月八日版本）。
15. 見Allchin, Joseph, 'Brothers in Corruption: Maldives and Burma,' *Democratic Voice of Burma*, March 3, 2011, http://www.dvb.no/analysis/brothers-in-corruption-maldives-and-burma/14568（二〇一八年十月五日版本）。
16. 正大聯合會計師事務所報告係為內部報告，作者手上持有一份。
17. 前引之Allchin著作。

18. Chakrabarti, Sumon K., 'Isle's oil slick: Maldivian autocrat's family's illegal "oil trade" allegedly worth $800 million,' *The Week*, February 20, 2011及'Yameen implicated in STO blackmarket oil trade with Burmese junta, alleges The Week,' *Minivan News Archive*, February 2011, https://minivannewsarchive.com/politics/yameen-implicated-in-stoblackmarket-oil-trade-with-burmese-junta-alleges-the-week-16046（二〇一八年十月五日版本）。
19. 'Government paying Grant Thornton 4.6 million pounds to halt oil trade investigation,' *Minivan News Archive*, https://minivannewsarchive.com/politics/government-paying-grant-thornton-4-6-million-to-haltsto-oil-trade-investigation-65581（二〇一八年十月五日版本）。
20. Chakrabarti, Sumon K., 'Has India lost the mango and the sack in the Maldives?' *News 18*, March 2, 2012, https://www.news18.com/blogs/india/sumon-k-chakrabarti/has-india-lost-the-mango-and-the-sack-inthe-maldives-12668-746548.html（二〇一八年十月八日版本）。
21. Ramachandran, Sudha, 'The China-Maldives Connection,' *The Diplomat*, January 25, 2018, https://thediplomat.com/2018/01/the-chinamaldives-connection/（二〇一八年十月八日版本）。
22. 'Xi arrives in Maldives for state visit,' *Xinhua*, September 15, 2014, http://www.china.org.cn/world/2014-09/15/content_33510542.htm（二〇一八年十月五日版本）。
23. 前引之Ramachandran著作。
24. 同上。
25. 'China-Maldives Friendship Bridge Opens to Traffic,' *Xinhua*, August 31, 2018, http://www.xinhuanet.com/english/2018-08/31/c_137431709.htm（二〇一八年十月五日版本）。
26. *Maldives Year book 2018*, http://statisticsmaldives.gov.mv/yearbook/2018/wp-content/uploads/sites/5/2018/03/10.1.pdf（二〇一八年十月五日版本）。

27. Parashar, Sachin, 'China's ocean observatory in Maldives sparks fresh security concerns,' *The Times of India*, February 26, 2018, https://timesofindia.indiatimes.com/india/chinas-ocean-observatory-inmaldives-sparks-fresh-security-fear/articleshow/63072040.cms（二〇一八年十月五日版本）。

28. 'China Hits Out At Ex-Maldives President for Criticising its Projects,' *NDTV*, September 26, 2018, https://www.ndtv.com/world-news/china-hits-out-at-mohamed-nasheed-ex-maldives-president-forcriticising-its-projects-1922654（二〇一八年十月五日版本）。

29. 同上。

30. 同上。

31. 同上。

32. Pai, Nitin, 'After Abdulla Yameen, Maldives must now untangle the web of Chinese contracts,' *The Print*, September 25, 2018, https://theprint.in/opinion/after-abdulla-yameen-maldives-must-nowuntangle-the-web-of-chinese-contracts/124107/（二〇一八年十月五日版本）。

33. Long Xingchun, 'China, India should cooperate in Maldives,' *Global Times*, September 25, 2018, http://www.globaltimes.cn/content/1120873.shtml（二〇一八年十月五日版本）。

35. 'Former Maldives leader Gayoom freed on bail a week after election,' *Al Jazeera*, September 30, 2018, https://www.aljazeera.com/news/2018/09/maldives-leader-gayoom-freed-bail-weekelection-180930150231895.html（二〇一八年十月十日版本）。

36. Bell. H.C.P., *The Maldive Islands: An Account of the Physical Features, Inhabitants, Productions and Trade*, New Delhi and Chennai: Asian Educational Services, 2004, (reprint, originally published in 1883 by Government Printer, Ceylon), p. 21。關於馬爾地夫早期歷史，另見Hockly, T.W., *The Thousand Isles: A Short Account of the People, History and Customs of the Maldive Archipelago*, New Delhi and Chennai:

Asian Educational Services, 2014 (reprint, originally published in 1935 in London by H.F. & G. Witherby)。

37. Metz, Helen Chapin (ed.), *Indian Ocean: Five Island Countries*, Washington: Federal Research Division, Library of Congress, 1995, p. 258。關於馬爾地夫早期歷史有許多不同的記述，部分充滿幻想。例如挪威探險家索爾．海爾達（Thor Heyerdahl）在其著作 *The Maldive Mystery* (New York: Ballantine Books, 1987) 中，將他在其中一個島嶼發現的部分類似金字塔形結構，比做美索不達米亞與前哥倫布時代美洲的金字塔。他認為馬爾地夫最早的居民應該是拜日者，類似古祕魯與墨西哥的人民。然而海爾達並非傑出的歷史學者與旅遊作家，保羅．索魯認為他是個「粗糙的偵探故事作家」。https://theculturetrip.com/asia/maldives/articles/a-sphere-of-symbols-thor-heyerdahl-s-maldivemystery/（二〇一八年十月八日版本）。

38. 見 https://iias.asia/iiasn/iiasn5/insouasi/maloney.html（二〇一八年十月五日版本）。

39. 馬歡，《瀛涯勝覽》英譯本（Ying-yai Sheng-lan: The Overall Survey of the Ocean Shore）, Bangkok: White Lotus Press, 1997 (reprint), pp. 49-50。

40. 同上，頁五十。

41. Didi, Amir Muhammad Amin, *Ladies and Gentlemen...The Maldive Islands!* Colombo: Evergreen, 1949, p. 12.

42. 最詳細的基地描述，見 https://en.wikipedia.org/wiki/RAF_Gan（二〇一八年十月五日版本）。

43. 見 O'Shea, Michael, *The United Suvadive Islands Republic: Colonialist Conspiracy or Spontaneous Rebellion? A Study of Maldivian Politics in the Mid-20th Century*, Master of Letters, History Department, University of New England, New South Wales, 1999。

44. Colma, J. *Communication: "What now for Britain?" The State Department's intelligence assessment of the 'Special Relationship'*, Manchester: Salford University, February 1968, http://usir.salford.ac.uk/1712/1/

What_Now_for_Britain.pdf（二〇一八年十月五日版本）。

45. Fairhall, David, 'Indian Ocean island of Gan returned to Maldives,' *The Guardian*, September 15, 1975, https://www.theguardian.com/world/2015/sep/15/gan-maldives-diego-garcia-island-1975（二〇一八年十月十日版本）。

46. 三段引言都出自Shaahunaz, Fathmath, 'Three warships of Chinese navy on friendly visit to Maldives,' *The Edition*, August 27, 2017, https://edition.mv/news/4072（二〇一八年十月十日版本）。

47. Shaahunaz, Fathmath, 'Maldives roots for China in South China Sea dispute,' *The Edition*, January 4, 2017, https://edition.mv/news/1987（二〇一八年十月十日版本）。

48. Saran, Shyam, 'Enter the Dragon,' *India Today*, February 26, 2018, https://www.indiatoday.in/magazine/up-front/story/20180226-india-china-maldives-abdulla-yameen-male-mohamednasheed-1170909-2018-02-15（二〇一八年十月十日版本）。

49. Ai Jun, 'Unauthorized military intervention in Male must be stopped,' *Global Times*, February 12, 2018, http://www.globaltimes.cn/content/1089435.shtml（二〇一八年十月十日版本）。

50. 世界銀行資料，見https://data.worldbank.org/indicator/NY.GDP.PCAP.CD?locations=Z4-8S-Z7（二〇一八年十月五日版本）。

51. Bearup, Greg, 'Maldives: Islamist terror could sink Indian Ocean paradise,' *The Australian*, August 30, 2016, https://www.theaustralian.com.au/news/world/maldives-islamist-terror-could-sink-indianocean-paradise/news-story/7a80bff385fb3e27ade26a72ce43b3e6（二〇一八年八月十日版本）。

52. Wright, Oliver, 'Islamic State: The Maldives: a recruiting paradise for jihadists,' *The Independent*, September 13, 2014, https://www.independent.co.uk/news/world/asia/islamic-state-the-maldives-arecruiting-paradise-for-jihadists-9731574.html（二〇一八年十月十日版本）。

53. Chauhan, Neeraj, 'After the fall of Raqqa, return of ISIS fighters worries India,' *The Times of India*, October 26, 2017, https://timesofindia.indiatimes.com/india/after-fall-of-raqqa-return-of-isis-fighter-s-worriesindia/articleshow/61232251.cms（二〇一八年十月十日版本）。

54. 前引之Wright著作。

55. 同上。

56. Boland, Mary, 'Tourists blissfully unaware of Islamist tide in Maldives,' *The Irish Times*, August 16, 2014, https://www.irishtimes.com/news/world/asia-pacific/tourists-blissfully-unaware-of-islamist-tide-inmaldives-1.1898425（二〇一八年十月十日版本）。

57. 前引之Robinson著作，頁一六七。

58. 同上，頁一六八。

59. 同上。

60. 同上。

61. 前引之Bearup著作。

62. 見https://www.state.gov/documents/organization/171757.pdfs（二〇一八年十月五日版本）。

63. Buncombe, Andrew, '150 women face adultery flogging on Maldives,' *The Independent*, July 22, 2009, https://www.independent.co.uk/news/world/asia/150-women-face-adultery-flogging-on-maldives-1757150.html（二〇一八年十月十日版本）。

64. 'Maldives woman sentenced to death by stoning wins reprieve,' *Agence France-Presse*, October 15, 2015, https://www.telegraph.co.uk/news/worldnews/africaandindianocean/maldives/11940419/Maldiveswoman-sentenced-to-death-by-stoning-wins-reprieve.html（二〇一八年十月十日版本）。

65. Safi, Michael, 'Maldives blogger stabbed to death in capital,' *The Guardian*, April 23, 2017, https://www.

theguardian.com/world/2017/apr/23/maldives-blogger-yameen-rasheed-stabbedto-death-in-capital（二〇一八年十月五日版本）及Shultz, Kai, 'Maldives, Tourist Haven, Casts Wary Eye on Growing Islamic Radicalism,' *New York Times*, June 20, 2017, https://www.nytimes.com/2017/06/18/world/asia/maldives-islamic-radicalism.html（二〇一八年十月五日版本）。

66. Ministry of Defence and National Security, Male, Republic of Maldives: *Announcement*, February 13, 2018, http://www.defence.gov.mv/file.php?fileId=157（二〇一八年十月五日版本）。
67. Chaudhury, Dipanjan Roy, 'India, Maldives sign pact to expand defence cooperation,' *The Economic Times*, July 12, 2018, https://economictimes.indiatimes.com/news/defence/india-maldives-sign-pact-to-expanddefence-cooperation/printarticle/51779405.cms（二〇一八年十月十日版本）。
68. 'Minicoy is not part of the Maldives,' http://www.maldivesroyalfamily.com/minicoy_not_maldives.shtml（二〇一八年十月十五日版本）。
69. 同上。
70. 同上。
71. *Bureau of Counterterrorism and Countering Violent Extremism, Country Report 2016: Maldives*, https://mv.usmission.gov/wp-content/uploads/sites/212/2017/07/Country-Reports-on-Terrorism-2016-Maldives.pdf（二〇一八年十月五日版本）。
72. Bhadrakumar, M.K., 'Maldives crisis: US-Indian strategic alliance forming,' *Asia Times*, February 7, 2018, http://www.atimes.com/article/maldives-crisis-us-indian-strategic-alliance-forming/（二〇一八年十月十日版本）。
73. Aneez, Shihar, 'Maldives accuses US of intimidation after comments on political prisoners,' *Reuters*, September 8, 2018. https://www.reuters.com/article/us-maldives-politics/maldives-accuses-us-ofintimidation-

after-comments-on-political-prisoners-idUSKCN1LN2IR（二〇一八年十月十日版本）。

74. *World Military and Police Forces: Maldives, 2013*, http://worldmilitaryintel.blogspot.com/2013/05/blog-post_3049.html（二〇一八年十月十日版本）。

75. Rasheed, Zaheena, 'Maldives army seals off parliament, arrests MPs,' *Al Jazeera*, February 5, 2018, https://www.aljazeera.com/news/2018/02/maldives-army-seals-parliament-arrestsmps-180204093020645.html（二〇一八年十月五日版本）。

76. Maldives National Defence Force, https://www.webcitation.org/63IBLdclC（二〇一八年十月十日版本）。

77. 'Maldives-China Relations,' *GlobalSecurity.org*, https://www.globalsecurity.org/military/world/indian-ocean/mv-forrel-prc.htm（二〇一八年十月十日版本）。

78. 同上。

79. 同上。

80. Pal, Alasdair, 'Maldives' Chinese debt and political risk could lead to trouble in paradise,' *Reuters*, September 18, 2018, https://www.reuters.com/article/us-maldives-election-debt/maldives-chinese-debt-andpolitical-risk-could-lead-to-trouble-in-paradise-idUSKCN1LY1QR（二〇一八年十月十日版本）。

81. 同上。

82. 見 http://www.nationmaster.com/country-info/profiles/Maldives/Economy（二〇一八年十月五日版本）。

第八章　澳洲的海外小點

1. Babbage, Ross, *Should Australia Plan to Defend Christmas and Cocos Islands?* Canberra: Strategic and Defence Studies Centre, Research School of Pacific Studies, the Australian National University, 1988, pp.

36 and 40。另見 http://sdsc.bellschool.anu.edu.au/sites/default/files/publications/attachments/2016-03/045_should_australia_plan_to_defend_christmas_and_cocos_islands_canberra_papers_on_strategy_and_defence_ross_babbage_74p_0731503899.pdf（二〇一八年五月十日版本）。

2. 同上，頁三二至三三。

3. 關於克魯尼斯—羅斯家族的歷史，見 Clunies-Ross, John C., *The Clunies-Ross Cocos Chronicle*，由 John C. Clunies-Ross 編纂並於二〇〇九年在澳洲西部自行出版；Hughes, John Scott, *Kings of the Cocos*, London: Methuen & Co, 1950。

4. 前引之 Clunies-Ross 著作，頁四一及 Hughes 著作，頁四四至四六。

5. 前引之 Clunies-Ross 著作，頁三八。

6. 前引之 Hughes 著作，頁五六。

7. 同上。

8. Squires, Nick, 'The man who lost a "coral kingdom",' *BBC*, June 7, 2007, http://news.bbc.co.uk/2/hi/programmes/from_our_own_correspondent/6730047.stm（二〇一八年九月五日版本）。

9. 關於島上這個世代的簡要歷史，見 Adams, Jan and Marg Neale, *Christmas Island: The Early Years 1888-1958*, Chapman ACT: Bruce Neal, 1993, pp. 12-13。

10. 前引之 Hughes 著作，頁一四一。

11. 科科斯盧比的照片，見前引之 Hughes 著作，頁七六。

12. Rees, Jacqueline and Denis Reinhardt, 'End of a dynasty', *Far Eastern Economic Review*, April 17, 1984（無線上版本）。

13. 同上。

14. 同上。

15. Chan, Kenneth, *Cocos (Keeling) islands: The Political Evolution of a Small Island Territory in the Indian Ocean*, p. 15, Honolulu: East West Center, 1987, https://scholarspace.manoa.hawaii.edu/bitstream/10125/21946/Cocos%28Keeling%29Islands1987%5Bpdfa%5D.PDF（二〇一八年九月五日版本）。
16. 前引之Squires著作。
17. 關於兵變與日本占領，見前引之Adams and Neale著作，頁七〇。
18. 同上，頁七〇。
19. 前引之Clunies-Ross著作，頁一二九。
20. Kopp, Carlo, 'Strategic potential of the Cocos Islands and Christmas Island,' *Defence Today*, Vol. 9, no 4 (2012), https://www.ausairpower.net/PDF-A/DT-Cocos-Christmas-Mar-2012.pdf（二〇一八年九月五日版本）。
21. 參見例如這部落格上的討論：http://www.vikingsword.com/vb/showthread.php?t=22698（二〇一八年九月五日版本）。
22. 防衛白皮書全文：http://www.defence.gov.au/WhitePaper/（二〇一八年八月二十日版本）。
23. *Defence White Paper*, Canberra: Australian Government, Department of Defence, 2016, p. 16.
24. 同上，頁十六。
25. 康生傳記，見約翰・拜倫與羅伯特・帕克（Byron, John and Robert Pack），《龍爪——毛澤東背後的邪惡天才康生》（*The Claws of the Dragon: Kang Sheng, the Evil Genius Behind Mao and His Legacy of Terror in People's China*）, New York: Simon & Schuster, 1992。
26. 根據一九八六年十二月及一九八七年一月，我在緬甸共產黨邦康總部與黨主席德欽巴登頂（Thakin Ba Thein Tin）多次訪談的內容。巴登頂告訴我，他跟泰德・希爾與康生，針對將在東南亞甚至澳洲掀起的革命浪潮，制定了詳細的計畫。

27. Tsai Wei-ping (ed.), *Classified Chinese Communist Documents: A Selection (Chou En-lai's Reports on the International Situation [Excerpts], December 1971 and March 1973)*, Taipei: Institute of International Relations, National Chengchi University, 1978, p. 477.
28. Australian War Memorial website, https://www.awm.gov.au/articles/event/vietnam（二〇一八年九月十四日版本）。
29. Strahan, Lachlan, *Australia's China: Changing Perceptions from the 1930s to the 1990s*, Cambridge: Cambridge University Press, 1996, p. 294.
30. 關於現代澳洲歷史對這時期的批判性記述，見Pilger, John, *A Secret Country*, New York: Alfred A. Knopf, 1991, pp. 142-183。
31. 關於松樹谷情報站的有趣目擊紀錄，見Rosenberg, David, *Inside Pine Gap: The Spy Who Came in From the Desert*, Melbourne: Hardie Grant Books, 2011：本書是由曾在該情報站工作的美國軍官所寫。
32. Lee, Michael, 'Snowden leak reaffirms Australia's four spy installations,' *ZDNet*, July 9, 2013, https://www.zdnet.com/article/snowden-leakreaffirms-australias-four-spy-installations/（二〇一八年十月三日版本）。
33. Chi Dehua, 'China-Australia trade hits record high in 2017,' *Global Times*, February 14, 2018, https://gbtimes.com/china-australia-tradehits-record-high-in-2017（二〇一八年十月二日版本）。
34. *Market Profile China*, Canberra: Australian Trade and Investment Commission, 2018, https://www.austrade.gov.au/Australian/Export/Export-markets/Countries/China/Market-profile（二〇一八年十月五日版本）。
35. White, Hugh, *The China Choice: Why America Should Share Power*, Collingwood: Black Inc., 2012, p. 11。
36. 同上，頁六。
37. 同上，頁一六四。
38. 同上，頁一四六。

39. Garnaut, John, 'The rest of the world is watching how we counter Beijing's campaign of influence,' *The Monthly*, August 2018, https://www.themonthly.com.au/issue/2018/august/1533045600/johngarnaut/australia-s-china-reset（二〇一八年九月十日版本）。
40. Ng, Joyce, 'Sino-British Joint Declaration on Hong Kong "no loner has any realistic meaning", Chinese Foreign Ministry says,' *South China Morning Post,* June 30, 2017, https://www.scmp.com/news/hongkong/politics/article/2100779/sino-british-joint-declaration-hongkong-no-longer-has-any（二〇一八年八月十日版本）。
41. 聲明全文，見http://www.gov.cn/english/2007-06/14/content_649468.htm（二〇一八年十月五日版本）。
42. 同上。
43. Perlez, Jane and Damien Cave, 'As China Rises, Australia Asks Itself: Can It Rely on America?', *The New York Times*, December 3, 2017, https://www.nytimes.com/2017/12/03/world/australia/australia-us-chinaalliances.html（二〇一八年十月五日版本）。
44. 前引之Garnaut著作。
45. Remeikis, Amy, 'Sam Dastyari quits as Labor senator over China connections,' *The Guardian*, December 11, 2017, https://www.theguardian.com/australia-news/2017/dec/12/sam-dastyari-quitslabor-senator-china-connections（二〇一八年十月五日版本）。
46. Maline, Ursula, 'Chinese businessman Huang Xiangmo's special donations revealed; parties "too reliant",' *ABS News*, http://www.abc.net.au/news/2017-12-12/huang-xiangmos-development-linkedto-greater-sydney-commission/9247860（二〇一八年十月五日版本）。
47. Bourke, Latika, 'Bill Shorten visited home of Chinese donor Huang Xiangmo several months after ASIO party warning,' *The Sydney Morning Herald*, December 3, 2017, https://www.smh.com.au/politics/federal/

bill-shorten-visited-home-of-chinese-donor-huang-xiangmoseveral-months-after-asio-party-warning-20171203-gzxqps.html（二〇一八年十月五日版本）。

48. Staff writers, 'Chinese donor Huang Xiangmo's $2 million party challenge to Liberal and Labor,' *News.com.au*, March 2, 2018, https://www.news.com.au/national/politics/chinese-donor-huang-xiangmos-2-million-party-challenge-to-liberal-and-labor/news-story/17d8d657e5347ec173d64cfa8f50cb99（二〇一八年十月五日版本）。

49. 前引之Garnaut著作。

50. 同上。

51. 同上。

52. Wallace, Charles, 'The art of influence: how China's spies operate in Australia,' *The Sydney Morning Herald*, December 3, 2017. https://www.smh.com.au/public-service/the-art-of-influence-how-chinas-spiesoperate-in-australia-20171203-gzxs06.html（二〇一八年十月五日版本）。

53. 同上。

54. Pearlman, Jonathan, 'Foreign students barred from Australian MP internship over spying fears,' *The Telegraph*, July 12, 2018, https://www.telegraph.co.uk/news/2018/07/12/foreign-students-barredaustralian-mp-internships-spying-fears/（二〇一八年十月五日版本）。

55. 同上。

56. McKenzie, Nick, 'Charges loom for ex-intelligence official after ASIO raid,' *The Sydney Morning Herald*, July 28, 2017, https://www.smh.com.au/national/charges-loom-for-ex-intelligence-official-rogeruren-after-asio-raid-20170727-gxjrks.html（二〇一八年十月六日版本）。

57. 同上。

58. 同上。

59. 'Journalist defends story in libel case brought by billionaire Chau Chak Wing,' *Australian Associated Press*, June 14, 2018, https://www.theguardian.com/media/2018/jun/14/journalist-defends-storyin-libel-case-brought-by-billionaire-chau-chak-wing（二〇一八年十月五日版本）。

60. Calmes, Jackie, 'The US Marine Base for Australia Irritates China,' *The New York Times*, November 16, 2011, https://www.nytimes.com/2011/11/17/world/asia/obama-and-gillard-expand-usaustralia-military-ties.html（二〇一八年十月五日版本）。

61. Nakamura, David, 'US troops headed to Australia, irking China,' *The Washington Post*, November 16, 2011, https://www.washingtonpost.com/world/asia_pacific/us-troops-headed-toaustralia-irking-china/2011/11/16/gIQAiGiuRN_story.html?utm_term=.67d016726c07（二〇一八年十月五日版本）。

62. 'Bush's "sheriff" comment causes a stir,' *The Age*, October 2003, https://www.theage.com.au/national/bushs-sheriff-comment-causes-a-stir-20031017-gdwk74.html（二〇一八年十月五日版本）。

63. 同上。

64. Malik, Ashok, 'Under China's shadow, India looks to Australia,' *Yale Global*, https://yaleglobal.yale.edu/content/under-chinas-shadowindia-looks-australia（二〇一八年十月五日版本）。

65. 同上。

66. *Defence White Paper*, p. 62。

67. Murdoch, Scott, 'Angry China rebukes Julie Bishop over East China Sea dispute,' *The Australian*, December 7, 2013, https://www.theaustralian.com.au/national-affairs/foreign-affairs/angry-china-rebukes-juliebishop-over-east-china-sea-dispute/news-story/4b08fe170b73347b3ef7ce77c05179eb（二〇一八年十月五日版本）。

68. 同上。

69. Murphy, Katharine, 'Chinese premier warns Australia taking sides could lead to a new cold war,' *The Guardian*, March 23, 2017, https://www.theguardian.com/world/2017/mar/23/chinese-premierwarns-australia-taking-sides-could-lead-to-new-cold-war（二〇一八年十月五日版本）。
70. 同上。
71. 同上。
72. 同上。
73. White, Hugh, 'America or China? Australia is fooling itself that it doesn't have to choose.,' *The Guardian*, November 26, 2017, https://www.theguardian.com/australia-news/2017/nov/27/america-orchina-were-fooling-ourselves-that-we-dont-have-to-choose（二〇一八年十月五日版本）。
74. Calvert, Alana, 'You Are Worse Than I Am,' *The Huffington Post*（引述對話刊登於 *Washington Post*）, August 3, 2017, https://www.huffingtonpost.com.au/2017/08/03/you-are-worse-than-i-amtranscript-released-of-trump-turnbull_a_23063225/（二〇一八年十月六日版本）。
75. 同上。
76. Smyth, Jamie., 'Battle stations: Asia's arms race hots up, *The Financial Times*, August 25, 2018, https://www.ft.com/content/4492a134-9687-11e8-b67b-b8205561c3fe（二〇一八年八月三十日版本）。
77. 同上。
78. *Defence White Paper*, p. 103。
79. 'Defence capability and infrastructure development,' *Parliament of Australia*, April 5, 2017, https://www.aph.gov.au/Parliamentary_Business/Committees/Joint/National_Capital_and_External_Territories/StrategicImportanceIOT/Report_1/section?id=committees%2Freportjnt%2F024077%2F24786（二〇一八年十月六日版本）。

80. 同上。

第九章　不安定的未來

1. 'France to send aircraft carrier to Indian Ocean next year,' *Agence France-Presse*, October 20, 2018, https://economictimes.indiatimes.com/news/defence/france-to-send-aircraft-carrier-to-indian-ocean-nextyear/printarticle/66290918.cms（二〇一八年十月二十三日版本）。
2. 同上。
3. 見洪源遠 'Needed for China's Belt and Road: a Roadmap,' Bloomberg, September 27, 2018, https://www.bloomberg.com/view/articles/2018-09-27/china-s-belt-and-road-initiative-is-a-campaignnot-a-conspiracy（二〇一八年十月五日版本）及 Yang Minghong, Understanding the One Belt One Road Initiative: China's Perspective,' in Sharma, Bal Krishnan Sharma and Nivedita Das Kundu (eds), *China's One Belt One Road: Initiative, Challenges and Prospects*, New Delhi: Vij Books, 2016, pp. 7-26。
4. 關於改名的細節，見 Berzina-Cerenkova, Ula Aleksandra, *BRI instead of OBOR: China Edits the English Name of its Most Ambitious International Project*, Riga: Latvijas Arpolitikas Instituts, July 28, 2016。http://www.lai.lv/viedokli/bri-instead-of-obor-china-editsthe-english-name-of-its-most-ambitious-international-project-532（二〇一八年十月五日版本）。
5. 前引之洪源遠著作。
6. 同上。
7. 關於中國「第三次革命」的精采論述，見易明《習近平與新中國：中國第三次革命的機會與挑戰》（*The Third Revolution: Xi Jinping and the New Chinese State*, New York: Oxford University Press, 2018）。

8. 格雷厄姆・艾利森《注定一戰？中美能否避免修昔底德陷阱》（*Destined for War: Can America and China Escape Thucydides's Trap?*, Melbourne and London: Scribe Publications, 2017, pp. 113-114）。
9. 'China's vice-president revisits youth with a trip to the Midwest to meet farming family he stayed with on exchange trip,' *Associated Press*, February 15, 2012, https://www.dailymail.co.uk/news/article-2101652/XiJinping-Chinas-Vice-President-visits-Midwest-farming-family-stayedexchange-trip.html（二〇一八年十月十五日版本）。
10. 前引之Allison著作，頁一一四。
11. Sim Chi Yin, 'Chinese V-P blasts meddlesome foreigners,' *The Straits Times*, February 14, 2009, http://news.asiaone.com/News/the%2BStraits%2BTimes/Story/A1Story20090214-121872.htm（二〇一八年十月五日版本）。
12. 前引之易明著作，頁三。
13. 同上，頁三。
14. 前引之洪源遠著作。
15. 'China's Plan to Win Friends and Influence Includes Ski Slopes and Spas,' Stevenson, Alexandra and Cao Li, *New York Times*, August 1, 2018 https://www.nytimes.com/2018/08/01/business/china-belt-androad.html（二〇一八年十月六日版本）。
16. 前引之洪源遠著作，頁十一。
17. 同上，頁十一、十三。
18. McGregor, Richard, 'Mahathir, China and neo-colonialism,' *Nikkei Asian Review*, August 30, 2018, https://asia.nikkei.com/Opinion/MahathirChina-and-neo-colonialism（二〇一八年十月五日版本）。
19. Dang Yuan, 'Malaysia's Mahathir dumps Chinese projects amid "new colonialism" fear,' *Deutsche Welle*,

August 21, 2018, https://www.dw.com/en/malaysias-mahathir-dumps-chinese-projects-amid-newcolonialism-fear/a-45160594（二〇一八年十月五日版本）。

20. Brewster, David, ‘Colonialism with Chinese characteristics,’ *Asia-Pacific Policy Society*, September 27, 2018, https://www.policyforum.net/colonialism-chinese-characteristics/（二〇一八年十月十日版本）。

21. Sipalan, Joseph, ‘Malaysia says no to foreign homeowners in Forest City project,’ *Reuters*, August 27, 2018, https://www.reuters.com/article/us-malaysia-forestcity/malaysia-says-no-to-foreign-homeownersin-forest-city-project-idUSKCN1LC0AF（二〇一八年十月十日版本）。

22. Hope, Bradley, Tom Wright and Yantoultra Ngui, ‘Doubts Raised About Claim of Saudi “Donation” to Malaysia Prime Minister Najib Razak,’ *The Wall Street Journal*, January 26, 2016. https://www.wsj.com/articles/malaysian-prosecutor-says-saudis-made-legal-donation-to-primeminister-najib-1453847034（二〇一八年十月五日版本）。

23. Mahathir bin Mohamad (the spelling on the cover), *The Malay Dilemma*, Singapore: Times Books International, 1970。此書在馬來西亞被禁後，於新加坡出版。值得注意的是，馬哈地的父系先祖是來自喀拉拉邦的印度穆斯林；母親則是馬來裔。

24. Andani, Ali Salman, ‘Pakistan’s IMF plan a symptom of China’s dept trap diplomacy,’ *Asia Times*, October 15, 2018, http://www.atimes.com/pakistans-imf-plea-a-symptom-of-chinas-debt-trap-diplomacy/（二〇一八年十月十八日版本）。

25. ‘As Pakistan Negotiates IMF Bailout, China Says More Corridor Projects Planned,’ *Press Trust of India*, October 16, 2018, https://www.ndtv.com/world-news/as-pakistan-preps-imf-bailout-china-says-moretrade-projects-lined-up-1932964（二〇一八年十月十八日版本）。

26. Poling, Gregory, ‘Kyaukpyu: Connecting China to the Indian Ocean,’ *Asia Maritime Transparency Initiative*,

April 4, 2018, https://amti.csis.org/kyaukpyu-china-indian-ocean/（二〇一八年十月十八日版本）及Lintner, Bertil, 'Japan offers "quality" alternative to China's BRI,' *Asia Times*, October 18, 2018, http://www.atimes.com/article/japan-offersquality-alternative-to-chinas-bri/（二〇一八年十月十八日版本）。

27. Min Naing Soe, 'If a country accepts influence and interference of other country, the former will not be a sovereign country.' *Eleven Media*, October 10, 2018, http://www.elevenmyanmar.com/politics/15427（二〇一八年十月十日版本）。

28. Crispin, Shawn W., 'China can't always get what it wants in Thailand,' *Asia Times*, September 12, 2018, http://www.atimes.com/article/chinacant-always-get-what-it-wants-in-thailand/（二〇一八年十月十八日版本）。

29. Wang Yiwei, *The Belt and Road Initiative: What Will China Offer the World in its Rise*, Beijing: New World Press, 2016, pp. 89-94.

30. 同上，頁九〇至九一。

31. 同上，頁九一。

32. Lawi Went, 'China Warns Northern Alliance Against Cooperating with ARSA,' The Irrawaddy, April 2, 2018, https://www.irrawaddy.com/news/burma/china-warns-northern-alliance-cooperating-arsa.html（二〇一八年十月十日版本）。

33. 前引之Wang著作，頁九二。

34. 同上，頁九三。

35. 同上，頁九三。

36. 同上，頁九四。

37. Unnithan, Sandeep, 'China positions submarine and rescue vehicle in Indian Ocean,' *India Today*, October

15, 2018, https://www.indiatoday.in/india/story/china-positions-submarine-and-rescue-vehicle-in-theindian-ocean-1368286-2018-10-15（二〇一八年十月十九日版本）。

38. Brewster, David, 'China's play for military bases in the eastern Indian Ocean,' *The Interpreter,* May 15, 2018, https://www.lowyinstitute.org/the-interpreter/china-s-play-military-bases-eastern-indian-ocean（二〇一八年十月五日版本）。
39. 同上。
40. *Constitution of the Republic of the Union of Myanmar*, Yangon: Printing and Publishing Enterprise, Ministry of Information, 2008, p. 11。
41. Miller, Tom, *China's Asia Dream*, London: Zed Books, 2017, p. 171。
42. 同上，頁一七一。
43. 'Australia and Japan should not let ally lead them astray: China Daily editorial,' *China Daily*, October 11, 2018, http://europe.chinadaily.com.cn/a/201810/11/WS5bbf41e8a310eff303281e0d.html（二〇一八年十月十九日版本）。另外也引述於Fernando, Gavin, China has issued a direct warning to Australia in a blistering new editorial,' *news.com.au*, , October 16, 2018, https://www.news.com.au/technology/innovation/military/china-has-issued-a-direct-warning-to-australia-ina-blistering-new-editorial/news-story/2dc17494e63803c4fba6cd7940b44165（二〇一八年十月十八日版本）。
44. *China Daily*, October 11, 2018。
45. 同上。
46. 'China Voice: US playing with fire over South China Sea,' *Xinhua*, May 29, 2015, http://www.xinhuanet.com//english/2015-05/29/c_134282034.htm（二〇一八年十月十日版本）。
47. White, Hugh, *The China Choice: Why America Should Share Power*, Collingwood: Black Inc., 2012。

48. Herscovitch, Benjamin, 'Australia must choose between China and the US,' *The Weekend Australian,* July 16, 2015, https://www.theaustralian.com.au/business/business-spectator/news-story/australia-mustchoose-between-china-and-the-us/2cf0c5d58d55068bacd89c53b964d7d9（二〇一八年十月十日版本）。
49. 'Australia is edgy about China's growing presence on its doorstep,' *The Economist*, April 20, 2018（二〇一八年十月十日版本）。
50. 'Chinese military base in Pacific would be of "great concern", Turnbull tells Vanuatu', *ABC News*, April 10, 2018, https://www.abc.net.au/news/2018-04-10/china-military-base-in-vanuatu-report-of-concernturnbull-says/9635742（二〇一八年十月十日版本）。
51. Khan, Ahyousha, 'Second Age of Arms Race in the Indian Ocean and India's Test of K-15 SRBM, *South Asia Journal*, September 28, 2018, http://southasiajournal.net/second-age-of-arms-race-in-the-indianocean-and-indias-test-of-k-15-srbm/（二〇一八年十月十日版本）。
52. 'India's "Great Wall" Against China Along Border region,' *Sputnik News*, August 17, 2016, https://sputniknews.com/asia/201608171044369064-india-china-border/（二〇一八年十月十日版本）。
53. Cheng, Amy, 'Will Djibouti Become Latest Country to Fall Into China's Dept Trap?' *Foreign Policy*, July 31, 2018, https://foreignpolicy.com/2018/07/31/will-djibouti-become-latest-country-to-fall-intochinas-debt-trap/（二〇一八年十月十五日版本）。
54. Dana, Joseph, 'Will China's dominant position force others out of Djibouti?' *Arab News*, September 30, 2018, http://www.arabnews.com/node/1380096（二〇一八年十月十日版本）。
55. 'Djibouti risks dependence on Chinese largesse,' *The Economist*, July 19, 2018, https://www.economist.com/middle-east-and-africa/2018/07/19/djibouti-risks-dependence-on-chinese-largesse（二〇一八年十月五日版本）。

56. 前引之Dana文。
57. Maçaes, Bruno, 'The coming wars: The most valuable real estate in the world,' *Politico*, January 16, 2018, https://www.politico.eu/blogs/the-coming-wars/2018/01/the-most-valuable-military-real-estate-inthe-world/（二〇一八年十月十日版本）。
58. 前引之Allison著作，頁vii。
59. 同上，頁四二。
60. 同上，頁四五。
61. 同上，頁一〇九。
62. 同上，頁一一七。
63. Blanchard, Ben and Christian Shepherd, *Reuters*, March 11, 2018, https://www.reuters.com/article/us-china-parliament/china-allowsxi-to-remain-president-indefinitely-tightening-his-grip-on-poweridUSKCN1GN07E（二〇一八年十月十五日版本）。
64. Pei Minxin, 'China's Ticking Debt Bomb,' *The Diplomat*, July 5, 2011, https://thediplomat.com/2011/07/chinas-ticking-debt-bomb/（二〇一八年十月五日版本）。
65. 同上。
66. 同上。
67. 裴敏欣'China is losing the New Cold War,' *Project Syndicate*, September 5, 2018, https://www.project-syndicate.org/commentary/china-cold-war-us-competition-by-minxin-pei-2018-09（二〇一八年十月十日版本）。
68. 同上。
69. Lintner, Bertil, 'Japan offers "quality" alternative to China's BRI,' *Asia Times,* October 18, 2018, http://

www.atimes.com/article/japanoffers-quality-alternative-to-chinas-bri/（二〇一八年十月十八日版本）。

70. 見Lintner, Bertil, 'China is conflicted in Myanmar's wars,' *Asia Times*, May 17, 2018, http://www.atimes.com/article/china-isconflicted-in-myanmars-wars/（二〇一八年十月十日版本）及Marshall, Andrew and Anthony Davis, 'Soldiers of fortune,' *Time*, December 16, 2002, http://content.time.com/time/world/article/0,8599,2056076,00.html（二〇一八年十月十日版本）。

71. Takenaka, Kiyoshi and Elaine Lies, 'Japan to supply India with nuclear power equipment, technology,' *Reuters*, November 11, 2016, https://www.reuters.com/article/us-japan-india-nuclear-idUSKBN1360YL（二〇一八年十月十日版本）。

72. 宣言全文見https://www.mofa.go.jp/region/asia-paci/india/pmv0810/joint_d.html（二〇一八年十月二十日版本）。

73. 前引之Allison著作，頁一七二。

【Visum】MV0015

珍珠鏈戰略：中國在印度洋的擴張野心

The Costliest Pearl: China's Struggle for India's Ocean

作　　　者❖柏提爾・林納（Bertil Lintner）
譯　　　者❖林玉菁
封 面 設 計❖兒　日
排　　　版❖張彩梅
校　　　對❖魏秋綢
總　編　輯❖郭寶秀
特 約 編 輯❖TwoTabby
責 任 編 輯❖邱建智
行 銷 業 務❖許芷瑀

發　行　人❖凃玉雲
出　　　版❖馬可孛羅文化
104台北市中山區民生東路二段141號5樓
電話：02-25007696
發　　　行❖英屬蓋曼群島商家庭傳媒股份有限公司城邦分公司
104台北市中山區民生東路二段141號11樓
客服服務專線：(886) 2-25007718；25007719
24小時傳真專線：(886) 2-25001990；25001991
服務時間：週一至週五9:00～12:00；13:00～17:00
劃撥帳號：19863813　戶名：書虫股份有限公司
讀者服務信箱：service@readingclub.com.tw
香港發行所❖城邦（香港）出版集團有限公司
香港灣仔駱克道193號東超商業中心1樓
電話：(852) 25086231　傳真：(852) 25789337
E-mail：hkcite@biznetvigator.com
馬新發行所❖城邦（馬新）出版集團 Cite (M) Sdn. Bhd.(458372U)
41, Jalan Radin Anum, Bandar Baru Seri Petaling,
57000 Kuala Lumpur, Malaysia
電話：(603) 90578822　傳真：(603) 90576622
E-mail：services@cite.com.my
輸 出 印 刷❖中原造像股份有限公司
初 版 一 刷❖2022年2月
定　　　價❖520元

ISBN：978-986-0767-67-4

城邦讀書花園
www.cite.com.tw

國家圖書館出版品預行編目（CIP）資料

珍珠鏈戰略：中國在印度洋的擴張野心／柏提爾・林納（Bertil Lintner）作；林玉菁譯. -- 初版. -- 臺北市：馬可孛羅文化出版：英屬蓋曼群島商家庭傳媒股份有限公司城邦分公司發行, 2022.02
面；　公分 --（Visum；MV0015）
譯自：The costliest pearl: China's struggle for India's Ocean
ISBN 978-986-0767-67-4（平裝）
1.CST：地緣政治　2.CST：中印關係　3.CST：國際關係　4.CST：中國　5.CST：印度洋
571.15　　110021814